모두의 민주주의

참여예산과 주민자치, 그리고 자치분권 이야기

모두의 민주주의

참여예산과 주민자치, 그리고 자치분권 이야기

조재학 지음

더봄

/

아래로부터 변화하고 혁신하는 '작은 영웅'

/

지방자치는 아래로부터 국가를 형성하고 아래의 변화를 통하여 위로 국가를 혁신하는 질서원칙이다. 진정한 민주주의는 작은 생활정치공간인 풀뿌리자치 단위에서 비로소 가능하다. 풀뿌리 단위에서 민주주의가 진정으로 실천되지 않으면 국가의 민주주의도 지탱하기 어렵다. 독일 지방자치의 아버지로 불리는 폰 슈타인 남작Freiherr von Stein은 "자유로운 게마인데(풀뿌리 지방자치단체)는 자유로운 국가의 기반이 된다"고 강조하였다. 독일연방공화국의 초대 대통령이었던 호이스Theodor Heuss는 "게마인데는 국가보다 중요하다"는 함축적인 말로 풀뿌리자치를 강조하였다.

1952년이 되어서야 실시된 지방자치는 1961년에 군사쿠데타로 중단되었다. 30년간의 동면을 거쳐 1991년에 부활되기 시작하면서 화장실 개선, 도심하천의 정비, 정보공개조례 등 국가가 실현하지 못하였던 많은 생활의 변화를 지방에서 아래로부터 실현하고 있다. 하지만 지방자치를 다시 실시하면서 풀뿌리 단위인 읍·면·동의 자치를 폐지하여 자유로운 국가의 기초를 파괴하였다. 이에 주민들은 진정한 자치를 체험하기도 어렵고, 지역공동체에 대한 책임감을 갖기도 어려운 실정이다. 풀뿌리에서 민주주의를 체험하지 못하고 민주적 훈련을 받지 못한 결과 큰 단위인 시·군·구나 시·도 단위의 민주주의는 물론 국가 단위의 민주주의도 기반이 약하여 자주 흔들리고 갈등지수는 세계에서 가장 높은 나라 중의 하나가 되었다. 이로 인해 우리의 행복지수는 세계에서 50위권에 머물고 있다.

이러한 척박한 자치환경 속에서도 자발적인 참여를 통해 아래로부터 생활을 변화시키려는 움직임이 여기저기에서 일어나고 있다. 몇 년 전에 주민교육을 위해 은평구를 방문했을 때 만난 주민들은 다른 지역의 주민들과는 확연하게 다른 모습이었다. 저녁시간에 모여 진지하게 강의를 들으면서 현안과 관련된 질문이 다른 어느 곳보다 많았다. 강의를 마치자 수강자들의 분임토의 시간을 함께해주면 좋겠다고 해서 참관하였다. 늦은 시간까지 조별로 즐겁게 분임토론을 하고 지역현안문제를 해결하기 위한 강의의 시사점을 발표하는 수준 높은 주민의 모습을 보면서 깊은 인상을 받았다. 그날 교육을 받은 주민들은 은평구 참여예산 등 구정 참여경험이 많은 분들이라는 설명을 들었다. 바로 그 은평구에서 주민참여의 새로운 지평을 개척한 저자(그날 교육의 진행자였다)가 내 강의를 들었다고 하면서 이 책의 초안원고를 보내왔다.

주민참여예산제도는 2004년에 지방재정법에 도입되었다. 2008년경에 주민참여에 관한 토론회에 참여했다가 평소 친분이 있었던 박연수 당시 지방혁신인력개발원장으로부터 "지방재정법에 주민참여예산제를 규정해 놓으면 예산과정에 큰 변화를 가져올 수 있다고 보고 제가 담당국장으로 있을 때 입법 제안을 해서 법률 개정이 되었는데, 몇 년이 지나도 사실상 사문화되어 걱정입니다." 라는 말을 들었다. 이 책의 저자는 사문화되었던 주민참여예산제를 "미치지 않으면 이루지 못한다"는 신념하에 헌신적으로 추진하여 주민들의 동참을 끌어

내고 공무원들의 협조를 얻어 생명을 불어넣어 '은평구 모델'을 만들었고 다른 지역에도 영향을 미치고 있다.

지방자치를 실시하면서 누구도 알아주지 않는 구석진 곳에서 누군가 해야할 일을 자신의 일로 받아들이고 앞장서서 실천하고 우리의 생활을 변화시키는 많은 활동가들이 나오고 있다. 우리 사회를 아래로부터 변화하고 국가를 혁신하기 위해서는 이러한 활동을 하는 '작은 영웅들'이 많이 나와야 하고, 그들의 활동과 성과는 기록되고 전파되어야 한다. 이 책이 바로 그러한 기록이다.

이 책에 나오는 저자의 주민참여(예산) 활동과 그 성과는 물론 다른 활동가들의 활동성과에 대한 기록은 우리 사회를 변화시키는 살아있는 씨앗이 될 것으로 기대한다. 주민자치와 직접민주주의에 대한 많은 제안은 우리의 제도적 공백을 채워서 풀뿌리 민주주의를 실현하기 위한 저자의 열정에서 나온 것으로 본다. 과연 지금 추진되고 있는 '주민자치회'가 국가의 기초가 되는 풀뿌리 자치가 될 수 있는지에 관한 비판적 문제의식을 가지고 읽어본다면 저자의 경험과 제안들은 풀뿌리자치에 대한 사회적 논의와 근본적인 대안을 모색하는데 좋은 자료가 될 수 있을 것으로 본다.

이기우_ 인하대 법학전문대학원 교수

지역의 정책선도자policy entrepreneur

변화를 기회로 활용하여 위험을 감수하면서 기업을 성장시키는 사람을 기업가entrepreneur라고 하고, 기업가가 마땅히 갖춰야 할 자세나 정신을 기업가정신entrepreneurship이라고 한다. 마찬가지로, 정책 과정에서 등장하는 혁신적인 리더들을 '정책선도자policy entrepreneur' 또는 '정책혁신가'라고 한다. 그들은 정책변동을 능동적으로 이끌어내며, 정책 과정에서 정치적 지지나 지원을 얻고 여러 제약 요인들에 효과적으로 대응한다.

정책변동의 속성과 정책선도자의 역할을 연구한 마이클 민트롬Michael Mintrom 교수는 정책선도자의 특성을 여섯 가지로 요약한 바 있다. 첫째, 창조적이고 통찰력이 있어서 정책 아이디어로 정책논쟁의 성격을 변화시킨다. 둘째, 자신만의 좁은 세계에 갇히지 않고 사람들의 관점을 마음으로부터 공감하는 능력을 가졌다. 셋째, 다양한 상황에서 가치 있는 정보를 얻을 수 있는 사회·정치적 역량이 있다. 넷째, 여러 집단에 정책 메시지를 설득력 있게 전달하고 주장할 수 있다. 다섯째, 전략적으로 팀을 만들어가며, 정책변화를 지지하는 협력

관계를 조직한다. 여섯째, 아이디어를 행동으로 전환할 수 있다.

민주시민교육에 힘쓰던 저자가 어느 날 은평구에 왔다. 은평구 주민이기도 하기에 정확히는 주민참여위원회에 참여하였다. 불과 얼마 전까지 은평구 참여예산제 지역회의의 리더양성 과정을 운영하던 그가 직접 참여한 것이다. 그러고는 이내 '주민'을 중심에 놓는다면, 주민참여위원회, 주민참여예산위원회, 주민자치위원회가 제각기 운영되지 않을 것이라는 아이디어에 천착했다. 정책선도자가 정책 혁신을 이뤄내는 창조 단계가 시작되었다.

저자 조재학은 마이클 민트롬이 제시한 정책선도자로서의 특성을 모두 갖추었다고 생각된다. 이를테면 비판적인 사고, 문제해결 기법, 위험 감수, 끈기, 강한 개성, 직관, 혁신적이고 분석적인 사고를 대부분 갖췄다. 물론 공식적으로든 비공식적으로든 일과 시간이든 저녁 늦은 시간이든 주민들을 직접 만나면서 정책선도자정신이 더욱 다듬어졌다. 혁신적인 아이디어를 구체화하기 위한 계획을 마련하고 현장에 적용하는 정책 혁신의 설계 단계와 집행 단계의 힘과 네트워크를 주민 속에서 발견하였다.

생업을 잠시 접고 은평구 주민참여위원장으로, 주민참여예산위원장으로, 협치조정관으로 참여한 그의 경험은 단지 교육자가 현장을 직접 느끼기 위한 것만이 아님을 그의 글 곳곳에서 찾아볼 수 있다. 많은 어려움을 극복해왔고 은평구의 주민자치를 한 단계 높여 놓은 성과가 은평구의 구정 담당자나 시민 사회의 역량에만 기댄 것이 아님을 이해할 수 있다. 주민과 함께하면서 더욱 역량 있는 정책선도자가 되었고, 주민들 역시 이 정책선도자와 함께 주민자치의 의미와 가능성을 한층 더 깊게 인식하게 된 과정을 기록한 이 책은 그야말로 주민자치의 교과서이자 대안적인 민주주의의 지침서이다.

주민자치나 민주주의는 제도이기도 하지만, 과정이자 학습이자 희망이자 공공가치이다. 주민자치가 일정한 제도나 수사학으로 그치지 않게 할 중요한 지점과 함의를 이 책은 아주 풍부하게 담고 있다. 여러 정치·사회이론이나 담론들에 기대지 않고 어떻게 이처럼 철저하고 생생하게 정리할 수 있었을까 놀랍기도 하다. 이 책이 어떤 정책선도자를 옆에서 지켜보며 그의 성과를 기록한 연구서가 아니라는 점이 또한 놀랍다. 자신이 생각하고 걸어온 과정을 적어 놓은 결과물이 정책 혁신을 이뤄내는 정책선도자정신, 주민자치, 민주주의의 매뉴얼이 된 셈이다.

요즘 자주 사용되는 용어인 '협치協治'는 '협력적 거버넌스collaborative governance'를 말한다. '거버넌스'라는 단어를 중국에서는 한자로 '치리治理'즉 다스리는 이치를 생각하자는 의미로 번역하는데, 현 시기를 다스리는 이치는 무엇일까? 중세 서구에서는 신의 뜻에 따라 다스리지 않았을까? 조선시대에는 하늘의 뜻이나 왕의 뜻에 따라 다스리지 않았을까? 근대가 시작되면서는 시민권을 부여한 '시민'의 뜻에 따라 다스리지 않았을까? 그리고 지금 우리 생활상의 난제들을 풀어가기 위해서는 '주민'의 뜻에 따라 다스리는 것이 중심 이치가 아닐까? 저자 조재학이 밝히듯 주민자치와 '우리 모두의 민주주의'가 그 이치라 할 것이다.

오수길_ 고려사이버대학교 교수

Ⅰ 참여예산

Ⅱ 주민자치

CONTENTS

여는 글

/

나는 왜 참여예산과 주민자치에
주목하고 몰입했는가?

/

본격적인 이야기를 시작하기 전에 먼저 관련된 개인사부터 밝히겠다.

필자는 2015년 6월말부터 2018년 9월 중순까지 약 3년 3개월을 서울시 은평구 참여예산위원장으로 무보수 상근을 했다. 애초부터 참여예산위원장에게 급여란 없었다. 은평구청이 무심해서가 아니라 주민대표격인 위원장에게 보수를 줄 수 있는 법적 근거가 없었고, 누가 상근을 해달라고 부탁한 것도 아니었다. 그럼에도 이런 선택을 하게 된 것은 "은평에서 좋은 모델을 만들어, 한국사회에 전파하고, 세계와 연대하자"는 비전을 실현하고자 함이었다. 참여예산이 이래야 한다고 강의하는 것은 어렵지 않았지만, 실제 현장에서 수많은 사람들과 함께 현실로 만드는 것은 지난한 과정임을 알고 있었기 때문이다.

은평구 참여예산위원장은 '미친 놈'

소위 금수저도 아니고, 아내가 돈을 버는 것도 아니고, 오랜 시민운동으로 빈곤한 삶을 살다 전국구 강사로 발돋움하여 빚도 좀 갚아나가려 하는 상황에서 무보수 상근이라니? 내가 생각해도 무모한 도전이었고, 공무원들과 주민들이 "미친 놈"이라 수군대던 것도 틀린 말은 아니었다.

생활고를 건디지 못해 (사)열린사회시민연합을 2005년말에 그만두고, 이후 10여 년 동안 주민자치, 마을공동체, 자원봉사, 농업농촌, 사회적경제 분야 등에서 강사와 퍼실리테이터facilitator, 촉진자로 활동하면서 늘 마음 한구석에 공허함이 자리하고 있었다. 배움과 실천에 대한 학습자들의 다짐이 현장에서 어떻게 적용되고 있는지 확인하기 어려웠고, 사람들과 함께하는 현장 활동에 대한 갈급함이 많았다. 그러던 차에 2015년 당시 김우영 은평구청장의 거듭된 요청이 있었고 고심 끝에 받아들이게 되었다. 김우영 구청장에게 월급 대신 은평구 참여예산의 개혁에 대한 권한을 요구했고, 은평의 참여예산을 성숙한 민주주의로 전환해야 한다는 계획안을 그가 받아들여 '미친 짓'을 시작하게 되었다.

1980년대 학생운동 시절부터 1990년대 중반까지 민족자주화를 우리 사회 발전의 핵심가치로 생각하고 활동해왔다. 그러다 세상의 진정한 변화는 사람에게서 온다는 생각으로 1997년부터 풀뿌리 공동체운동을 시작한 이래 '자치'가 시대정신이라고 믿고 있었다. 우리 사회의 복잡하고 다양한 문제를 해결하는데 리더나 전문가의 역할도 크겠지만, 보다 근본적인 해결책은 사회 구성원들의 집단지성을 통해 찾아나갈 수 있다고 생각했다. 자치自治와 권한權限은 밀접한 상관관계가 있으며, 동전의 양면 같은 것이다. 스스로 문제를 해결하려는 자치 없이 권한만 주장하는 것도 문제지만, 적극적인 권한 부여가 있어야 자치가 강화될 수 있다. 그런데, 혹시 당신은 아직도 뛰어난 누군가가 우리의 문제를 대신 해결해 줄 것이라 기대하는가?

참여예산은 바로 '자치'의 힘을 배양할 수 있는 제도로, 여타의 주민참여제도와는 다른 실질적인 '권한 부여'를 하고 있다는 점에 주목했다. 주민투표, 주민발안, 주민소환 등 각종 주민참여제도가 도입되었지만 성립 요건이나 절차가

까다로워서 실제 작동된 사례가 드물었다. 또 2000년부터 전국 읍·면·동에 설치된 주민자치위원회[01]는 20여 년의 활동 경험이 축적되었지만, 주민자치센터(서울은 자치회관) 프로그램에 대한 자문·심의 역할에 머물러 지역사회 문제를 주민 스스로 해결해 나가는 '주민자치'와는 괴리감이 적지 않았다.

참여예산에 입문하며 든 두 가지 의문

고백하건대 나는 원래부터 참여예산 전문가가 아니었다.

다만 자치와 참여예산은 원리가 다르지 않다고 봤다. 2011년 지역과 긴밀한 연계를 가지고 활동하는 교육전문가를 찾던 은평구청의 요청으로 참여예산 주민교육을 준비하면서 본격적으로 참여예산을 들여다보기 시작했다. 그런데 선행 참여예산학교의 교재나 관련된 자료, 국내외 사례들을 검토하면서 두 가지 의문점을 가지게 되었다. 하나는 참여예산을 예산 편성 과정의 주민참여로 설명한다는 것이었고, 하나는 일반적으로 주민제안사업이라고 표현하는 실링제(한도금액제) 참여예산 위주로 접근한다는 것이었다.

첫째, 예산 편성 과정의 주민참여라니? 왜 주민들이 예산 편성 과정에만 참여해야 할까? 예산 집행과 평가 과정에도 참여해야 하지 않을까? 너무나 상식적인 의문이었다. 우리가 비싼 해외여행을 갈 때 사전에 예산을 어떻게 사용할지 계획을 잘 세우는 것도 중요하지만, 실제 외국에 가서 계획과 상관없이 마음 내키는 대로 돈을 쓴다면 문제 아닌가? 그렇듯이 지방자치단체의 예산도 편성-집행-평가 전 과정에 주민들이 참여해서 주민들의 목소리를 반영하는 것이 중요하지 않겠는가? 그래서 나는 주민참여예산을 예산 편성-집행-평가 전 과정의 주민참여라고 교육하기 시작했다.

---

01 최근 들어 서울형 주민자치회를 포함하여 전국적으로 읍·면·동 단위의 주민자치회가 구성·활동하고 있고, 현재 시행되고 있는 주민자치회의 핵심 기능은 참여예산사업, 주민세환원 등 자치계획의 수립과 실천이다.

둘째, 지방자치단체 전체 예산의 1%도 안 되는 주민제안사업에만 주민들의 목소리가 반영되는 것이 합당한가? 나머지 99% 예산은 주민들의 참여가 왜 허용되지 않는가? 주민참여예산이라고 한다면 지방자치단체 전체 예산에 주민들이 참여할 수 있어야 하지 않나? 이 역시 매우 상식적인 의문이었다. 주민들이 제안하고 주민들이 선정하는 주민제안사업은 주민참여의 효능감을 높인다는 점에서 매우 중요한 참여 방법임은 분명하다. 그런데, 주민제안사업은 지방자치단체의 전체 예산에서 극히 미미한 수준에 불과하며, 대부분의 예산은 지방자치단체장과 행정의 의지대로 사용된다. 다행히 은평구는 2010년 주민참여예산제도 도입 때부터 전체 예산에 주민들이 참여할 수 있는 '본 예산 주민심의 제도'[02]를 운영하고 있어 내 생각이 틀린 것이 아님을 입증할 수 있었다. 그래서 나는 주민참여예산을 주민제안사업만이 아니라 전체 예산에 주민들이 참여하는 것으로 교육했다.

갈등과 인내로 만들어 간 '과정이 있는 참여예산'

2015년 6월 29일 은평구 참여예산위원회 총회에서 참여예산위원장으로 선출된 이후 본격적인 활동에 들어갔다. 2011년 봄부터 은평구 참여예산 동 순회 교육을 진행하면서 은평구 참여예산에 관련된 각종 교육, 토론회 등의 전담 강사 및 퍼실리테이터 역할을 하면서 현장과 긴밀하게 호흡해 왔다. 그래서 은평구 참여예산의 장점과 문제점을 파악하고 개혁 방안을 마련하는 것은 그리 어려운 일이 아니었다. 하지만 구청장, 행정, 참여예산위원, 주민들과 협의를 하고 현장을 변화시켜 나가는 과정은 매우 길고 힘든 과정이었다. 때로는 내가 무엇 때문에 경제적 고통을 감내하면서 이런 미친 짓을 하고 있는지에 대한 회의

---

02 은평구 참여예산위원회가 구청의 예산 편성안에 심의를 진행하여 예산안에 대한 조정의견을 제시하고, 민관거버넌스인 민관예산협의회를 통해 반영 여부를 협의·결정하는 제도.

도 들었고, 이런저런 갈등 상황에 직면할 때는 포기하고 싶은 충동이 들 때도 있었다.

　제일 먼저, 행정 주도의 주민참여예산을 주민주도 혹은 민관협치 방식으로 전환하는 작업에 착수했다. 이를 위해 주 1회 정도 구청장과 정책협의를 갖고 참여구정팀장과 하루에도 몇 차례씩 협의를 진행했고, 참여예산 분과위원장·지역위원장 연석회의를 통해 수렴된 의견을 바탕으로 '참여예산 운영계획'을 공동으로 마련했다. 행정과의 협의에서는 기존의 관행을 바꾸는 것이 어려웠다. 주민참여의 양적 확대로 많은 성과를 낸 행정이 질적 전환을 요구하는 내 의견을 수용하기란 쉽지 않은 일이었다. 지금 은평구 공무원들에게 일상용어가 된 '민주주의, 숙의, 공론'과 같은 단어들은 당시에는 생소한 것이었다.

2015년 하반기 주민참여예산제 운영계획(구청장-참여예산위원장 협의 문서)

　참여예산위원회 내부에서도 개혁의 공감대를 마련하는 일은 간단치 않았다. 분과 위원장과 동 위원장들 중에서 자발성이 높은 분들 10여 명으로 '참여예산위원회 기획팀'[03]을 구성하여 참여예산위원회의 일상적인 논의 수준을 높이고, 분과·동 위원장 연석회의를 통해 주요 사안을 협의하고 결정했다. 하지

---

03 조재학(은평구 참여예산위원장), 김미애(은평구 참여예산부위원장), 김동수(장애인분과위원장), 김인용(도시환경분과위원장, 갈현1동 참여예산위원장), 김흥열(갈현2동 참여예산위원장), 송영창(응암3동 참여예산위원장), 안국한(자치행정분과위원장), 이희영(녹번동 참여예산위원장), 최경자(은평구 주민참여위원회 담당), 한재중(은평구 참여구정팀장) 등

만 때때로 암초를 만났다. 예를 들어 서울시 참여예산 엠보팅 투표에서 동원형 투표가 아니라 주민 스스로 선택하는 민주적 방식으로 하자는 나의 주장을 둘러싸고 반대하는 의견이 적지 않았다. 열악한 은평구 재정 여건을 감안해 한 푼이라도 더 서울시 예산을 가져와야 하고, 그러기 위해서는 주민들을 동원해서라도 은평구 주민들이 제안한 사업에 투표하게 해야 한다는 것이었다. 지역을 사랑하는 마음이라는 점은 이해했지만 장기적인 방향에서는 극복해야 하는 문제였다. 노석자 구정평가부위원장이 "주민들을 이기려고 하지 말아라"고 하던 말이 지금까지도 귓가에 맴돈다.

세상의 모든 개혁이 그렇듯이, 은평구 참여예산의 변화는 한 번에 이루어지지 않았다. 수많은 사안을 둘러싸고 내·외부의 갈등이 있었고, 나에게는 많은 인내를 요구했다. 속도보다는 방향이 중요하다는 말을 많이 한다. 거기에 추가하고 싶은 말이 있다. 방향을 유지하는 데는 많은 갈등이 따르고, 리더에게는 인내가 필요하다는 것을. 그렇게 은평구 참여예산은 성숙한 민주주의를 위해 한 걸음 한 걸음 나아갔다.

'지역'에서 '자치'로 세상의 변화를 도모하다

1997년 이래 나는 주민자치, 참여예산, 협치, 마을공동체, 자원봉사, 시민교육, 사회적경제 등을 통해 아래에서 세상을 바꾸어 나가는 일에 주력했다. 다양한 영역의 이름을 어떻게 붙이든 결국 '자치의 원리'였고, 자치의 힘을 기르며 사람들의 사회적 협조성을 강화할 수 있는 '지역사회'를 터전으로 삼았다. 주민자치위원회가 주민자치의 전부는 아니지만, 어느 시민단체도 가지지 못한 직능단체와 주민들의 현장 실천력을 통해 주민자치를 강화하는 것이 중요하다고 생각했다. 전국의 다양한 주민자치의 현장에서 시대정신으로서 자치를 강의하고 자치력을 촉진하는 데 힘을 기울였다. 그 바탕에는 사람을 중심에 두고 새로운 운동을 모색했던 (사)열린사회시민연합의 지향, 2000년 독일 정치교육의 현장에서 체험한 시민교육의 경험이 자리잡고 있었다. 교육자와 퍼실리테이터로 스스로를 단련시키면서 다양한 영역과 현장에 연결될 수 있었고, 특정한 영역에 머무르지 않고 '가로지르기'와 '통합적 접근'을 하려 했다.

'지역'에서 모두의 민주주의를 꿈꾸다

24년간의 다양한 지역활동 경험을 통해 모두의 민주주의라는 설레는 꿈을 꾸게 되었다. 특히 은평구 참여예산위원장으로 3년 3개월, 협치조정관으로 2년 3개월, 도합 5년 6개월여의 현장활동은 나를 단단하게 그리고 새롭게 했다. 내 뜻이 옳다 하더라도 사람들과 같이 가야 하고, 어떻게 해야 함께 갈 수 있는가를 배웠고, 현장과 사람들을 보다 밀접하게 이해하게 되었고, 기다림의 미학을 공부했고, 유연함을 조금씩 익혀 나갔다. 그리고 무엇보다 더 큰 꿈을 꾸게 되었다는 것이 소중하다. 현장의 수많은 교육과 강의에서 나의 단골 레퍼토리는 "당신이 몇 살이든지 상관없이 큰 꿈을 꾸어라"는 것이었다. 그 말은 내게로 돌아오는 부메랑이기도 했다. 은평에서의 현장 경험을 통해 막연한 꿈이 아니라 구체적인 큰 꿈을 꾸게 되었다. 평범한 사람이 존중받고 주인이 되는 '모두의 민주주의'를 실현하는 꿈을 가지게 되었다. 불광불급不狂不及. 미치지 않으면 이루지 못한다!

이 책은 그런 현장의 경험에 기초해서 집필했다. 그러나 회고가 아니라 미래를 이야기하고 싶었다. 여러 영역을 다루되 통합적 관점과 원리적 접근을 하려 했다. 다양한 활동에 대한 애정을 바탕으로 현장에서 느꼈던 핵심적인 문제점을 담았다. 하고 싶은 말을 다 쓰기보다는 절제하되 문제의식은 예리하길 바랐다. 활동가나 전문가의 시각보다는 활동의 주체인 주민들의 입장에 서서 문제 해결 방안을 생각하고 제안했다. 사람의 변화를 중심에 두면서도 제도와 정치의 문제를 함께 고민했다. 사람과 제도와 정치의 복잡한 상관관계에 의해 사회의 변화·발전이 이루어지기 때문이다.

1장 '참여예산'은 통용되고 있는 참여예산에 대한 오해들을 짚으며, 참여예산제도의 본질적 가치와 의미를 다루고 있다. 외국의 사례가 아니라 실재하고 있는 '은평구 참여예산'의 변화과정을 자세히 다루면서, 다소 형식화되고 있는 많은 지방자치단체의 참여예산제도에 자극이 되어, 우리나라 참여예산 시즌 3으로의 전환을 이야기하고자 했다.

2장 '주민자치'는 지역사회 문제를 구성원 스스로 해결하는 자치의 원리를 통해, (지역)사회문제 해결의 새로운 접근방법을 다루고 있다. 그리고, 전국 읍·면·동에 설치되어 있는 주민자치회가 행정과 중간지원조직이 짜놓은 틀을 주민들이 이행하는 것이 아니라, 주민들이 중심이 되어 주민자치력을 향상할 수 있는 방안을 다루고 있다.

3장 '진정한 변화는 지역에서부터'는 시민교육, 자원봉사, 마을공동체, 도시재생, 사회적경제, 민관협치 등의 사례를 통해 현장의 문제의식을 드러내고, 변화를 위한 토론이 일어나기를 바라는 마음으로 썼다. 각 영역을 다루면서도 지역사회 문제해결을 위한 통합적 접근을 모색하고자 했다.

4장 '진짜 민주주의, 모두의 민주주의'는 익숙하지만 정상적이지 않은 '민주주의' 현상을 짚어보고, 한 사람 한 사람이 주인이 될 수 있는 민주주의체제로서 자치분권과 직접민주주의를 대안으로 모색했다. 아울러 주민(시민)참여와 집단지성을 통한 사회문제해결 전략과 시민참여플랫폼을 다루었다.

맺는말 '모두의 민주주의를 위하여'는 이 책의 결론이다. 모두의 민주주의를 실현하기 위한 방안으로 직접민주주의의 확대, 자치분권 헌법 개정과 연방제 국가로의 전환, 정부에 민주주의부 설치, 지방자치단체의 지역정부로의 전환, 정치와 정당의 상향식 개혁, 대중의 바다와 정치인의 상호작용, 내 안의 민주주의 실천 등을 담고 있다. 이 책이 '교과서'로 자리매김되기보다는 '토론의 매개체'가 되기를 바란다.

각 장의 말미에 수록된 '지역에서 세상을 바꾸는 사람들'은 20여 년간의 활동에서 나에게 영감과 자극을 준 사람들과 조직에 대한 이야기다. 지역사회에 기반한 공익적 퍼실리테이터그룹, 진정한 마을공무원, 실천적 연구자, 생활정치의 표본이 되는 정치인의 이야기를 담았다.

새로운 일에 흥미가 많고, 나이가 들어갈수록 꿈은 커졌지만, 책 쓰기에 대한 두려움은 많았다. 나를 있는 그대로 세상에 내놓는 것이고, 글에 대한 책임이 부담되었던 것 같다. 그 두려움과 부담을 이겨낼 수 있었던 것은 함께했던 수많은 사람들에 대한 기억과 새로운 세상에 대한 간절한 바람이 있었기 때문이다. '신랑 잘못 만나 도인이 된' 아내 김정희가 참 고맙다. 건강한 의식을 지닌 청년으로 성장해준 현준, 범준 두 아들이 대견하다. 무엇보다 나의 미친 짓을 지지하고 함께해 주었던 많은 분들에게 감사드린다. 이름을 드러내기를 사양하여 밝힐 수는 없지만 그 길에 기꺼이 동행해 준 친구 ○○○가 있었기에 걸어온 5년 6개월이었다. 새로운 동행자가 되어준 후배가 있어 용기를 얻고 있다. 그리고 새로운 세상을 바라는 많은 분들이 공감해주고 있다.

항상 마음에 담고 있는 이철수님의 '길'을 되뇌어 본다.

"당신이 그렇게, 걷고 또 걸으면, 언젠가 사람들이 길이라고 부르겠지."

I

참여예산

참여예산에 대한 오해들

2003년 광주광역시 북구에서 시작된 우리나라 참여예산의 역사는 짧지 않다.

초창기 참여예산은 울산광역시 동구, 대전광역시 대덕구 등 몇몇 진보적인 지방자치단체장에 의해 도입되었다. 이후 2011년 지방재정법 개정으로 전국의 모든 지방자치단체에서 주민참여예산제도를 의무적으로 운영하게 되어 현재에 이르고 있다. 은평구 등 몇몇 지방자치단체를 제외하고는 대부분 지방재정법과 정부의 표준 조례안에 따라 조례를 제정하여 비슷한 방식으로 운영하고 있다. 세계적으로는 2019년 10월 기준 11,690~11,825개의 지역에서 참여예산제도가 운영되고 있는데, 우리나라처럼 법에 의해 모든 지방자치단체에서 일률적으로 시행하고 있는 사례는 극히 드물다. 2013년 기준 전 세계 2,700여 개 지역에서 참여예산제도가 실시되고 있다는 보고와 비교해 보면, 얼마나 빠른 속도로 참여예산이 전 세계적으로 확산되고 있는지 알 수 있다. 참여예산은 국제표준이자 참여민주주의의 혁신적인 제도로 자리잡아 가고 있다.

세계 참여예산 지도: 대륙별 참여예산제 시행 지역과 세계 시행 지역

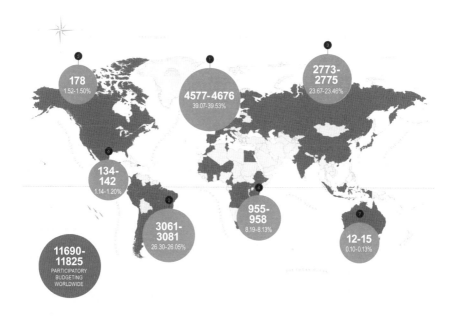

출처: PARTICIPATORY BUDGETING WORLD, ATLAS, 2019

  그런데, 이런 참여예산제도에 대한 중요한 오해 몇 가지가 있다. 외국의 사례를 모두 확인하지 못해서 다른 나라의 사례에 대해서는 확실히 말할 수 없지만, 우리나라의 참여예산 사례에서 많이 나타나는 오해들이다. 필자는 2018년부터 행정안전부의 주민참여예산제 컨설팅단의 위원으로 활동하면서 최근의 전국 지방자치단체의 참여예산 사례를 자세히 들여다 볼 수 있었다. 지방자치단체 참여예산 담당 공무원들에 대한 컨설팅과 여러 지역의 참여예산위원들에 대한 교육 과정에서 주민참여예산제도에 대해 대부분 오해하고 있다는 점을 발견했다. 어떤 오해들이 있는지 살펴보면서 주민참여예산제도가 가지고 있는 본질적 의미를 조망해 보고자 한다.

첫째, 참여예산＝주민제안사업?

2021년 현재 우리나라의 지방자치단체에서 시행하고 있는 주민참여예산제도는 대부분 '주민제안사업' 위주로 운영되고 있다.[04] 주민들이 제안하고 주민들이 선정하는 주민제안사업이 주민참여예산의 대표적인 제도임이 분명하고, 주민들에게 많은 호응을 얻고 있는 것도 사실이다. 그렇지만 '예산 과정의 주민참여'라는 참여예산의 교과서적 정의에 비추어보더라도 참여예산의 다양한 제도 중 하나에 불과하다. 그런데, 왜 우리나라의 지방자치단체는 대부분 참여예산을 주민제안사업 위주로 운영하고 있을까? 지방자치단체의 예산 과정에 주민들이 참여하기 위한 방법은 매우 다양하고 창의적인 방안을 생각해 볼 수 있는데 말이다.

첫째 요인은 지방자치단체장의 소극적인 태도에서 찾을 수 있다. 주민참여예산은 지방자치단체장의 고유권한인 예산 편성·집행 권한을 주민들에게 나누는 분권分權형 제도이다. 결국 지방자치단체장 자신의 권한을 주민들과 공유하겠다는 의지가 중요하다. 그런데, 대부분의 지방자치단체장은 주민들과의 분권에 소극적이다. 그들은 앞다투어 자치분권이 실현되어야 한다고 주장하지만, 내용을 들여다보면 중앙정부의 권한과 예산을 지방정부로 이양하자는 수직적 분권에 머무르는 경우가 많다. 자치분권은 그런 수직적 분권과 함께 지방자치단체장의 권한과 예산을 주민들과 공유하는 수평적 분권으로 나아가야 한다. 그것이 지방자치의 본질이며, 지방자치의 존재 이유이다.

또 다른 요인은 외국의 참여예산 선행 사례를 모방하면서 비롯된 것으로 보인다. 아무리 좋은 사례라 할지라도 실사구시하며 창의적인 적용 방안을 찾아가지 않으면 따라 하기 수준을 벗어나기 어렵다. 우리나라의 참여예산교육에서

---

04 2020 행정안전부 지방자치단체 평가자료

빠지지 않고 등장하는 브라질의 포르투 알레그리_{Porto Alegre} [05] 사례는 주민들의 제안과 주민들의 선정권 행사로 도시에 큰 변화를 가져왔다. 프랑스의 파리, 독일의 리히텐베르그 사례 등도 주민제안사업에 관한 것으로 우리나라에 소개되었다. 이런 점이 우리나라의 참여예산제도 도입 과정에서 전문가, 활동가, 중앙정부 관계자 등이 범한 오류가 아닌가 싶다. 외국의 사례가 정답인가? 주민참여예산의 본질적 가치에 주목한다면 얼마든지 다양한 방안을 생각할 수 있지 않을까?

서울시 은평구에서 시행하고 있는 다양한 참여예산제도의 사례들을 보면 얼마든지 창의적인 참여예산제도 운영이 가능함을 확인할 수 있다. 대표적인 사례가 '본 예산 주민심의' 제도이다. 은평구는 2010년 참여예산제도 도입 때부터 구청의 전체 예산에 주민참여를 지향했다. 그 일환으로 구청의 예산 편성안에 대해 참여예산위원회 10개 분과에서 130명의 주민들이 예산 심의를 진행한다.

은평구 참여예산위원회는 매년 초에 분과별 정례회의를 갖고 해당 분과에 배정된 구청 부서 사업을 검토하고, 1년 동안 집중 심의할 사업 목록을 작성한다. 이 목록을 토대로 매월 분과별 정례회의를 개최하여 사업계획 검토, 부서와의 간담회, 현장 모니터링 등을 통해 실태를 파악한 후 매년 10월 차기년도 예산편성안에 대한 집중 심의를 진행한다. 집중 심의는 각 사업부서에서 제출한 예산계획이 포함된 사업설명서를 해당 사업담당 팀장으로부터 설명을 듣고, 질의·응답을 벌인 후 예산 감액·증액 의견과 사업개선안을 분과별로 의결하고 조정의견을 제시한다. 이 조정의견서를 바탕으로 매년 11월초 '민관예산실무조정협의회'와 '민관예산협의회(위원장: 구청장, 부위원장: 참여예산위원장)'

---

05 1989년 세계에서 처음으로 참여예산제도를 도입한 브라질의 도시

를 통해 협의·결정한다. 2010년 참여예산 분과위원회 시범운영 이후 2011년
부터 2020년까지 10년간 '본 예산 주민심의' 제도를 통해 178억 원을 감액하고
7억 원을 증액하였다.

은평구 본 예산 주민심의 연도별 반영 결과

구분	심의금액	예산 조정					일물 사업		개선 의견 제시	
		건수	요구액	조정액	증	감	건수	금액	건수	요구액
계	2,890,007	224	39,460	24,682	728	15,507	14	2,258	205	56,841
2012년 예산	11,525	16	3,206	1,811	229	1,624			–	–
2013년 예산	24,071	21	1,089	413	21	697			12	11,477
2013년 추경	732	4	236	177	–	59			1	34
2014년 예산	39,675	119	26,958	15,111	164	12,011			2	120
2015년 예산	49,745	21	4,251	3,411	20	860			25	7,255
2016년 예산	284,045	10	423	384	14	53			9	3,067
2017년 예산	85,554	10	467	676	209	–			11	2,218
2018년 예산	401,102	6	269	256	3	16			33	5,165
2019년 예산	570,658	2	492	473	–	19			38	7,591
2020년 예산	650,306	8	1,376	1,284	41	134	9	945	26	3,148
2021년 예산	772,594	7	693	686	27	34	5	1,313	48	16,766

둘째, 참여예산＝예산 편성 과정의 주민참여?

2018년 지방재정법이 개정되기 전까지 참여예산은 예산 편성 과정의 주민
참여라는 등식이 존재했다. 이에 따라 서울시 은평구를 제외한 대부분의 지
방자치단체에서는 참여예산제도를 예산 편성 과정의 주민참여로 운영해 왔다.
즉 주민제안사업 등을 통해 반영된 주민들의 의견을 지방의회에 제출하는 내
년 예산 편성안에 담는 방식이었다. 다시 질문하지만 왜 예산 편성과정에만 주
민들의 목소리가 반영되어야 하는가? 예산 편성도 중요하지만 계획된 예산을

효과적으로 집행할 수 있게 집행 과정에도 주민들이 참여할 수 있어야 하지 않나? 그리고 예산을 잘 사용했는지 평가 단계에서도 주민들의 의견을 경청해야 하지 않을까?

많은 사람들이 행정의 예산 집행 방식을 비판하는 대표적인 예가 보도블록 공사에 관한 것이다. 연말이 다가오면 동네 여기저기서 보도블록을 교체하고 아스팔트를 새로 깔고 하는 장면을 익숙하게 보아온 탓이다. 그런데, 보도블록은 누구를 위해서 까는 것인가? 실제 사용할 주민들의 의견을 듣고 공사를 한다면 이후 발생하는 불만 섞인 민원들도 사전에 예방할 수 있지 않을까?

은평구는 2012년 신사2동 '산새마을'의 주거환경개선사업을 시행하면서 산새마을 주민들과 마을 정비 계획을 협의하고 주민 의견이 반영된 마을 정비 공사를 시행했다. 그 일환으로 마을의 보도블록을 교체할 때, 산새마을 주민협의체와 협의를 통해 마을에 놓일 보도블록을 주민들이 직접 결정하도록 했다. 행정은 몇 가지 보도블록 샘플을 마을에 가져다 놓았고, 주민들은 삼삼오오 모여 보도블록을 체험해 보고 다양한 의견을 나누었다. 그 결과 주민들이 사용하기로 한 보도블록은 행정이 생각했던 것과 전혀 다른 것이었다. 행정의 당초 계획은 마을 주민들을 위해 비싼 보도블록을 설치할 계획이었는데, 주민들은 제일 싼 보도블록을 선택했다. 왜 주민들은 그런 선택을 했을까? 자주 교체하는 보도블록 예산을 아끼기 위해서였을까?

산새마을 주민들은 외형 대신 실익을 선택했다. 산새마을은 산동네라 비탈길이 많고 어르신들이 많이 사는 동네다. 그래서 비가 오거나 눈이 올 때 미끄러움을 방지할 수 있는 보도블록을 선택한 것인데, 그것이 공교롭게도 가장 저렴한 보도블록이었던 것이다. 만약, 주민들의 의견 수렴과정 없이 행정의 계획대로 보도블록을 설치했다면 눈비가 올 때 낙상사고 등으로 각종 민원이 끊이지 않았을 것이다. 주민들의 의견을 수렴하니 주민들은 편익을 얻고 행정은 예산을 절감하는 1석2조의 효과를 얻었다.

흔히 현장에 답이 있다는 말을 많이 한다. 주민들은 보도블록의 전문가나 공사의 전문가는 아니지만 마을 현장에 대해서는 누구보다 잘 아는 사람들이다. 다른 말로 마을 현장 전문가다! 기업에서는 소비자들의 목소리를 담기 위해 많은 노력을 해야 하고, 그렇지 않은 기업들은 소비자들에게 외면 받는다. 그렇듯 행정의 일하는 방식은 많은 개선이 필요하다.

참여예산 주민제안사업 역시 마찬가지다. 주민제안사업을 선정할 때까지는 주민들의 의견이 반영되지만 정작 사업을 시행할 때 주민들이 배제된 상태로 추진되어 많은 비판이 제기되어 왔다. 은평구는 2014년부터 참여예산 주민제안사업 모니터링제도를 운영하여 사업 시행과정에서 주민참여를 위해 노력해 왔다. 주민제안사업 모니터링은 이후 많은 지방자치단체로 확산되어 보편적 제도로 자리잡아가고 있는 중이다. 또 은평구에서는 2013년 2월 1일 구청장 방침으로 구청에서 발주하는 관급공사에 주민설명회 등 주민참여 절차를 의무화[06]함으로써 주민 불편 사항을 최소화하려 노력해 왔다.

은평구의 이러한 노력들과 참여예산 전문가 등의 의견이 반영되어 2018년 3월 27일 지방재정법이 개정되어 예산 전 과정의 주민참여가 법적 근거를 갖게되었음은 늦었지만 반가운 일이다. 현행 지방재정법 제39조(지방예산 편성 등 예산과정의 주민 참여)는 "①지방자치단체의 장은 대통령령으로 정하는 바에 따라 지방예산 편성 등 예산과정(「지방자치법」 제39조에 따른 지방의회의 의결사항은 제외한다. 이하 이 조에서 같다)에 주민이 참여할 수 있는 제도(이하 이 조에서 '주민

---

06 2013년 구청장 방침은 모든 관급공사에 주민참여를 의무화하는 것이었다. 동 참여예산위원회 동 지역회의 주관으로 설계단계, 시행단계, 준공단계 모두 3차례의 주민설명회를 통해 주민들의 의견을 수렴하도록 했다. 은평구에서는 1년간 보통 400여 건의 관급공사가 시행되어 약 1,200번의 주민설명회를 열어야 해서 주민들과 행정 모두에게 큰 부담을 안겨주기도 했다. 이에 은평구 참여예산위원회와 관계 부서의 협의를 통해 일종의 경과조치로 2018년부터는 1억 원 이상의 관급공사에만 적용하기로 했다. 그리고 주민참여가 더욱 활성화되고 행정의 일하는 방식의 변화가 정착된 이후 다시 모든 관급공사로 확대할 계획이다.

참여예산제도'라 한다)를 마련하여 시행하여야 한다"로 규정하고 있다.

셋째, 참여예산 활성화는 주민들의 몫이다?

주민참여예산제도가 활성화되기 위해서는 주민들의 참여와 역할이 커져야 한다는 목소리가 많다. 동의한다. 참여예산의 주인공은 주민들이다. 주민 스스로 지역의 문제를 해결하기 위해 다양한 아이디어나 의견을 내고, 공론과 숙의 과정을 통해 책임 있는 의사결정을 해야 하며, 결정된 사안을 실행하는 데 주민들의 역할이 높아져야 한다. 그래야 주민참여예산제도의 본질적 가치가 실현될 수 있다. 그런 점에서 우리나라 참여예산은 20년 가까운 역사를 가지고 있지만 아직 시작 단계라고 할 수 있다. 참여예산으로 인해 절차가 복잡해지고 업무부담이 가중되는 데 비해 결과적으로 얼마나 긍정적인 변화를 가져왔는가 라는 공무원들의 비판과 지적에 수긍이 가기도 한다. 그렇지만 100% 동의가 되지는 않는다. 참여예산제도가 활성화되지 못한 데에 행정의 책임은 없을까?

사실 참여예산제도를 조금 더 깊이 들여다보면 주민들의 역할 못지않게 행정의 역할이 중요하다는 것을 알 수 있다. 참여예산은 행정의 예산 전 과정에 주민들이 참여하는 것이다. 주민들의 참여가 다양해지고 활성화되기 위해서는 행정에서 먼저 주민참여의 공간이 디자인되어야 한다. 주민참여예산제도의 주민참여란 행정의 초대된 공간에 주민들이 참여하는 것이기에 행정에서 주민들의 참여를 위한 다양한 방법이 고안되어야 한다. 예산 편성 과정에는 주민들이 어떻게 참여할 수 있을지, 예산을 집행할 때 주민들의 목소리는 어떤 절차를 통해 반영될 수 있을지, 결산 과정에는 어떤 방식으로 주민들의 역할을 만들지 등에 대해 일차적으로 행정의 방안이 마련되어야 한다. 행정에서 초대한 공간을 제대로 준비하지 않고 무턱대고 주민들의 참여를 바란다는 것은 적절치 않다.

은평구에서는 주민참여 방안의 하나로 '주요사업 계획 시 주민참여 의무화'

를 시행했다. 2012년 3월 2일 구청장 방침으로 은평구청 각 부서에서 사업계획의 수립 단계에서 주민의견을 반영함으로써 실질적 주민참여 확대를 도모했다. 사업 담당부서에서 주요 사업의 계획서 초안을 마련해서 참여예산 해당 분과위원회에 제출하면, 분과위원회에서는 계획안을 검토하여 의견을 제시하고, 부서에서는 이 의견을 반영하여 사업계획을 수립하고 의견 반영 결과를 분과위원회에 통보하는 절차로 진행된다.

결국 참여예산이란 공무원들에게는 일하는 방식의 변화를 의미한다. 예산을 편성할 때 주민들의 의견을 반영하고, 집행할 때도 주민들이 참여하고, 평가와 결산과정에도 주민들의 목소리를 들어야 하는 것이다. 행정과 분리된 공간에 주민들이 참여하는 것이 아니라 행정의 초대된 공간에 주민들이 참여하는 것이 참여예산이기 때문이다. 이런 점에서 참여예산의 주인공 중 하나는 공무원들이다. 주민들과 공무원들이 함께 참여예산의 주역이 되어야 참여예산제도가 힘있게 운영될 수 있다. 그것이 거버넌스이고 민관협치다. 공무원들이 일하는 방식을 바꾸는 것은 결국 행정 혁신의 과정이기도 하다.

넷째, 참여예산은 지방의회의 심의권을 침해한다?

참여예산이 지방의회의 심의권을 침해한다는 오해는 주로 지방의회 의원들로부터 비롯된다. 지방의회의 예산 심의권은 법적으로 보장된 것이다. 지방자치단체장의 예산 편성과 집행권 역시 법적으로 보장된 것이다. 주민참여예산제도는 지방자치단체장의 예산의 고유권한에 주민들이 참여하는 것이지 지방의회의 권한을 침해하는 것이 아니다. 참여예산을 지방의회의 예산 심의권 침해라고 보는 시각은 참여예산제도에 대한 이해 부족에서 비롯된 것이고, 그런 주장은 거꾸로 지방의회가 지방자치단체장의 권한을 침해하는 것이라 할 수 있다. 우리나라 헌법은 입법-사법-행정의 삼권분립을 명시하고 있다.

그리고 지방의회의 역할이 무엇인가를 다시 생각해 볼 필요가 있다. 지방자치단체장과 지방의원들은 모두 주민들에 의해 선출된 대표이지만, 지방자치단체장이 사실상 행정부의 대표로 기능하는 것에 비해 지방의원들은 주민들의 의견을 수렴하고 대변하는 의미의 주민대표로 기능해야 한다. 지방의회의 기능은 행정에 대한 견제 기능만 있는 것이 아니라 일상적으로 주민들의 의견을 수렴하고 이를 행정에 반영하기 위해 노력하는 것이다. 그렇기 때문에 많은 지방의원들이 주민들과의 대화를 위해 많은 시간을 투자하는 것이 아닐까? 개별적인 민원 제기가 아니라 합법적인 참여예산제도를 통해서 수많은 주민들의 의견이 공론화되고 집약되어 의원들에게 전달되면 의정 활동에 큰 도움이 되지 않을까?

주민들에 의해 선출된 대표들에게 중요한 역할은 일상에 바쁜 주민들을 대신하여 주민들의 목소리를 지방행정에 반영하기 위해 노력하는 것이다. 지방의원들은 주민들의 대리인이다. 주민들이 어떤 바람을 가지고 자신들에게 권한을 부여했는지 깊이 생각해 보았으면 한다. 권한과 책임은 동전의 양면이다. 권한 없이 책임만 강조해서는 안 되지만, 반대로 책임을 다하지 않고 권한만 행사하려 해서는 안 될 것이다. 이 말은 주권자들에 의해 선출된 모든 선출직 대표들이 깊이 성찰해 보아야 한다. 그래야 한국 정치의 발전이 가능해진다.

참여예산은 직접민주주의

　　직접민주주의를 참여민주주의와 혼용해서 사용하는 경우가 많지만, 구분하는 것이 맞다. 직접민주주의direct democracy란 "구성원 전체가 직접 정치에 참여하여 의사결정을 하는 민주주의 제도"[07]이며, 참여민주주의participatory democracy는 "절대다수가 의사 결정 과정에 자발적으로 참여하는 민주주의를 포괄적으로 설명하는 용어이다. 참여민주주의는 모든 구성원이 의사 결정에 의미 있는 기여를 할 수 있는 기회를 만들기 위해 노력하고, 이러한 기회에 접근할 수 있는 사람들의 범위를 넓히려고 노력한다."[08] 즉 직접민주주의의 핵심은 모든 구성원들이 의사결정권을 갖는 것이며, 참여민주주의는 직접민주주의 등 다양한 참여 방식을 포함하는 보다 포괄적인 개념이다.

---

07 이진순, (재)와글, 2020, "시민참여플랫폼과 직접민주주의"
08 위키백과

두 가지 관점의 차이

주민참여예산제도를 참여민주주의의 관점으로 접근하느냐 직접민주주의로 보느냐 하는 점은 작은 차이 같지만 실제 운영 과정에서는 매우 큰 차이로 나타난다. 대표적인 사례가 주민들이 제안한 참여예산 주민제안사업을 어떤 방식으로 결정하는가에 관한 것이다. 현재 많은 지방자치단체에서는 참여예산위원회 등 참여예산기구에서 주민제안사업을 선정한다. 형식 논리로 보면 주민들이 제안한 사업을 주민들로 구성된 참여예산위원회에서 결정하는 것에 큰 문제가 없는 것으로 볼 수 있다. 그런데 참여예산위원들이 의사결정권을 행사할 때 일반 주민들의 의견은 어떻게 반영될까? 참여예산위원회의 의견이 곧 지역 주민들의 의견이라고 할 수 있는가?

참여예산위원들이 아무리 중요한 역할을 한다 하더라도 그들이 의사결정권을 갖는다면 그것은 또 다른 대의민주주의라고밖에는 할 수 없다. 주민들에 의해 선출되지 않은 참여예산위원들을 대상으로 주민 대표성을 말하는 것은 어불성설이다. 참여예산위원회를 둘러싸고 계속 제기되는 '그들만의 리그'라는 비판에 뭐라고 답할 수 있나? 참여예산위원들이 공모나 추첨 절차를 통해 선정되었기 때문에 일정한 주민 대표성을 갖는다는 답변은 옹색하기 그지없다. 그런데도 왜 대부분의 지방자치단체에서는 참여예산위원들에게 의사결정권을 부여하는가? 그 결정권을 주민들에게 돌려야 하지 않을까?

은평구는 2010년 주민참여예산제도를 도입하고 은평구의회의 반대로 표류하던 「서울특별시 은평구 주민참여위원회 운영 조례」가 2011년 8월 4일 제정되어 법적 근거를 갖추자 주민제안사업을 결정하기 위해 2011년 11월 '주민총회'를 개최하였다. 주민총회는 참여를 원하는 주민들 누구나 참가하여 의사결정권을 행사할 수 있었다. 이어 2012년에는 시간적·공간적 한계 때문에 주민총회에 참여하지 못하는 주민들도 의결권을 행사할 수 있게 누구나 참여할 수 있는 '모바일 투표' 제도를 도입하였다.

의사결정권을 주민들에게! 주민총회

전국 최초의 참여예산 주민총회로 기록되는 '은평구 참여예산 주민총회'는 2011년 11월 11일 은평구청 은평홀에서 700여 명의 주민들이 참여한 가운데 제1회 주민총회가 개최되었다. 당초 목표 500명을 훨씬 상회하는 주민들의 참여 열기였다. 먼저 동별로 자신들이 제안한 주민제안사업을 다양한 방식으로 설명했다. 동별 제안 설명 이후 참여한 주민들은 은평홀 벽면에 부착된 사업제안서 중 자신이 지지하는 사업에 스티커를 붙여 투표하는 방식으로 진행되었다. 이날 주민투표에 상정된 사업은 23개였고, 주민투표 결과 '청소년 공간 조성' 등 20개 사업에 총 903,600,000원의 예산이 배정되었다.

2017년 9월 16일에는 은평구 다목적체육관에서 주민 600여 명이 모여 원탁토론 방식으로는 처음 진행한 '2017 은평구 주민총회'를 개최했다. 2011년부터 진행해 온 주민총회의 성과를 계승하면서 의사결정 과정에 숙의성熟議性을 강화하려는 시도였다. 사전 참가신청[09]을 한 주민 600여 명이 10인 내외로 60개의 원탁에 둘러앉았다. 주민들은 원탁마다 배치된 퍼실리테이터의 진행으로 제안자의 사업 설명을 듣고 총회에 상정된 사업에 대해 서로의 생각을 나누는 토론을 거친 후 투표를 진행했다. 이 과정을 통해 주민들은 다양한 관점과 생각을 공유하며 토론의 결과로 애초의 선택과는 다른 사업을 선택하는 경우가 많아졌다. 새로운 방식의 주민총회는 성공적으로 진행되었다. 많은 주민들이 적극적인 참여로 호응하였고, 원탁회의는 시종 진지하고 열띤 분위기 속에서 진행되었다. 주민들의 평가도 매우 긍정적이었다. "주민들과의 토론 과정을 통해 다양한 생

---

09 은평구 참여예산 주민총회는 참여를 원하는 주민이라면 누구나 사전신청을 통해 참여할 수 있는 열린총회 형태로 운영되고 있다.

각과 관점을 이해할 수 있었다", "이건 아주 잘한 일이다. 우리가 낸 세금이 좀 더 귀중한 곳에 쓰일 수 있게 되었다" 등의 긍정적 반응이 주종을 이루었다.

이후 은평의 원탁토론 방식의 주민총회는 해마다 진화를 거듭하며 은평구 주민들의 민주주의축제이자 정치축제로 자리매김해 나가고 있다. 은평구는 2021년도 예산에 반영되는 참여예산·협치 과제 발굴 과정을 2019년 9월부터 설문조사, 주제별 공론장, 청소년 공론장 등을 통해 착실히 준비해 나갔다. 그런데 2020년 2월부터 전 세계적으로 유행한 '코로나19 팬데믹'이라는 중대 변수를 맞이하게 되었다. 은평구의 특징적인 대규모 인원이 모여 숙의를 진행하는 주민총회와 청소년총회 개최가 난관에 봉착하였다. 은평구는 이러한 '위기'를 새롭게 도약하는 '기회'로 전환하였다. 오프라인 중심의 활동은 이미 참여하고 있는 주민들의 비중이 훨씬 높았기 때문에 새로운 주민들의 참여를 발굴하는 온라인 활동을 강화할 필요성에 대한 내부의 문제의식이 이전부터 존재했기 때문이다. 은평구는 2020년 5월 18일~6월 19일까지 인터넷·모바일 투표와 16개 동 주민센터와 도서관 등 관내 주요기관에 현장투표소를 설치하는 등의 방법으로 주민투표를 실시하였다. 이후 전국 최초의 온라인 주민총회와 청소년총회를 6월 20일과 9월 20일에 각각 개최하였다. 이를 위해 다양하고 집중적인 온·오프라인 홍보를 전개하였고, 원탁회의와 은평형 란츠게마인데의 숙의 전통을 계승하는 '온라인 숙의단'을 운영하고 주민총회와 청소년총회로 참여의 열기를 이어갔다.

은평구가 채택한 숙의 방식은 온라인총회 전에 카카오톡 오픈채팅방 '온라인 숙의단'을 운영하는 것이었다. 온라인 숙의단 모집은 처음 시도하는 방식임에도 성공적이었다. 5월 18일~6월 5일까지 진행되었는데, 은평구 주민 484명이 참가 신청을 하는 등 적극적으로 호응하였다. 신청한 주민들에게는 '참여예산·협치 과제 설명서'를 책자로 제작해 우편 등으로 전달해 사전 검토를 하도록 하였고, 6월 15일~18일 4일간 오전 10시, 14시, 16시, 19시에 424명이 총 32개의 카카오톡 오픈채팅방을 통해 각각 약 2시간의 토론을 거친 후 투표를 진행했다. 온라인 숙의단 운영은 총 16명의 주민 퍼실리테이터가 담당하여 주민들의 숙의 과정을 지원했다. 온라인 숙의단에는 새로운 주민들의 참여가 대폭 증가하였으며, 상대적으로 참여가 저조했던 20~30대의 참여자가 눈에 띄게 증가하였다. 이런한 은평구 주민총회의 성장 배경에는 참여예산제도를 통해 함께 성장해 온 지역 퍼실리테이터 그룹의 역할이 중요하게 자리잡고 있다.

전국 최초의 모바일 주민투표

은평구는 주민총회의 성과에 안주하지 않고 더 많은 주민들이 참여하여 의사결정권을 행사할 수 있는 방식을 고민하였다. 2011년 주민총회는 성황을 이루었지만 모든 주민들이 참여할 수 있는 형태는 아니었기 때문이다. 고민 과정에서 새로운 아이디어를 제안한 것은 김우영 구청장이었다. 당시 정치권에 도입되어 주목을 받았던 당내 경선을 위한 모바일 투표에서 힌트를 얻은 것이었다. 한정된 인원이 참여할 수밖에 없는 주민총회에 오지 못하는 청년, 직장인, 장애인 등 다양한 계층이 시간적, 공간적 제약 없이 참여가 가능하게 하기 위함이었다. 이를 위해 은평구는 7백만 원의 예산을 들여 은평구 모바일 투표 시스템을 구축했다. 그리고 각 동 참여예산 지역회의를 중심으로 학교, 종교시설, 길거리, 지하철역, 불광천, 공원 등 다중이용시설에서 주민들에게 주민투표 참여를 홍보하고 독려하였다. 이런 적극적인 활동에 힘입어 2012년 첫 번째 모바일 주민투표에 11,080명이 참여한 것을 시작으로, 2013년 22,120명, 2014년 43,201명으로 해마다 큰 폭으로 증가하는 성장세를 보였다.

은평구의 모바일 주민투표는 이후 서울시에서 은평구 사례를 벤치마킹하여 2012년 서울시 참여예산 한마당 총회에 도입하였으며, 성동구 등 각 지방자치단체로 널리 전파되었다. 한편, 모바일 주민투표 과정에서 동별 주민제안사업을 선정되게 하기 위해 주말에도 투표홍보 활동을 하는 등 동 행정직원 등의 업무가 가중되고, 동별 경쟁이 치열해지면서 동원투표 양상이 나타나는 등의 부작용이 있어, 2015년 모바일 투표부터는 동별 경쟁체계를 없애는 등의 방식으로 문제점을 보완하여 보다 성숙한 방식으로 현재까지 계속되고 있다.

은평형 란츠게마인데 청소년총회

은평구는 참여예산제 도입 초기부터 청소년 참여예산학교를 운영하여 청소년들의 참여를 증진시켜 왔다. 2015년 주민제안사업을 이원화하면서, 구 정책사업 중 청소년사업에 1억 원을 배정하고, 청소년사업에 대한 선정권(투표권)은 청소년들에게만 부여하였다. 과거 주민제안사업에도 청소년을 위한 사업이 있었지만, 일부 사업의 경우 성인들의 표를 많이 얻어 선정되는 바람에 실제 당사자인 청소년들의 호응을 얻지 못해 사업이 표류하는 경우도 있었다. 그래서 2015년 참여예산 청소년총회를 도입하면서부터는 투표권을 은평구 관내 청소년들에게만 부여하여 청소년들의 자기결정권을 존중하고자 했다.

숙의성 강화를 위한 은평구 참여예산의 노력은 주민총회보다 2015년부터 시행하고 있는 청소년총회가 앞선다. 스위스 글라루스 등 일부 지역에서 시행하고 있는 직접민주주의제도인 '란츠게마인데Landsgemeinde'는 고대 그리스의 광장민주주의에 기원을 두고 있으며, 세계적으로 유명세를 떨치고 있는 스위스의 정치 축제이자 관광 상품 역할도 톡톡히 하고 있다. 은평구는 스위스 란츠게마인데 방식을 적용하면서 독일 정치교육Politische Bildung에서 사용하고 있는 '신호등 토론' 방식을 결합하고 은평구에 맞는 방식으로 새롭게 재탄생시켰다.

2015년 10월 24일 은평문화예술회관 숲속극장에서는 낯선 광경이 연출되었다. 은평구 청소년 300여 명이 한자리에 모여 제안자들의 설명을 듣고, 질의

응답과 토론과정을 거쳐, 초록·빨강·노랑 색의 종이카드를 들어 찬성·반대·
중립 의사를 표시하는 방식으로 청소년 사업에 대한 표결권을 행사했다. 은평
구 참여예산 청소년총회의 시작이었다. 참석한 청소년들은 청소년들에게만 청
소년 참여예산사업의 결정권이 있다는 점에 신기해했고, 자신들에게 주어진
권한을 자신감 있게 행사하며 '교복 입은 시민'의 등장을 알렸다. 이후 해마다
열리는 참여예산 청소년총회 역시 은평의 청소년들과 함께 계속 성장하고 있다.

2019 참여예산 청소년 총회

2020년 은평구 청소년 참여예산은 은평구 청소년참여위원회·청소년의회,
청소년기관, 참여예산위원회, 은평구청, 소통이룸협동조합 등으로 구성된 '청
소년 정책추진단'이 과정 관리를 담당하였다. 청소년 정책추진단 주관하에
2020년 1월 25일 오후 3시~5시 30분까지 250명의 청소년들이 참여한 가운데

'은평 청소년 원탁토론회'를 열어 청소년들의 다양한 의견을 수렴하였다. 이렇게 수렴된 의견은 은평구 청소년의회에 전달되어, 청소년의회 4개 상임위별로 청소년들의 의견을 사업계획으로 구체화하는 과정을 거쳐 온라인 청소년 총회에 상정하였다. 2020년 8월 31일~9월 26일까지 진행된 온라인 청소년 토론단과 온라인 청소년총회가 운영되었다. 8월 31일~9월 25일까지 청소년 과제 선정을 위한 청소년 투표를 진행하였으며, 9월 19일~21일까지 청소년들의 참여 편의성을 고려하여 주말 등에 온라인 청소년 토론단을 운영하였다. 청소년 토론단은 성인 퍼실리테이터와 청소년 퍼실리테이터가 짝을 이뤄 공동으로 진행했다. 이어 9월 26일 오후에 유튜브와 심플로우를 통해 온라인 청소년총회를 진행하였다. 특히 온라인 청소년총회의 진행은 은평구 청소년참여위원회, 청소년의회 등에서 활발히 활동하고 있는 청소년들이 사회와 패널을 맡아 청소년들의 시각에서 공감할 수 있는 내용으로 운영되었다.

예산＝세금＝내 돈

2011년 은평구 참여예산과 처음으로 조우한 동 순회교육에서 교육을 마무리하며 늘 하던 이야기가 있었다. "저에게는 꿈이 있습니다!" 그러면서 미국 워싱턴주의 대규모 타운홀 미팅 장면을 보여드리면서 "이런 민주주의의 장이 은평에서 펼쳐지는 게 저의 꿈입니다."를 주문처럼 말하고 다녔다. 그리고 물었다. "이런 저의 꿈의 이루어질까요?" 적지 않은 주민들이 "예!"라고 답을 했다. 그로부터 6년 뒤, 2017년 그 꿈이 현실이 되어 600인 원탁토론 방식의 은평구 주민총회가 열렸다.

주민들은 준비되어 있다

2015년 은평형 란츠게마인데 방식의 은평구 청소년총회는 무궁무진한 수용성이 있는 청소년들과 함께 처음으로 시도한 것이라 상대적으로 용이했지만, 2017년 주민총회는 수년간 비슷한 방식으로 진행된 주민총회를 바꾸는 '익숙함에 대한 전환'이라 과정이 쉽지 않았다. 우선 주민들을 초대하는 실무를 담

당하는 행정을 설득하는 데 시간이 걸렸다. 해 오던 방식대로 하는 것에 익숙한 공무원들에게 변화를 요구하는 나의 이야기는 쉽게 공감을 얻지 못했다. 참여예산 실무를 총괄하는 한재중 은평구 참여구정팀장은 수시로 뒷목을 잡고 "천천히!"를 외쳤다.

그리고 600인 원탁회의를 진행하기 위해서는 적어도 60명의 퍼실리테이터가 필요했다. 나는 참여예산위원장으로 선출된 2015년부터 은평에서 퍼실리테이터 그룹을 양성하기 위해 공을 들여왔다. 그것은 10년간 전국 이곳저곳을 다니면서 지역마다 퍼실리테이터 그룹을 양성하려고 시도했던 '지역리더십센터 함께이룸'의 핵심 활동목표이기도 했다. 이러한 노력에 호응하여 마을공동체 활동을 하던 전용희, 김윤희 등이 참여예산 주민제안사업으로 퍼실리테이터 양성 과정을 제안했고, 2016년부터 3년간 주민투표에서 연속 선정되어 체계적인 과정을 운영할 수 있었다. 100시간이 넘는 퍼실리테이터 양성 과정에 참여했던 주민들은 스스로 후속학습모임을 운영하면서, 참여예산, 마을공동체, 도시재생, 주민자치, 사회적경제 등 크고 작은 공론장에서 다양한 실천 경험을 축적해 나갔다. 이 과정을 통해 '소통이룸협동조합', 'FT플러스' 등의 단체를 구성하여 의견수렴부터 의사결정에 이르기까지 참여예산위원회·행정과 협력하는 중간지원조직 역할을 충실히 수행하는 동반자가 되었다.

원탁토론 방식의 주민총회는 성공적으로 도입되고 정착되었다. 주민들이 갑자기 달라진 것이 아니라 그들을 초대하는 행정의 계획이 변화되고, 주민 상호 간의 의견을 소통하고 민주적인 토론을 촉진할 퍼실리테이터 그룹이 준비되었기에 가능한 것이었다. 즉 숙의공론의 활성화는 주민들의 문제라기보다는 이를 준비하는 행정과 주민활동가(중간지원조직)의 태도와 역량의 문제였던 것이다. 이것이 은평구라는 특수한 지역에서만 가능한 일인가? 다른 지역에서는 불가능한가? 참여예산제도 운영계획을 수립하고 주민 참여를 디자인할 행정이 바뀐다면 얼마든지 가능한 일이다. 다만 시간과 과정이 필요할 뿐이지 절대 불가능하지 않다. 주민들의 민주적 소양을 탓할 일이 아니라 그들을 담을 그릇을 바꾸는 일이 우선이다.

주민의 지위: 주권자, 납세자, 수요자, 문제 해결의 주체

주민참여예산제도의 정당성은 어디에서 마련될 수 있을까?

첫째, 주민들은 주권자다. 지방재정법과 참여예산 조례의 근거와 더불어 헌법 제1조 2항의 "대한민국의 주권은 국민에게 있고, 모든 권력은 국민으로부터 나온다"는 주권재민主權在民의 원리를 우선 들 수 있다. 국가의 주권 행사의 주체가 국민이라면 지방자치단체에서의 권력 행사의 주체는 주민이다. 지방자치단체장과 지방의회 의원들의 권한은 주민들에게서 비롯된 것이지 그들 스스로 창출한 것이 아니다. 그럼에도 현실에서는 이 점이 종종 망각되는 경우가 많다. 주권자인 주민들의 목소리와 의견은 준엄하게 지방행정과 지방의회에 반영되어야 한다.

둘째, 주민들은 납세자다. 주민들은 어렵고 힘들게 일해서 번 돈의 일부를 세금으로 국가와 지방자치단체에 낸다. 우리 헌법은 세금 납부에 예외를 두지 않는 국민의 기본의무로 규정하고 있다. 주민들이 낸 세금이 허투루 사용되지 않고 주민들의 뜻에 따라 소중하게 사용되어야 한다. 그런데 현실은 과연 그런가? 정부와 국회에서는 국가공동체의 이익보다 자신들의 정치적 이해 관계에 따라 세금이 분배되는 경우가 허다하고, 지방자치단체에서는 주민들이 낸 세금을 가지고 선심을 쓰는 듯 생색을 내는 위정자들이 적지 않다. 세금을 낸 납세자로서 주민들은 지방자치단체의 예산 사용에 대해 감 놔라 콩 놔라 할 권리를 가지고 있다.

셋째, 주민들은 수요자다. 지방자치단체에서 하는 모든 일은 결국 주민들을 위한 것이다. 그것이 정책이든 사업이든 제도개선이든 말이다. 그렇다면 그 정책과 사업의 수요자인 주민들의 목소리가 지방행정에 반영되는 것은 당연하지 않은가? 말로만 주민 중심의 행정을 이야기할 것이 아니라 당사자들의 의견을 직접 들어야 한다. 그러나 아직까지 지방행정에서 주민들의 목소리를 담을 그릇은 빈약하고 그마저도 형식적으로 운영되는 것이 대부분이다. 정책과 사업의 수요자이자 현장전문가인 주민들에게 무엇을 어떻게 할지 물어야 하며, 잘하고 있는 것인지를 확인해야 하며, 결과적으로 잘 된 것인지를 평가받아야 한다.

넷째, 주민들은 지역문제 해결의 주체이다. 과거 행정에서는 주민들을 공공서비스의 대상으로 여겼다. 행정은 자신들이 제공하는 공공서비스가 수혜자인 주민들에게 잘 전달되고 있는지를 확인하고 서비스 전달 체계에 문제가 없는지를 점검하는 관리자 역할을 잘하면 됐다. 그러나 갈수록 복잡해지고 다양해지는 지역사회 문제는 행정 혼자 해결할 수 없는 시대가 되었다. 행정은 가면 갈수록 주민들의 역할과 참여를 강조한다. 실제로 행정에서 하고 있는 대부분의 일은 주민들의 협조와 참여가 없이는 성과를 거두기가 어렵다. 쓰레기 문제, 주차 문제, 아파트 층간소음 문제, 일자리 문제, 농업농촌 활성화 문제 등 이루 헤아릴 수 없는 과제에서 주민들의 역할이 중요해지고 있다. 주민들이 지역사회 문제 해결의 주체로 서고, 행정과 긴밀한 협력관계를 구축해야 한다.

냉장고와 주민제안사업

주민참여예산제도가 어떤 수준에서 운영되든 위와 같은 제도의 존립 근거를 부정할 수는 없다. 비록 주민들이 아직은 정보에 어둡고 참여에 소극적이고 이런저런 문제들을 야기하고 있다 할지라도. 그렇지만 그것만으로 주민참여의 정당성이 충분하지는 않다. 참여예산을 통해서 궁극적으로 이루고자 하는 목적을 생각한다면 말이다. 참여예산은 지역사회의 다양하고 복잡한 문제를 해결해서 구성원이 함께 행복한 지역공동체를 형성하는 것이 근본 목적이다. 참여예산은 주민들이 열심히 일해서 낸 세금으로 형성된 예산을 보다 효과적으로 사용할 수 있는 방향으로 나아가야 한다.

가정에서 사용하는 몇 백만 원대의 냉장고를 한 번에 바로 구매하는 사람들이 얼마나 있을까? 저렴한 비용으로 좋은 냉장고를 구매하기 위해 인터넷을 뒤지고, 가전 매장을 방문하고, 이웃들의 상품평을 들어보는 수고로움을 아끼지 않는다. 자신들이 애써 번 돈을 잘 쓰는 소비의 지혜를 발휘하기 위해서 당연한 일이다. 그런데 보통 몇 천만 원에서 많게는 수십억 원의 예산 사용처를 결정하는 참여예산 주민제안사업에 대해 의사결정권을 행사할 때는 어떤가? 불과 1~2시간 남짓 하는 동 주민총회가 길다고, 바쁘니 빨리빨리 투표하자는 일부 주민들의 성화에 못 이겨 급하게 마무리하는 경우는 없는가? 주민제안사업을 결정하기 위한 주민투표를 할 때 제안된 사업에 대해 얼마나 꼼꼼히 살펴보고 결정하는가? 우리 동네의 사업이 무조건 선정되어야 한다고 묻지마 투표를 하는 경우는 없는가? 우리 가족을 위한 물건을 구매할 때 가족들의 특성을 배려해 상품을 선택하듯이 우리 지역의 사회적 약자들을 얼마나 배려하면서 투표권을 행사하는가?

　주민참여의 확대와 더불어 주민참여의 질적 제고가 동시에 모색되어야 한다. 우리의 소중한 예산을 어디에 어떻게 사용할지에 대한 공론과 숙의가 활성화되어야 한다. 사업이나 과제 발굴 단계에서는 우리가 겪고 있는 공동의 문제가 무엇인지를 다양한 시각을 가진 사람들이 모여 논의해야 하며, 발굴된 아이디어가 사업으로 구체화 될 수 있게 집단지성이 발휘되어야 하며. 사업을 선정할 때는 남의 돈이 아니라 내 돈이라는 마음가짐으로 이웃들과 진지하게 대화를 나누어야 한다. 숙의와 공론은 참여예산의 질적 발전을 위한 핵심 요체要諦이다.

예산은 세금이고, 세금은 내 돈이다!

　무슨 수학이나 과학 공식이 아니다. 2015년 은평구 참여예산위원장으로 활동하면서부터 참여예산위원들과 주민들에게 줄곧 이야기해 왔던 숙의와 공론에 관한 공식 아닌 공식이다. 주민참여예산은 성별, 연령, 국적, 장애여부 등에 관계없이 주민 누구나 참여할 수 있는 '더 많은 주민참여'와 더불어 소중한 예산을 어디에 어떻게 사용할 것인지에 대한 심도 깊은 고민과 토론을 통해 권한을 행사하는 '더 깊은 주민참여'가 병행되어야 한다. 권한과 책임의 조화는 선출된 대표자에게도 중요하지만 의사결정권을 행사하는 주민들에게도 마찬가지로 소중하다. 권한에 비례해서 책임감이 따라야 한다는 점에서 정치인들에게 더 많은 책임이 요구되어야 함은 마땅하다. 그렇다고 상대적으로 적은 권한을 행사하는 주민들도 이것에서 자유로운 것은 아니다.

　지방자치단체의 예산은 우리가 낸 세금이며, 세금은 곧 내 지갑에서 지출된 내 돈이라는 인식을 분명히 해야 한다. 지방자치단체의 예산은 주인 없는 눈먼 돈이 아니라 엄연한 주인이 있는 내 돈이자 우리 돈이라는 생각 말이다. 우리 는 종종 국가나 지방자치단체의 재정 운영을 보면서 눈에 쌍심지를 켜고 비판 을 하고 욕을 하곤 한다. 정부 차원에서는 천문학적인 예산이 물 새듯 줄줄 새 는 경우가 허다하고, 국회에서는 예산심의 때마다 국회의원들이 자기들 지역구 의 민원성 사업을 하기 위해 '쪽지예산'이 난무한다. 그걸 보면서 주민들은 자기 들 돈 같으면 저렇게는 안 쓸 거라고 비난한다. 그리고 눈 먼 돈 못 챙기는 사 람들이 바보라며 공적자금을 자신들에게 어떻게든지 끌어오기 위해 혈안이 되 는 사람들도 있다. 모두 주인 없는 돈으로 인해 생긴 블랙코미디이자 비극이 다. 그 주인 없는 돈에 이름표를 달아 주인을 만드는 것이 주민참여예산이다.

공약空約, 공약公約, 공약共約

4년마다 행해지는 지방선거에 출마한 지방자치단체장 후보들은 각종 공약 을 발표하고 이를 이루기 위해 자신에게 투표해 줄 것을 주민들에게 호소한다. 대통령 선거와 국회의원 선거의 풍경 역시 크게 다르지 않다. 그리고 당선이 되 면 그들의 공약을 지키기 위해 종합적인 실천계획을 세우고 공약사항 이행 부 서를 지정하고 관리한다. 한국매니페스토실천본부에서 주관하는 공약 이행 평가에 민감하게 반응하며 지방자치단체 홈페이지에 매니페스토 메뉴를 만들 고 추진 실적을 공개한다. 많은 공무원들에게 가장 중요한 일은 그 공약사항을 이행하는 업무다.

물론 주권자들과의 약속을 지키는 공약 이행은 중요하다. 주민들은 많은 정 치인들의 빌 '공'자 공약空約을 수없이 목격해 온 터라 약속을 지키는 정치인의 출현을 기대한다. 그런데, 나는 그 과정을 지켜보면서 종종 이런 의문들을 던 져보곤 한다. 그 공약公約은 어떻게 만들어졌는가? 공약을 만들기 위해 주민들의 의견은 어떻게 수렴했는가? 대부분 후보자 본인과 선거 참모, 그리고 연결된 전문가들에 의해서 만들어지지 않는가? 공약 수립 과정에서 주민 의견 수렴은 대체 어떻게 했다는 건가? 출마를 준비하면서 평상시에 주민들과 대화를 많이 나누었기 때문에 주민들의 바람을 잘 안다는 것인가? 그들이 만난 주민들은 누구인가? 그리고 중요한 질문, 공약사항을 누가 '결정'했는가? 공약과 관련된 수많은 의견들을 주민들이 결정권을 행사해 공약을 만들었다는 이야기는 내가 과문한 탓인지 들어본 적이 없다.

내가 선거에 출마하는 후보자라면 공약의 대부분을 주민들에게 묻고 주민 스스로 결정하게 하게 할 것이다. 동네와 지역의 문제가 무엇인지를 잘 아는 주민들이 아이디어를 내고, 서로 소통하고, 그들 스스로 우선순위를 결정하는 집단지성이 발휘되는 공약共約으로! 현실적인 제약 요건 때문에 그렇게 하기가 어렵다면 선거홍보물에 1호 공약을 빈칸으로 제시하고, 당선이 되면 주민들의 집단지성으로 그것을 채우고 이행하겠다고 약속할 것이다. 그 빈칸을 채우는 것이 바로 주민참여예산이다. 행정에서 하는 일 중에서 예산이 수반되지 않는 일은 거의 없다. 그 예산 사용을 주민들이 결정한다는 것은 바로 행정이 무슨 일을 할지를 주민들이 정한다는 것과 다르지 않다.

지방자치단체장들의 공약 사항을 이행하는 데에도 주민들의 참여는 거의 필수적이다. 그들이 약속한 공약을 이행하기 위해 주민들의 참여를 호소하고, 공약사업을 담당하는 부서에서는 이행 과정에서의 주민참여 방안을 만들고 실천하기 위해 분주하다. 주민참여의 호응을 얻는 것도 있지만 변변한 주민참여 성과를 내지 못하는 경우도 허다하다. 만약, 주민들이 함께 만든 공동의 약속이라면 다른 상황이 초래될 것이다. 세금을 어디에 사용할지를 주민들이 아이디어를 내고 주민들이 결정하게 하자. 왜? 예산은 세금이고, 내 돈이기 때문이다.

참여예산은 거대한 시민교육

　내가 주민참여예산제도를 주목하는 이유 중 하나는 참여예산이 주민들의 성장을 도울 수 있는 아주 효과적인 (민주)시민교육의 기능을 한다는 점이다. 현 시기의 시민교육의 핵심은 다양성에 대한 인정, 서로 존중하는 토의와 토론 절차를 통한 민주성의 증진과 사회적 연대 실현이다. 주민들은 참여예산제도를 통해 지역의 필요와 자신들의 욕구에 대한 의견을 자유롭게 개진할 수 있고, 서로 다른 생각을 경청하는 과정을 통해 다양성을 익히고, 우선순위 결정을 위한 토론 과정에서 민주시민으로서의 역량을 강화할 수 있다.

　그리고 참여예산은 단지 교실 안의 교육에 그치는 것이 아니라 실제 지역사회의 변화를 체험하고 함께 만들어 나가는 실천적 프로그램이다. 이 실천 과정을 통해 주민들의 사회적 연대성을 강화할 수 있다. 주민들이 제안하고 주민들이 직접 참여해서 의사결정한 사업아이디어와 정책 과제에 실제 적지 않은 예산이 투입되고, 주민들의 생활현장에서 구체적인 사업으로 펼쳐진다. 주민들이 다양한 공동체 활동을 할 수 있는 주민 커뮤니티 공간이 만들어지고, 주민들의 쉼터이자 생태학습의 장인 둘레길이 주민 친화적으로 바뀌고, 청소년들의 진로 고민을 상담할 수 있는 대학생 멘토 프로그램이 운영되고, 홀로 되신 남성 어르신들이 요리·집안정리·친구맺기 등을 할 수 있는 연속 강좌가 운영된다. 그리고 주민들은 이러한 사업 과정에 참여하여 쓰레기 원천감량과 분리수거 등을 통해 자원순환 실천 활동을 벌이고, 마을 곳곳에 녹지공간을 조성하고 관리해 나가는 주민정원사로 활동하고, 청소년들의 봉사학습이 살아 있는 교육과 공익활동 체험의 장이 될 수 있게 안내하는 자원봉사 안내 지도를 만든다.

바보야! 문제는 민주주의야!

2000년 독일 집권당인 기독교민주당의 정치재단인 콘라드아데나워재단의 초청으로 독일 정치교육Politische Bildung 현장 연수를 다녀온 이래 내 활동의 주요 테마 중 하나는 (민주)시민교육(이하 시민교육)이다. 아직 우리 사회에 시민교육이 무엇인지에 대한 사회적 합의는 부족하지만, 지역사회 버전으로 말하면 '복잡한 사회현실 속에서 주민 스스로 답을 찾아가도록 돕는 교육'이라 할 수 있을 것이다. 시민교육은 누군가가 정해놓은 답을 습득하거나 정답을 찾아가는 교육이 아니다. 정답이 없는 세상에서 정답을 찾아간다는 것 자체가 문제일 수 있다. 우리가 정답이라고 믿는 그것과는 다른 답이 세상에는 또 있고, 때로는 다양하기까지 하다. 현 시기 우리 사회의 핵심 문제 중 하나는 바로 민주주의 사회에서 서로 다른 다양성을 어떻게 인정할 것인가에 관한 것이 아닌가?

우리 사회는 극심한 진영 논리와 갈등으로 인해 엄청난 사회적 혼란을 야기하고 사회적 비용을 지불하고 있다. 서로 다른 견해를 논의하는 출발은 사실관계에 대한 확인, 이른바 팩트 체크fact check이다. 사실 관계가 확인되고 공유되지 않으면 더 이상 생산적인 토론이 불가능하다. 어떤 사안을 두고서 사실

관계에 대한 상이한 해석을 하는 것은 서로 간의 해석의 차이로서 상호 존중될 수 있다. 그런데, 사실 관계 자체가 다르다면 문제의 차원이 달라진다. 흔히 TV에서 사회 이슈에 대한 전문가들의 토론을 지켜보면 그들이 인용하는 근거 자체가 다른 경우가 많다. 과학적 통계나 수치 자체가 다른 경우들도 흔하다. 우리 사회의 현실은 어떠한가? TV토론 이상이다. 사회 문제, 특히 정치적 이슈인 경우 합리적인 토론 자체가 불가능한 경우가 많다. 무엇이 문제인지에 대한 정의도 다르고, 원인도 다르고, 해결방안은 중국 춘추전국시대의 백가쟁명百家爭鳴을 방불케 한다.

지역사회 문제해결 방안은 다양하다

지역사회 안에서도 서로 다른 견해를 얼마든지 만날 수 있다. 도시지역의 대표적 문제인 주차난을 해결하자는 제안에 대해 많은 사람들이 동의한다. 그런데, 해결 방안은 굉장히 다양하고, 심지어는 서로 충돌하는 경우도 있다. 공용주차장을 많이 늘려야 한다고 하고, 거주자 우선주차 공간을 공유하는 시스템 도입을 제시하고, 낮에 비어 있는 아파트나 빌라의 주차장을 개방하자는 주장이 있고, 주민들의 질서의식에 문제가 많으니 교통질서에 대한 주민교육을 시행하자고 제안하고, 차량이 너무 많은 것을 문제로 보고 주차장이 없으면 차량 구입을 못하게 만들자고 하거나 근본적으로 사람들의 이기주의와 과소비로 비롯된 것이니 생태문명으로의 전환을 대안으로 제시한다.

어떤 해결 방안이 합당할까? 지역의 특성이 다르고 구성원들이 상이하기 때문에 한마디로 정의하기는 어려울 것이다. 이 경우 많이 채택하는 방법은 우선순위를 정하는 것이다. 지방자치단체의 예산과 자원의 한계 등 현실적 제약이 따르기 때문에 보다 효과적인 방법을 선택할 수밖에 없다. 하나의 방안이 아니라 종합적인 접근을 하는 것이 대안이라고 하더라도 마찬가지의 제약 때문에 현실에 적용되기 어려운 경우가 많다.

진영논리의 극복은 중앙이 아니라 지역에서

그런데 서로 다른 견해를 대하는 방식은 국가 단위의 이슈와 지역사회의 그것과는 차이가 많다. 국가 단위의 논쟁은 종종 진영논리의 함정에 빠지는데 반해, 지역사회 문제 해결을 둘러싼 견해 차이는 매우 실질적이고 실용적인 경우가 많다. 지역 안에서도 얼마든지 보수가 있고 진보가 존재하며, 지지하는 정당도 매우 다양하다. 그렇지만 구체적인 삶의 현장에서 함께 살아가고 비슷한 지역 문제에 직면해 있다는 점에서 이들 간에 공감대가 크다. 정치 현안을 둘러싸고는 갑론을박하고 고성을 주고받다가도 우리 동네 아이들의 문제, 어르신들의 외로움, 쓰레기 문제에 대해서는 함께 우려한다. 그리고 그런 문제들을 해결하기 위해 종종 지혜를 모으고 힘을 합친다.

우리 사회의 진영논리의 폐해에 대해서는 많은 사람들이 공감한다. 그 해결책이 중앙 단위에서 찾아질 가능성보다는 같은 터전에 살고 있는 마을 안에서 지역사회 안에서 나올 가능성이 훨씬 크다. 물론 저절로 해결되지는 않을 것이다. 참여예산제도 등 각종 주민참여 제도와 프로그램을 통해 다양한 생각들이 만나고, 다른 견해를 경청하는 경험을 얻고, 민주적 절차에 따른 합의의 존중과 결정사항을 함께 실천하는 이행 과정을 통해 주민들 스스로 성장할 것이다. 그런 학습과 토론, 실천의 결과가 주민들의 삶의 문제를 해결하는 방향으로 나아갈 때 주민들이 서로 경쟁하고 대립하는 것보다 상호간의 협력을 증진시키는 것이 더 좋은 삶의 방식임을 스스로 깨우쳐 나가리라 믿는다.

배움이 삶으로 연결되는 살아있는 시민교육

주민 교육을 기획하고 실행을 담당하는 많은 사람들이 고민을 토로하는 주제가 있다. 교육이 교육으로 끝나는 것이 아니라 어떻게 하면 학습자들의 실제 삶에 적용될 수 있을 것인가에 대한 고민이다. 교육장 안에서의 태도와 생활 현장에서 나타나는 태도가 다른 경우를 종종 보아왔기 때문이다. 2006년 이후 전업적인 강사·퍼실리테이터로서 다양한 현장 교육을 경험한 필자 역시 마찬가지였다.

우려했던 바가 결과로 확인된 경우도 있었다. 전라북도 모 지역에서 농촌의 마을만들기(마을공동체) 리더 교육을 진행할 때의 일이다. 나의 강의 주제는 '참여와 협력을 이끄는 공동체 리더십'과 '마을 활동을 위한 리더의 의사소통 원리와 방법'이었다. 교육에 참가한 마을 리더들은 나를 따르라 식의 과거형 리더십이 아니라 주민들이 마을활동에 자발적으로 참여하고 서로 협력할 수 있도록 이끄는 촉진자형 리더십이 필요함을 이구동성으로 공감했다. 그리고 마을 활동을 할 때 주민들과 효과적으로 소통하는 원리와 방법을 배웠다. 소통의 과정이 어렵더라도 주민들로부터 의견을 모아 마을만들기 사업에 대한 의견을 모아나가야 한다는 점을 특별히 강조했다. 그래야 주민 주도의 마을만들기, 오래 가는 마을만들기가 될 수 있기 때문이다. 그로부터 수개월 뒤 몇몇 마을을 방문했고, 해당 마을의 사업계획이 어떻게 수립되었는가를 주민들로부터 들을 기회가 있었다. 결과는 교육장 안에서 리더들이 답했던 것과는 정반대의 것이었다. 마을에서는 여전히 일방통행식 리더십이 작동하고 있었던 것이다.

교육이 효과가 없다는 이야기는 아니다. 오히려 그런 현실 때문에라도 학습과 실천의 지속적 상호작용이 일어나도록 교육이 기능해야 한다. 그래서 오늘도 많은 주민교육 기획자들이 더 나은 프로그램을 만들기 위해 고민하고 교육의 질을 높이기 위해 노력한다. 그런데, 주민교육 혹은 시민교육은 교실 안에서만 이루어지는 것이 아니다. 구체적인 삶의 현장에서 사람들 간의 상호작용을 통해서 새로운 배움을 얻는 경우도 많다. 보다 더 효과적인 교육 방법은 삶

의 현장이 시민교육의 현장으로 작동할 수 있게 하는 것이다. 그런 점에서 주
민참여예산제도는 배움이 삶으로 연결되는 살아 있는 시민교육의 현장이라 할
수 있다.

은평의 참여예산을 바꾼 결정적 장면

은평구 참여예산이 한국에서 가장 우수한 모델이라는 점에는 대내외적으로 별로 이견이 없는 것 같다. 2010년 제도 도입 때부터 다른 지방자치단체와는 다르게 실사구시實事求是의 접근을 통해 다양하고 창의적인 주민참여 방법을 고안하고 발전시켜왔다. 그러한 과정이 순탄하지만은 않았다. 수많은 시행착오를 경험했고, 참여예산위원회와 행정의 갈등도 있었고, 때때로 은평구의회에 발목이 잡히기도 했다. 모든 역사가 그러하듯 은평구 참여예산 10년의 과정 역시 도전과 응전의 역사였다. 가보지 않은 길이기에 참고할 만한 사례가 드물었고, 참여예산 운영 과정에서 제기되는 과제는 만만치 않았다. 그때마다 주민들에 대한 신뢰를 바탕으로, 왜 주민참여예산제도를 도입했는지에 대한 문제의식으로, 주민참여를 확대하고 직접민주주의제도로서 질적 수준을 높이려고 노력했다. 그 10년의 과정에 적지 않은 진통과 전환이 모색되었지만, 오늘날 은평구 참여예산을 있게 한 결정적 장면 하나를 소개한다.

은평구 참여예산의 자랑, 모바일 투표의 명과 암

우선 2015년 당시 은평구 참여예산의 상황을 살펴볼 필요가 있다.

2015년 7월 1일 출범한 3기 은평구 참여예산위원회는 '성숙한 민주주의'를 기치로 내걸고 은평구 참여예산의 새로운 전환을 준비하고 있었다. 2010년부터 이전 시기까지는 주민들에게 적극적인 방안으로 권한을 부여하고 최대한 많은 주민들이 참여하는 것을 최고의 가치로 여기며 주민참여의 양적 확대를 기조로 참여예산제도를 운영해 왔으나 부작용이 적지 않게 대두되었다. 3기 참여예산위원회는 이전 시기의 주민참여의 확대라는 성과를 토대로 주민참여의 질적 전환을 준비해 나갔다.

2011년부터 본 예산 주민심의제도를 본격 도입하여 은평구 전체 예산을 참여예산위원회에서 심의하여 수백억 원의 예산을 주민들이 삭감하는 성과를 거두었다. 2011년에는 주민들이 의사결정권을 행사하는 전국 최초의 주민총회를 시행하였다. 2012년부터는 보다 많은 주민들의 참여를 위해 전국 최초의 모바일 투표제도를 도입하여 첫 해 12,377명이 주민투표에 참여하였고, 2013년에는 23,536명, 2014년에는 은평구 인구의 9%에 육박하는 44,496명이 참여하는 주민참여의 신장세를 보여주었다. 그리고, 2012년 부서 주요사업 계획시 참여예산 분과위원회의 의견수렴을 의무화하고, 2013년에는 관급공사 주민참여 의무화를 전국 최초로 도입하는 등 참여예산의 새로운 모델을 만들어 나갔다. 처음부터 완벽한 제도 도입과 운영은 가능하지 않듯이 은평구 참여예산도 적지 않은 시행착오를 겪으며 성장했다.

그러나, 주민참여의 양적 확대에 치중하다 보니 외형적 성과 이면에 드리워진 문제들이 있었다. 대표적인 사례가 참여예산 주민제안사업 선정을 16개 동 간의 경쟁 방식으로 운영하여 생긴 동원투표와 대리투표 등의 문제였다. 16개 동에 설치된 참여예산지역회의를 통해 주민제안사업 발굴과 심사를 거쳐 동별

2개의 사업, 총 32개의 사업에 대한 주민투표를 실시해 10억 원 범위에서 다득표 순으로 정하는 방식으로 운영했다. 그러다 보니 어느 동은 2개 사업이 모두 선정되는 데 반해 어떤 동은 주민총회에 상정한 사업이 모두 탈락하는 일이 벌어졌다. 고배를 마신 동의 참여예산지역회의 위원들과 동장은 이듬해 모바일투표에서 총력 동원체계를 가동하였고, 이에 자극받은 다른 동들도 연쇄적으로 같은 방식으로 대응했다. 동에서 활동하는 위원들과 주민센터 공무원들은 학교, 종교시설, 지하철역 등 다중이용시설에 나가 주민들에게 해당 동 사업에 대한 투표 참여를 호소하였다. 그 과정에서 특정 사업에 대한 투표 강요, 모바일투표의 인증시스템의 허점을 활용한 대리투표 양상이 경쟁적으로 벌어졌다. 특히 동 주민센터 직원들은 열흘간 진행된 모바일투표 기간에 필수인력을 제외한 나머지 인력이 모두 투표 독려에 동원되어 직원들의 불만이 커져갔다. 나는 이 악순환의 고리를 끊지 못하면 은평구 참여예산이 더 이상 발전할 수 없다고 생각하고 개혁안을 준비해 나갔다.

서울시 참여예산 총회, 은평구 주민투표 지침

이런 와중에 2015년 7월 23일 개최되는 '서울시 참여예산 한마당 총회'에 은평구가 어떻게 대응할 것인지를 논의하는 과정에서 참여예산위원회와 행정의 입장 차이가 크게 벌어졌다. 주무 부서인 희망마을담당관은 부족한 은평구 재원을 확충하기 위해서 은평구 주민들이 제안한 사업들이 선정되어야 한다는 입장이었고, 전년도 은평구 참여예산 모바일 투표에 44,000명이 넘는 주민들이 참여했던 경험과 노하우를 살려 총력 동원 체계를 가동하려 했다. 나는 은평구가 설사 손해를 보더라도 부정행위를 하지 않고, 주민 스스로의 의지에 따라 투표를 하도록 해야 한다는 입장을 가지고 맞섰다. 참여예산위원회 내부에서도 살림살이가 넉넉지 않은 은평구 실정을 감안해 서울시 예산을 한 푼이라도 더 끌어오기 위해 행정의 입장에 동조하는 의견들도 적지 않게 나오는 갈등 상황이 초래되었다. 은평구 참여예산의 성숙한 민주주의로의 전환이 본격적인 시험대에 오른 것이다.

당시 참여예산위원장이던 나는 주민과 행정 양측에 대한 설득을 계속해 나 갔다. 우선 당시 새롭게 구성한 3기 참여예산위원회의 일상 협의기구인 '참여 예산위원회 기획팀'에 참여하고 있던 분과위원장과 동 지역위원장 등의 동의를 얻어나갔고, 행정을 계속 설득했지만 입장 차이를 좁히지 못했다. 그런 과정에 서 7월 14일 구청장과 참여예산위원장이 회동을 갖고 이견을 최종 조율하기로 했다.

당일 이른 아침부터 참여예산위원회 기획팀 회의를 소집해 주민투표 지침안 을 만들고, 행정의 주요 부서 팀장 및 직원들의 의견도 수렴했다. 그렇게 만들 어진 안을 가지고 구청장과의 협의에 들어갔다.

김우영 구청장과의 협의는 1시간이 넘게 진행되었고, 때로 격론이 벌어지기 도 했다. 구청장의 입장에서는 2013년 서울시 참여예산 중 은평구가 약 40억 원을 확보했던 성과를 이어갔으면 하는 바람이 있었기 때문이다. 나는 보다 긴 호흡을 가지고 민주주의 정신에 맞는 방향으로 운영해야 은평의 참여예산이 더욱 발전할 수 있다고 맞섰다.

협의는 지리한 평행선을 걸으며 표류하는 듯 했지만 결국 구청장은 우리의 의견을 수용했다. 그리고 우리가 준비해 간 '서울시 참여예산 한마당 총회, 은 평구 주민투표 지침' 문서에 구청장과 참여예산위원장이 서명했다. 구청장 역 시 자신의 대표공약인 은평구 참여예산이 보다 성숙한 민주주의로 발전해 나 가기를 바라는 마음이 컸기 때문이리라 생각한다.

다음은 그 합의 내용이다.

서울시 참여예산 한마당(총회) 모바일 투표

은평구 주민투표 지침

기본 원칙

1. 주민 참여의 확대: 양적 확대(참여 인원), 질적 확대(사업 검토)

2. 적극적인 홍보와 투표 독려: 부정행위 방지(투표의 정당성 확보)

3. 지역 문제 해결에 도움이 되는 사업 선정 노력

행동 지침

1. 서울시 참여예산 한마당(총회) 모바일 투표 적극 홍보

2. 투표자의 선택권 존중 및 자발적 투표 유도

3. 지역경제 활성화, 사회적 약자 배려 등 지역문제 해결에 도움이 되는 사업
   을 선정할 수 있도록 안내

4. 강요, 대리투표 등 참여민주주의를 훼손시키는 부정행위 지양

5. 주민 권한 부여와 주민참여 확대의 모범을 은평구에서, 성숙한 참여예산의
   선도 모델로서의 자부심 만들기

   : 서울시보다 먼저 시행했던 모바일 투표의 문제점을 경험한 우리 구에서 성
   숙한 사례를 통해 서울의 참여예산제도를 한 단계 발전시킬 책무가 있음

경쟁이 아니라 자치분권으로

　여세를 이어 2015년 8월 23일 오후 4시~6시 '참여예산 분과위원장·지역위
원장 2차 연석회의'를 개최하여, 동 지역사업 선정 방식 개선, 2015년 하반기
참여예산 운영계획 등을 논의하였다. 이날 회의 결과 그동안 폐단으로 지적되
었던 동별 경쟁 체제를 폐지하고, 동 주민 스스로 동 지역사업을 선정하는 자

치분권제도를 도입하기로 했다. 각 동의 참여예산지역회의를 활성화하기 위해 그동안 지역회의 운영 실태에 대한 평가와 개선 방안을 공동으로 만들었다. 유명무실했던 지역회의 위원 외에 일반주민 10명 이상의 참여로 운영하도록 한 방안을 적극적으로 이행하여 조금 더 개방적이고 민주적인 회의로 운영하기로 하였다.

동 지역회의가 활성화 될 때까지 10억 원이 배정된 동 지역사업 예산을 6억 원(동별 4천만 원 이내)으로 감액하기로 결정하였다. 내가 처음에 이 안을 냈을 때는 반대하는 위원장들도 적지 않았다. 연석회의 역시 격론이 벌어졌다. 결국 '예산=세금=내 돈'이라는 관점에서 주민제안사업이 보다 효과적으로 운영되어야 한다는 제안이 수용되었다. 아울러 지역회의 활성화를 위해 동별 연간 20만 원 수준이던 지역회의 운영비를 대폭 증액해야 한다고 의견을 모아, 이후 구청장과 참여예산위원장의 정책협의를 통해 각 동에 지원되는 지역회의 운영비를 연간 수백만 원 수준으로 늘렸다. 그리고 참여예산 주민제안사업을 이원화하여 동 단위의 문제 해결을 위한 '동 지역사업'과 은평구 전체의 문제를 다룰 수 있는 '구 정책사업'을 도입하기로 의견을 모았다.

이로써 3기 참여예산위원회의 성숙한 민주주의로의 전환 시도는 더욱 탄력을 얻어 나갔고, 주민참여의 양적 확대와 질적 제고를 병행하는 전략으로 은평의 참여예산을 한 차원 높게 발전시켜 나갈 수 있는 경험과 힘을 구축하게 되었다.

참여예산 전쟁

"예산은 투쟁의 산물이다"

구청 예산 담당부서 수장이 한 이 말보다 올해 예산심사 과정을 잘 드러내주는 말은 없을 것이다. 그야말로 구의회와 구청 안에서는 '예산 투쟁'이 일어나고 있다. 좀 더 정확히 하자면, 전선과 진영이 분명하다는 점에서 '예산 전쟁'이며, 참여예산에 집중돼 있다는 점에서 '참여예산 전쟁'이다.

밤 10시까지 진행된 은평구의회 예산심의 첫날, 새누리당 소속 구의원들은 주민참여예산제와 그 예산에 대해 '융단폭격'을 가했다. 새누리당 구의원들은 거의 빠짐없이 참여예산을 몰아붙였다. 주민참여예산제 집행부서인 희망마을담당관을 심사하는 데만 3시간 반이 걸렸다. 신기록이라는 말이 나올 정도다. 희망마을담당관 과장에게 "장시간 서 계셔서 다리가 아프시지 않느냐"는 말이 나올 정도였다. 뿐만 아니라 예산 주무 부서인 기획예산과 심사에서도 참여예산은 도마 위에 올랐다. 문화관광과, 어르신복지과, 심지어 큰 관련이 없는 자치행정과 심사에서도 참여예산에 대한 말들이 쏟아졌다.

시간과 부서 수만이 아니라 발언의 강도도 셌다. "구의원의 권한을 침해받고 있다는 생각을 심각하게 했다", "우리 구청에 있는 공무원은 호구예요? 공무원들이 만날 이런 거(제안사업) 받고 이 일만 하면 되겠다고 한다고", "그럴 거면 참여예산위원회에서 알아서 다 하지 뭐 하러 의원들이 해", "참여예산위원들이 사업의 적정성을 판단해서 깎고 올리면 저희는 그 뒤에 마무리하는 것밖에 되지 않는다" 등. 심지어 "희망마을담당관을 없애도 된다고 생각한다"는 주장도 나왔다.

_은평시민신문, 2015.12.9, "참여예산 전쟁-대의민주주의, 참여민주주의를 공격하다"

해마다 반복되는 악순환

참여예산제도를 둘러싼 주민들과 구의회, 행정과 구의회와의 갈등은 전국적으로 많은 지역에서 나타나는 공통적인 현상이다. 은평구도 예외가 아니다. 해마다 연말에 열리는 은평구의회 예산결산특별위원회에서는 참여예산이 단골로 도마에 오르고, 10년이 지난 2020년 은평구의회 예산결산특별위원회에서는 주민제안사업 예산이 13.6%가 삭감되는 역대 두 번째 기록을 세웠다. 구의회의 예산 삭감 폭이 가장 컸던 것은 '구 정책사업'이 처음 도입된 2015년의 27.13%이다.

은평구 참여예산 주민제안사업은 2015년부터 '동 지역사업'과 '구 정책사업'으로 이원화하였는데, 주로 '구 정책사업'이 구의원들의 날 선 비판의 표적이다. 동 지역사업은 사업의 완성도가 높아서 삭감되지 않는 것이 아니라, 구 의원들의 지역구 주민들에 의해 제안되고 결정된 것이기 때문인 것으로 보인다. 동 지역사업은 한마디로 든든한 뒷배가 있는 셈이다. 그런 배경을 가지지 못한 탓인지 구 정책사업은 해마다 수난을 당하고 일부 삭감을 넘어 사업예산이 전액 삭감되는 경우도 발생했다.

참여예산위원회와 주민들은 이런 구의회의 결정을 받아들이기 어렵다. 많은 주민들이 참여하여 민주적 과정을 통해 제안되고, 주민들이 투표를 통해 의결권을 행사한 사업을 민의를 대변한다는 구의회에서 삭감하니 반발할 수밖에 없다. 은평구에서는 매년 구의회 예산결산특별위원회 시즌이 되면 참여예산위원회는 위원들의 연대서명을 받아 구의회를 방문하고, 공개적인 토론을 요구하며, 때로 항의 시위가 벌어지기도 한다.

은평구 의회는 참여예산에 담긴 주민들의 민의를 반영해야 합니다.

은평구 의회에서 참여예산 주민제안사업 예산을 대폭 삭감하려 하고 있습니다.

은평구 주민 1만 6천여 명이 주민투표로 선정한 사업 중 14개는 전액 삭감, 4개는 부분 삭감하는 안을 제출했습니다. 더불어 16개 동의 참여예산 지역회의 운영예산도 삭감안을 제출했습니다.

주민제안사업은 주민들의 삶의 문제를 해결하기 위해 주민들이 제안하고, 구청 부서 검토와 참여예산위원회의 심의를 거쳤습니다. 무엇보다 1만 6천여 명의 주민들의 민의가 담긴 사업입니다.

주민들의 참여 활성화를 위해서 16개 동에 설치된 '참여예산 지역회의'는 주민들의 자원봉사로 운영되고 있는데, 최소한의 자원봉사 실비를 운영비로 지원하고자 하는 것입니다.

은평구의 참여예산제도는 전국에서 가장 모범적인 사례로 꼽히고 있습니다. 구청장의 고유권한인 예산편성권 내에서 주민들의 민의를 반영해서 구정에 반영하고자 하는 것입니다.

그동안 은평구 참여예산위원들과 주민들은 "예산=세금=내 돈"이라는 생각을 가지고, 구청의 살림살이를 알뜰하게 하려고 노력했습니다. 그리고, 참여예산 주민제안사업을 통해 주민들이 삶에서 경험한 내용을 정책과 사업으로 반영했고, 수많은 주민들이 투표로 사업을 결정해 왔습니다.

은평구의회는 민의의 반영자로서 주민들의 의견을 존중하고 경청해야 마땅합니다. _2015.12.9, <은평구 참여예산위원회 연대 서명문> 중에서

책임이 따르지 않는 그들만의 리그

더욱 이상한 것은 구의원들이 어떤 근거로 그런 결정을 했는지가 공개되지 않는다는 것이다. 회의록조차 기록되지 않는다. 어느 의원이 어떤 주장을 했고, 구체적으로 어떤 과정을 통해 예산 삭감이 이루어졌는지 알 수 없는 것이다. 전 부서별 예산 심사를 하고 최종 예산액을 결정하는 계수조정회의에서 구의원들의 해당 부서장에게 했던 발언들과 그 실무를 돕는 예산 담당부서가 구전으로 전해주는 것을 통해 대충 짐작만 할 수 있다. 그래서 참여예산위원회는 확실한 이유를 밝혀달라고 요구한다.

은평구 참여예산위원회는 은평구의회에 다음과 같은 사항을 요구합니다.

첫째, 이번에 삭감된 14개 정책제안 및 참여예산제 활성화 예산의 삭감 이유를 주민들에게 상세히 밝혀 주시기 바랍니다.

둘째, 예산 삭감 이유 및 참여예산제 발전 방안 등에 대해 참여예산위원회와 구 의회가 함께 토론하는 기회를 마련해 주시기 바랍니다.

_2015.12.22, <은평구의회의 주민참여예산 심의에 대한 참여예산위원회의 입장> 중에서

그렇지만 아직까지 그 어떤 답변도 들은 바 없다. 개별적으로 만난 구의원들은 "부서의 사업과 중복되는 것들이 많다"는 이야기를 많이 하는데, 어떤 사업과 어떻게 중복된다는 것인지 구체적으로 밝히는 경우는 거의 없다. 그리고

"의원들이 충분히 이해할 수 있도록 사전설명을 충분히 했어야 한다"고 참여예산위원회와 행정 부서에 공을 넘긴다. 그래서 다음해에 위원회에서 참여예산 사업에 대해 사전설명회를 하자고 제안하지만 정작 구의원들은 응하지 않는다. 그리고 연말 예산심사 때에는 사전 설명 부족을 다시 지적한다. 나는 이런 도돌이표를 6년 동안 경험했다. 도대체 어쩌자는 것인가?

지방의회의 계수조정회의는 철저하게 비밀에 붙여진 '그들만의 리그'다. 그들만의 리그를 통해 은평구 참여예산 주민제안사업은 큰 상처를 입었다. 중복사업[10]이라는 이유로 '범죄예방 및 보행환경 개선 사업', '미세먼지 저감을 위한 공공기관 실내식물공기정화시스템 설치', '청소년 전문상담인력 양성 및 상담' 등이 대폭 삭감되었으며, 어린이 놀이터 활성화 사업인 '우리 동네 노는 날 프로젝트'는 아이들 노는 것까지 지원해줘야 하냐는 논리로, 청소년 e스포츠 대회인 '청소년 이색 스포츠 대회'는 이름이 이상하다는 이유로 사업비의 상당 부분을 깎았다. 이렇게 삭감된 주민제안사업은 반쪽자리 사업이 되거나 사업 진행에 막대한 차질을 빚었다.

그리고 전액 삭감되어 아예 사업을 추진할 수 없게 된 사업들도 있다. 최근 경기도와 서울시 등 각 지방자치단체로 확산되고 있는 '공공 배달앱'은 이미 2015년 은평구 참여예산사업으로 선정되어 은평구가 선도적인 모델이 될 수도 있었다. '은평형 상생 배달앱 개발 및 운영 사업'으로 그해 주민투표에서 선정되었으나 구의회에서 전액 삭감되었다. 2020년 250여 명의 청소년 공론장을 통해 나온 아이디어를 은평구 청소년의회가 수개월 동안 사업계획으로 만든 '청

---

10 참여예산 주민제안사업을 비판하는 대표적인 이유가 기존 사업과 중복된다는 것이다. 그런데 얼핏 생각하면 그들의 주장이 맞는 것 같지만, 주민들은 기존 사업은 수혜 인원이 제한적이고 범위가 일부 동네에만 해당되니 사업을 확대하여 보다 많은 사람들에게 혜택이 돌아가고, 보다 많은 지역에서 시행되기를 바라면서 제안을 하고 선정을 한 경우가 많다는 점은 곱씹어봐야 한다. 참여예산 주민제안사업은 신규 사업에 대한 아이디어 경진대회가 아니다. 주민들이 지역의 필요를 반영하여 부족함을 메워 나가는 것도 참여예산이 갖는 중요한 의미이다.

소년 진로 콘서트'는 청소년 총회에서 선정되었으나, 유사 사업이 있다는 이유로 전액 삭감되었다. 은평구의 수만 명 청소년들이 진로 고민을 해결할 수 있는 프로그램이 모든 청소년들에게 제공되고 있다는 말인가?

지방의회는 계수조정회의를 공개해야

지방자치단체에서 제출한 수천억~수조 원의 예산안을 심사하여 많은 예산을 삭감할 수 있는 막강한 권한이 지방의회에 있다. 그런데 권한만 있지 책임은 따르지 않는다. 사실 이와 같은 현상은 천문학적인 예산을 다루는 국회도 마찬가지다. 은평구 참여예산위원회는 '본 예산 주민심의'를 진행하고, 예산에 대한 증·감을 하는 조정의견을 제시하는데 왜 그런 의견을 냈는지 분명히 기록하고 행정과 의회에 제출한다. 2015년에는 그 의견서에 적시된 내용 때문에 일부 구 의원들에게 맹비난을 받은 적도 있다. 어떤 조직이든 때로는 틀린 결정을 할 때도 있다. 매번 옳은 결정을 하는 것이 아니다. 다만 결정에 따르는 책임성은 분명히 해야 한다. 왜 지방의회 의원들은 그 중요한 회의를 비공개로 진행하고 회의록조차 남기지 않는가?

모든 지방의회가 계수조정회의를 비공개로 운영하는 것은 아니다. 최근 들어 몇몇 지방의회는 의회 회의 규칙을 개정하여 예산결산특별위원회의 계수조정회의를 공개하도록 바꿨다. 과천시의회는 2019년 4월 11일 「과천시의회 회의 규칙」을 개정하여 제69조(예산안의 심의) "②예산결산특별위원회의 계수조정 회의는 공개한다"는 문구를 신설했다. "위원회 소속 위원이 요청하고 출석위원 3분의 2이상이 찬성하는 경우에는 공개하지 아니할 수 있다."고 단서 조항을 만들었지만 그 이후 과천시의회 계수조정회의는 공개적으로 운영하고 회의록도 작성하여 누구나 열람이 가능하다. 그리고 서울시광진구의회는 예산결산특별위원회를 생방송으로 중계하여 주민들에게 투명하게 공개하고 있다. 앞으로 이런 흐름은 전국으로 확산되어야 하고, 국회도 마찬가지 조치가 필요하다. 국회에서 해마다 반복되는 쪽지 예산을 보며 국민들의 실망과 분노는 갈수록 커져가고 있다.

대의민주주의와 직접민주주의

참여예산을 둘러싼 이와 같은 갈등을 들여다보면 대의민주주의와 직접민주주의가 충돌하는 지점이 있음을 알 수 있다. 즉 우리 시대에 적합한 민주주의 체제가 무엇인지에 대한 화두가 등장한다. 우리 헌법은 "모든 권력은 국민으로부터 나온다"는 주권재민을 기본 원리로 제시하면서도, 그 운영 체계로는 대의제 민주주의를 채택하고 있다. 주권재민이 우리나라 헌법의 기본 가치이지만, 생업과 여러 활동으로 바쁜 주권자를 대신해 그들의 뜻을 잘 대리해줄 대표자를 선출하고, 선출된 대표들에게 권한을 위임하는 방식으로 운영해 왔다. 그것이 대의민주주의이다.

그런데 선출된 대표자들이 주권자들의 민심을 제대로 반영하고 대변하고 있는가에 대해서는 동의보다는 비판 의견이 압도적으로 많다. 날이 갈수록 그 비판의 강도는 거세지고 있다. 이는 우리나라에서만 벌어지는 것이 아니라 전 세계적인 현상이기도 하다. 대의민주주의로도 충분히 주권자들의 의견이 수렴되고 반영된다면 굳이 다른 민주주의 체계를 고민할 필요가 없을 것이다. 불행히도 현실은 그렇지 않기 때문에 이제는 주권자들이 스스로 자신들의 목소리를 내는 참여민주주의와 의사결정권을 행사하는 직접민주주의가 전 세계적 현상으로 자리잡아 가고 있다. 이러한 영향으로 문재인 정부는 '국민이 주인인 정부'를 첫 번째 국정 과제로 제시하며, '국민주권의 촛불민주주의 실현'을 제1 전략으로 다양한 참여민주주의, 직접민주주의 도입을 추진하고 있다. 같은 맥락에서 정부는 주민참여예산제도의 확대와 강화를 위해 다양한 노력을 하고 있다.

한계가 분명히 드러난 대의민주주의 체계를 고수하려 하기보다는 참여민주주의와 직접민주주의 제도를 다양하게 도입하여 대의제의 한계를 보완하려는 것이 현명한 선택이다. 그리고 그것은 주권재민이라는 우리 헌법의 가치를 실현하는 것이고, 21세기에 맞는 방식의 민주주의 체계를 만들어가는 과정이다.

세계의 참여예산을 만나다

 "은평에서 좋은 모델을 만들어, 한국 사회에 전파하고, 세계와 연대하자"는 나의 비전이 공허한 구호가 아니라 현실로 실현될 수 있는 계기가 찾아왔다. 2019년 10월 포르투갈의 대표 휴양지인 카스카이스CASCAIS시에서 열린 시민참여국제포럼Smart Citizenship Academy 2019에 초대를 받아 은평구 참여예산 사례를 세계에 알릴 기회를 얻었다. 시민참여국제포럼은 월드뱅크, 재정투명성 글로벌추진단, 스웨덴 지역과 도시협회, 참여민주주의를 위한 국제감시단, 카스카이스시 등이 공동주최하여 유럽, 아프리카, 아메리카, 아시아 등 30여 개국 100여 명의 참여예산 전문가, 활동가, 공무원 등이 참여했다. 10월 5일~8일까지 개최된 시민참여국제포럼에서는 은평구 참여예산 사례를 포함하여 각 나라와 도시의 참여예산 사례가 발표되었고, 민주주의 위기와 디지털민주주의의 위험성과 잠재성 등을 주제로 세미나와 워크숍이 열렸다.

 아시아에서는 유일하게 한국이 초대받아 은평구 참여예산 사례, 행정안전부의 정부혁신 추진 사례, 기획재정부의 국민참여예산제도 사례를 발표했다. 이

의미 있는 여정에는 은평구청에서 두 명의 직원이 동행했다. 참여예산위원으로 활동하다 시간선택제임기제 공무원에 채용되어 4년여 간 참여예산위원회 활동을 지원했던 최경자 주임과 나와 같은 사무실의 동료로 3년여 간 협치지원관으로 일해 온 박선영 주임이 동행했다. 이른바 어쩌다공무원(어공) 세 명이었다.

시민참여국제포럼을 통해서 은평의 참여예산 모델이 세계적으로도 주목 받는 사례가 되었다는 점에서 일차적인 의미가 있다. 포럼에서 소개된 각 국의 참여예산이 이른바 주민제안사업이라 불리는 사례들이어서, 은평구의 전체 예산에 주민들이 참여하기 위해 운영되고 있는 다양하고 창의적인 사례를 여러 나라의 참가자들은 매우 흥미로워했고 다양한 질문을 받았다. 그리고 각국의 참여예산 사례와 연구자와 활동가들의 발표를 통해서 몇 가지 유의미한 시사점을 발견할 수 있었다.

참여예산은 글로벌 공공재

우선, 참여예산이 빠른 속도로 확산되고 있는 명실상부한 글로벌 공공재 Global Public Good로 자리매김하고 있음을 확인했다. 참여예산은 인종과 국경과 지역을 초월하고 각국의 정치·경제·사회·문화적 차이를 뛰어넘어 세계 민주주의의 주요한 흐름이 되고 있었다.

포럼 셋째 날, 참여예산 세계 지도 2019Particpatory Budgeting World Atlas 2019가 소개되었다. 참여예산 세계 지도는 1989년 브라질의 포르투 알레그리시에서 시작된 참여예산 30년의 과정을 통해 전 세계 71개국에서 진화되어온 참여예산의 실행 과정과 현황에 관한 정리본이다. 이 지도 제작을 위해 전 세계에서 70명이 넘는 저자들이 정보를 모으고 분석하는 등 협업을 진행했다고 한다. 공동연구자들은 참여예산을 실제 현실에 적용하는 방법이 워낙 다양하기에 3가지 공통기준을 마련했다. 첫째, 국가, 지방정부, 단체를 포함하여 참여하는 시민들 전체를 위해서 자유롭게 결정될 수 있는 예산 결정이어야 한다. 둘째, 제안에서 실행에 이르는 과정이 포함되어야 한다. 셋째, 일회성이 아니라 지속적으로 추진되는 정책이어야 한다. 전 세계 참여예산은 이런 공통 요소를 지니지만 내용과 방법, 절차는 참여예산 시행 도시 숫자만큼이나 나라와 지역의 실정에 따라 다양성을 지니고 있다.

이날 발표되고 배부된 자료에 따르면 2019년 현재 전 세계 11,690~11,825 개 지역에서 참여예산이 시행되고 있다. 이는 국내에서 알려진 2013년 기준 전 세계 2,700개 도시에서 참여예산이 시행되고 있다는 보고와 비교하면, 불과 6년 만에 4배가 넘는 매우 빠른 속도로 세계 각국으로 번져가고 있음을 확인시켜 준 것이다.

대륙별로 보면 유럽이 4,577~4,676개 지역으로 가장 많고, 다음은 남아메리카의 3,061~3,081개 지역이며, 아시아는 2,773~2,775개 지역으로 그 뒤를 잇고 있다. 아시아에서는 일본이 1,865건으로 아시아 전체의 68%에 달하며, 한국은 244건으로 약 8.8%를 차지한다. 중국은 확인된 사례가 5~7건으로 발전 정도가 매우 낮다. 참여예산이 가장 많이 시행되고 있는 유럽에서는 폴란드가 1,840~1,860건으로 약 40%, 포르투갈이 1,686건 36%를 차지한다. 아프리카는 마다가스카르, 카메룬, 앙골라, 세네갈 등에서 시행되고 있으며, 오세아니아는 오스트레일리아에서만 12~15건 시행중으로 이제 시작하는 단계라 볼 수 있다.

참여예산의 포용성을 높여야 한다

개별 사례에서 우선 눈에 띄었던 것은 러시아의 장애인 참여예산 사례였다. 러시아에는 세계은행World Bank의 본부가 수도 모스크바에 있고, 세계은행은 참여예산을 전 세계에 보급하기 위해《참여예산하기Particpatory Budgeting》책자를 발

행하는 등 다양한 노력을 하고 있다.

러시아는 전체 인구의 8.2%인 1,210만 명이 장애인이고, 장애인이 있는 가정이 전체 가정의 23%에 달한다고 한다. 전체 장애인의 약 24%가 홀로 살고 있는 사회적 소외 현상이 심각하다. 이런 상황에서 우선 주목한 것은 장애인들이 접근할 수 있는 시설이 미비하다는 문제였다. 장애인들의 접근성을 높이기 위한 시설 개선도 당사자들의 의견을 반영하지 않은 톱-다운Top-Down 방식으로 이루어지는 경우가 많다. 그리고 러시아 당국의 조사에 따르면 전체 인구의 61%만이 장애인과 일반인이 동등하게 취급되어야 한다고 답하는 등 장애인과 취약계층에 대한 사회적 관용 수준이 높지 않다는 것도 중요한 문제였다.

이런 상황에서 참여예산은 사회적 배제 문제에 대한 최적의 정책 대응 방법이 될 수 있다고 보았으며, 참여예산을 운영함에 있어 보다 전략적이고 포용적인 접근법을 필요로 했다. 장애인들에게 참여예산을 효과적으로 알릴 수 있는 효과적인 캠페인 방법, 참여예산 사업 아이디어의 생산과 토론, 투표 과정에서 장애인들의 참여를 고양할 수 있는 방법 등이 주된 고민이었다.

이런 고민과 모색은 사할린의 Oblast시 참여예산 프로젝트에서 성과를 거두었다. 우선 한국의 동에 해당하는 커뮤니티에서 장애인 당사자 모임을 갖고, 시에 제안할 사업을 정하고 시에 파견할 커뮤니티의 대표를 3인씩 선정했다. 그리고 장애인 관련 단체 회원들과 추가 모임을 갖고 사업을 다듬었고, 시에 파견할 장애인단체 대표자를 선정했다. Oblast시 참여예산 기구에는 이렇게 각 커뮤니티에서 파견된 장애인 대표와 장애인단체 대표들이 함께 토론하여 General regional meeting(지역 총회)에 상정할 후보 사업들을 정했고, 지역 총회의 투표를 통해 최종 사업을 선정했다. 그리고 앞으로 참여예산 전 과정에 장애인들이 참여할 방안을 만들고, 정신·신체·시각 장애 등 장애유형별 참여를 위한 맞춤형 접근 방법을 개발해 나갈 계획이라고 한다.

우리의 참여예산도 사회적으로 배제된 이들을 포용할 수 있는 장치가 고안되어야 한다. 참여예산제도 운영에서 장애인, 노약자, 1인 가구, 다문화가족 등 다양한 사회적 약자에 대한 배려와 당사자들의 역할을 높일 방안을 찾는 것이 필요하다. 은평구에서는 그동안 참여예산 주민제안사업 공모에 사회적 약자 배려 분야를 운영해 왔으며, 1~2억 원 규모로 청소년 참여예산을 운영했으며, 청년 참여예산제도를 3년간 운영했다. 여러 제약조건 때문에 현실적으로 참여의 어려움이 있는 장애인, 비문해인, 독거어르신, 청년 등의 참여를 활성화하기 위해서는 더욱 더 '찾아가는' 방식의 참여예산 프로그램을 개발할 필요가 있다. 그리고 사회적 약자를 위한 예산 배분 등의 방식으로 참여예산의 사회적 포용성을 증진시켜 나가야 한다.

주민 권한 강화와 참여에 대한 사회적 인정

참여예산제도의 활성화는 주민들에게 얼마나 적극적이고 많은 권한을 부여하는가에 달려 있다고 해도 과언이 아니다. 시민참여국제포럼에서 접한 다양한 외국의 사례에서도 공통적으로 나타나는 현상이다.

포럼을 공동주최한 포르투갈 카스카이스시는 매우 높은 수준에서 시민들에게 권한을 부여했으며, 시민들은 적극적인 참여로 화답했다. 카스카이스시는 2011년 참여예산제도를 처음 시행할 때부터 시 전체 예산의 5.3%를 시민들이 결정하도록 하였으며, 해마다 시민들이 결정하는 예산을 늘려나가 2016년에는 전체 예산의 12.7%를 시민들이 결정하였다. 그해 참여예산 시민투표에 전체 인구의 34.1%가 참여할 정도로 폭발적인 신장세를 보이고 있다. 카스카이스에서는 약 500m 간격으로 참여예산사업 현장이 곳곳에 펼쳐져 있어 시민 누구나 사업의 효과를 체감할 수 있다. 그리고 참여예산사업 시행에 대한 만족도가 78%에 달할 정도로 시민들의 만족도도 매우 높다.

우리 일행이 포럼에 참여한 기간은 때마침 카스카이스시의 참여예산 시민투표가 진행되고 있는 기간이어서 거리 곳곳에서 이를 알리는 대형포스터를 쉽게 접할 수 있었다. 포스터를 자세히 살펴보니 'City Point'라는 문구가 들어 있었다. 참여예산 투표에 참여하는 시민들에게 일종의 지역화폐인 시티 포인트를 지급한다는 것이다. 이 포인트는 대중교통 이용권, 콘서트 티켓, 문화시설 입장권, 유기농제품 구입 등에 사용할 수 있는 것으로 시 차원에서 시민들의 참여를 적극적으로 장려하는 정책이다. 이 정책은 시민들이 흥미롭게 참여예산제도에 참여할 수 있도록 독려하고, 참여예산제도를 홍보하는 수단으로 활용되어 이를 통해 정책에 대해 보다 많은 시민의 의견을 수렴함으로써 세금 운영의 실질적 가치 추구를 실현하는 장치로 활용된다.

갈수록 고단하고 힘들게 살아가게 되는 우리 사회의 현실을 생각한다면 단지 주민들의 선한 의지와 자발성, 헌신에 기대는 방식의 주민참여 정책은 주민참여의 폭을 넓히고 깊이를 더하는 데 한계를 가질 수밖에 없다. 지역사회 문제 해결을 위해 고민하고 제안하며 의사결정에 참여하는 주민들에게 일정한 수준에서 참여에 대한 사회적 인정과 보상 기제를 적극적으로 도입할 필요가 있다.

국민참여예산과 서울시 참여예산,
다시 설계하자

지방자치단체의 주민참여예산과 정부의 국민참여예산은 참여의 대상과 범위가 다르다. 주민참여예산은 지방자치단체의 사무를 대상으로 해당 지역 주민들이 참여하고, 국민참여예산은 지역적 제한없이 중앙정부의 사무를 범위로 국민들이 참여하는 것이다.

대통령의 공약, 국민참여예산

한국은 포르투갈에 이어 국가단위의 참여예산제도를 도입한 두 번째 나라다. 촛불혁명으로 집권한 문재인 정부는 국민이 주인인 정부를 국정과제로 정하고, 그 일환으로 대통령 선거 공약인 국민참여예산을 도입했다. 2017년 시범 운영된 국민참여예산은 2018년부터 본격적으로 운영되고 있다. 국민들은 국민참여예산 홈페이지를 통하여 예산사업을 직접 제안할 수 있으며, 재정관련 주요 사회현안 등에 대한 토론과정에 참여하여 의견을 개진할 수 있다. 국민제안사업에 대한 검토 및 숙의, 선호도 투표 등 다양한 활동을 수행하는 참여예산기구로 예산국민참여단을 운영 중이다.

국민참여예산은 국민제안을 받아 예산 사업을 발굴하는 '제안형' 참여 방식과 기획재정부가 제시한 '아동보육 지원', '고령자·여성 경제활동 활성화', '국민건강 증진' 등 이슈에 대해 국민들과 함께 토론과정을 거쳐 개선 아이디어를 심화 발전시키는 '토론형' 참여 방식으로 나뉜다. 3년간 국민참여예산제도를 운영하여 해마다 1,164~1,399건의 사업을 국민들이 제안했고, 반영 규모는 2019년 928억 원, 2020년 1,057억 원, 2021년에는 63개 사업 1,168억 원이다.

또다시 등장한 참여예산＝제안사업

이 등식이 가지고 있는 문제점은 앞에서도 이야기한 바 있다. 참으로 아쉽다. 촛불혁명에서 나타난 국민참여의 힘으로 집권한 정부의 참여예산이라고 하기에는 매우 초라하다. 앞서 시행되어 많은 시행착오를 거친 주민참여예산의 오류와 한계를 중앙정부에서 그대로 답습하다니 안타깝다. 물론 안 하는 것보다는 낫다고 할 수도 있다. 첫 술에 배부를 수 없으니 제도를 점차 확대하자는 의견도 틀린 이야기는 아닐 수 있다.

필자의 생각은 다르다. 방향과 가치는 처음부터 분명해야 한다. 국민참여예산제도를 통해 무엇을 이루고자 하는 것인지, 즉 근본목적을 분명히 하고 시작해야 한다. 한 번에 다 이룰 수는 없지만 지향은 분명해야 한다. 속도보다는 방향이 중요하다. 그런데 정부의 국민참여예산은 그 지향과 방향에서부터 문제가 있다. 국민참여예산제도 운영을 담당하는 기획재정부의 국민참여예산 홈페이지에는 제도의 의의를 "국민이 예산사업의 제안, 심사, 우선순위 결정 과정에 참여하는 제도"로 설명하고 있다. 국민참여예산을 예산사업으로 한정하고 있는 것이다. 이는 법률로 정한 사항하고도 차이가 있다.

「국가재정법」은 제16조(예산의 원칙) 4호에서 "정부는 예산과정의 투명성과 예산과정에의 국민참여를 제고하기 위하여 노력하여야 한다"고 규정하고 있으며, 「국가재정법시행령」 제7조의 2(예산과정에의 국민참여)의 4개항을 통해 국민참여를 제고하기 위하여 필요한 시책 수행, 국민참여단 운영 등을 담고 있다. 국가 예산과정의 투명성을 높이고 예산과정에의 국민참여를 실현하는 방법은 은평구 사례에서 보듯이 매우 다양할 수 있다. 그런데 왜 국민제안사업으로만 국민들의 참여를 제한하는가? 물론 국민제안사업은 국민들이 제안하고 국민들이 결정과정에 참여하기에 참여예산의 효능감을 높이는데 도움이 될 수 있고, 도입이 필요한 참여예산제도의 하나임에는 분명하다. 다만 그것은 전체의 극히 일부라는 데 문제의 심각성이 있다.

정부 예산 558조 원에 국민참여를 허하라

우리 정부의 2021년 예산은 558조 원에 달하는 천문학적인 액수다. 그에 반해 국민제안사업은 1,168억 원이다. 국민들이 낸 세금으로 운영하는 국가 예산의 0.02%에만 납세자들의 목소리가 담긴다는 것이다. 나머지 세금은 정치인들과 정부 관료들에 의해 사용처가 결정되고 운영된다. 그들만의 리그의 결정판이다.

2021년 정부 예산 558조 원의 중점 과제는 코로나19 유행 지속에 따른 감염병 대응역량 강화, 서민과 중산층 주거안정 방안 마련, 탄소중립Net-Zero 달성을 통한 기후변화 대응, 보육·돌봄 및 보훈 지원 강화 등이다.

모두 국민들의 삶의 질과 밀접한 관련이 있는 것들이다. 그 과제를 실현하기 막대한 세금이 동원되는데, 그것을 어디에 어떻게 쓰는가에 따라 국민들의 생활은 엄청난 영향을 받는다. 그런데 정작 세금을 낸 국민들은 이 과정에서 철저히 소외된다. 정부가 막대한 예산을 투입해서 추진하는 국정 과제와 사업이 실현되기 위해서는 대부분 국민들의 참여와 협력이 필수적이다. 코로나19에 대응하려는 방역 당국의 필사적인 노력도 사회적 거리두기 등 국민들의 실천이 따르지 않으면 무위에 그치게 된다. 기후 변화에 제대로 대응하기 위해서는 국민들이 스스로 삶의 방식 전환을 고민하지 않으면 구호에 그칠 가능성이 높다. 다른 과제들도 마찬가지다. 그런데, 왜 국가 예산을 편성할 때 국민들의 목소리를 담지 않고, 국가 예산을 집행할 때 국민들에게 의견을 묻지 않는가? 또 다른 "가만히 있으라"의 현장이다.

국회 예산결산특별위원회를 생중계하자

해마다 열리는 대한민국 국회 예산결산특별위원회를 바라보는 국민들의 입맛은 쓰다. 국회 예산심의 과정에서 국회의원들이 자신의 지역구 예산 등을 편성해 달라며 예산결산특별위원회 위원장 등에게 전달하는 '쪽지 예산'은 해마다 되풀이된다. 국회의 각 상임위별로 진행되는 예산결산소위원회 심사에서는 항목별 예산의 사업 성과나 효과성이 제대로 검토되지 않은 채 엄청난 예산이 무턱대고 증액되거나 잘려나간다. 이런 일련의 일들은 15명의 국회의원으로 구성된 '예산안등조정소위원회'의 계수조정회의에서 정점을 이룬다. 그런 식으로 예산이 확정되면 국회의원들은 얼마의 예산을 확보했노라고 곳곳에 현수막을 내걸고, 의정활동 보고서에 담고, 각종 SNS엔 관련된 홍보가 홍수를 이룬다. 심지어 국민들이 낸 세금을 자신들의 돈인 양 생색을 내는 정치인들도 종종 볼 수 있다. 모두 우리가 낸 세금을 두고 벌어지는 일들이다.

2020년 11월 23일 보도된 한국일보 인터뷰기사에서 세계은행World Bank에서 15년간 일한 조정훈 시대전환 의원은, 21대 국회 초선 의원으로서 국회 예산심사 과정을 다음과 같이 꼬집었다. "세계은행에서 재정 분야 업무를 맡을 당시 흥미로웠던 건 (국내총생산 등 경제 지표가 떨어지는) 나이지리아가 우리보다 예산안 심사와 관련된 자료를 훨씬 더 많이 공개한다는 점이었다. 예산은 국민의 소중한 혈세다. 그런데 소수 여야 의원들이 밀실에서 배분한다. 심사가 비공개로 진행되고 기록도 남지 않는다. 자기 돈이라면 이렇게 쓰겠나. 속기록이라도 남겨야 한다. 언론, 시민단체가 보고 있으면 함부로 그렇게 장사 못한다."

이제는 이런 악순환을 끝내야 한다. 국민참여예산이 중요한 대안이 될 수 있다. 국회 예산결산특별위원회를 모든 국민들이 지켜볼 수 있게 생중계하고, 회의록을 남기자. 어느 사업이 무슨 이유로 삭감되었는지, 어떤 이유로 증액되었는지, 그리고 그걸 주장한 의원은 누구인지, 함께 결정한 이들은 누구인지 낱낱이 공개하자. 국민참여예산의 참여예산기구인 예산국민참여단은 국회 예산결산특별위원회를 모니터링하고 그 결과를 국민참여예산 홈페이지에 공개하자. 이 일은 정부 차원의 노력과 국회의원들의 의지만 있으면 할 수 있다. 말로만 국민이 주인이 나라가 아니라 실제 국민이 주인이 되는 대한민국을 만들자.

서울시 참여예산을 새롭게 하자

서울시 참여예산은 2012년 5월 22일 「서울특별시 주민참여예산제 운영 조례」를 제정하여 도입되고, 2017년 조례 개정을 통해 주민참여예산과 협치사업을 통합하여 '시민참여예산'으로 운영되고 있다. 필자는 서울시 참여예산기구에 직접적으로 참여하지는 못했다. 그러나, 서울시에 속해 있는 자치구의 참여예산위원장·협치조정관인 나의 업무와 밀접한 연관성이 있었고, 서울시의 참여예산 정책은 자치구에 큰 영향력으로 작용하였기 때문에 비상한 관심을 갖고 있었다. 세계에서 서울과 같은 1,000만이 넘는 대도시에서 시행하는 참여예산은 프랑스 파리 등 일부 사례만 존재하며, 이에 따라 서울시 참여예산은 세계적으로 주목받는 사례이며, 한국의 많은 지방자치단체에 큰 영향을 미치고 있다.

2015년부터 현재까지 서울시 참여예산에 참여하면서 그 긍정성과 더불어 깊은 문제의식을 가지고 있다. 무슨 이유에서인지는 모르겠으나 시간이 가면서 발전하기보다는 정체되고 있다는 생각을 지울 수 없다. 이제 서울시민의 한 사람으로 서울시 참여예산의 발전방안 몇 가지를 제안한다. 서울시 참여예산에 대한 애정과 시민 주권이 실현되는 서울시의 미래에 대한 꿈을 담아.

첫째, 사업이 아니라 아이디어를 제안하고, 과제로 수렴하자

서울시 참여예산은 현재까지도 시민들의 사업 제안을 받는 형태로 운영되고 있다. 참여예산에 제안하고자 하는 시민들은 사업 기간, 위치, 취지, 내용, 효과, 소요사업비 등 '사업계획서'를 작성해서 제출해야 한다. 사업계획서 작성은 시민참여의 문턱을 높이고 결과적으로 시민참여를 제한하는 결과를 초래한다. 천만 서울시민 중에서 사업계획서를 작성할 수 있는 사람은 얼마나 될까? 자칫하면 시민단체나 훈련된 시민들 위주로 참여가 제한될 가능성이 높아지지 않을까? 시민 제안은 누구나 참여할 수 있는 방식이어야 한다. 성·연령·인종 등의 문제로 참여가 제한되면 안 되듯이, 사업계획서를 쓸 수 있는가 아닌가에 따라 참여가 결정되면 안 된다. 그것은 참여예산이 추구하는 가치에 위배되는 것이다.

시민들은 사업계획서가 아니라 자신이 생각하는 아이디어를 내는 것으로 참여할 수 있어야 한다. 함께 고민하고 아이디어를 만들어가는 크고 작은 공론장, 이웃과의 대화를 통해 참여해야 한다. 시민들의 목소리를 담는 방식은 임의로 선정한 주제가 아니라 서울시 지속가능발전목표SDGs 등을 활용하고, 시민들이 구체화 방안을 함께 이야기할 수 있는 온·오프라인 공론장으로 하면 좋겠다. 그렇게 시민들이 쏟아낸 아이디어는 지속가능발전목표 분류체계에 담고, 여러 사업을 포괄하는 정책과제로 수렴하고, 과제별 열린 공론장을 통해 사업으로 숙성시켜 나가자. 시민들의 다양한 아이디어를 갈무리하고 정책과제로 만드는 일은 공무원들이 하거나, 여력이 없다면 관련 기관·단체에 용역을 주면 된다. 그렇게 발굴된 정책과제를 시민투표에 부치자. 지금처럼 시민들이 100여 개의 사업계획서를 살펴봐야 선택이 가능한 방식이 아니어야 한다.

둘째, 서울시 참여예산을 자치분권 방식으로 전환하자

서울시 참여예산 제안사업 접수기간과 투표 기간에 자치구 공무원들은 분주해진다. 자신들의 지역에 서울시 참여예산을 한 푼이라도 더 끌어오기 위해서 사업을 발굴하고 투표 참여를 독려하느라 그렇다. 재정이 매우 열악한 서울시의 자치구 행정에게 서울시 참여예산은 주민들의 자발성에만 맡겨지지 않는 경우가 많다. 주민들이 작성해야 할 제안서를 공무원들이 만들거나 공무원들이 만든 제안서에 이름을 올려줄 주민을 찾기도 한다. 심지어 엠보팅 투표가 시작되면 소속 공무원들에게 1인당 몇십 명 이런 식의 할당을 주는 자치구들도 있다. 해마다 반복되는 양상이다.

프레임을 바꾸자. 서울시 시민제안사업 예산 700억 원의 50% 이상을 자치구로 이양하고, 자치구에서 제대로 된 참여예산 방식으로 결정하게 하자. 서울시는 참여예산 700억 중 약 200억 원을 자치구의 협치 활성화를 위해 해마다 자치구별로 10억 원 정도 지원하면서 지침과 협의 등을 통해 자치구의 협치시스템 정착을 지원한다. 이런 지원에는 자치구에서 협치 업무를 담당하는 협치지원관 인건비 연간 7천만 원도 포함되어 있으며, 자치구로 하여금 협치를 총괄할 협치조정관을 임용케 하고 협치 전담부서를 만들도록 하고 있다. 각 자치구에 지원되는 10억 원은 전담인력 인건비, 협치 기반 구축, 지역사회 문제 해결을 위한 협치사업 발굴 및 실행 등에 사용되면서 자치구 협치는 활성화되고 있다. 자치구의 참여예산도 마찬가지 방식을 적용하면 25개 자치구의 참여예산을 활성화하는 데 큰 도움이 될 것이다. 자치구의 주민참여예산을 한 단계 끌어올릴 수 있는 가장 효과적인 방법이라고 생각한다. 참여예산을 매개로 사람들을 서울시로 모으려고 하기보다는 시민들의 삶의 터전에서 참여예산을 꽃 피우게 하자. 서울은 따로 존재하는 도시가 아니며, 서울시민들은 25개 자치구 어딘가에서 살거나 일하고 있다.

셋째, 숙의예산이 아니라 참여예산을 하자

서울시는 참여예산과 숙의예산을 별도로 운영하고 있다. 참여예산을 담당하는 부서 이름도 숙의예산과로 바꾸었다. 참여예산과 숙의예산이 과연 다른 것인가? 다르지 않다. 서울시가 진단하기에 참여예산제도가 숙의성이 부족하다면 이를 강화할 방법을 찾으면 되지, 별도로 숙의예산이라는 제도를 만들어서 운영하는 것은 참여예산의 가치를 부정하는 것이나 다름이 없다. 전체 예산에 대한 시민참여, 예산 편성-집행-평가 전 과정에 시민들이 참여하는 것이 참여예산제도임을 다시금 강조한다. 다르지 않은 것을 나누고 구분하는 일은 이제 그만하자.

지역에서 세상을 바꾸는 사람들 ❶
주민참여 촉진자, 소통이룸협동조합

퍼실리테이터facilitator 전성시대가 열리고 있다. 퍼실리테이터는 촉진자 혹은 조력자라는 뜻이며, 다양한 현장에서는 주로 회의 진행자라는 의미로 사용된다. 서울의 많은 자치구에서 참여예산과 협치제도 운용에서 중요한 과제인 주민들의 숙의공론 활성화를 위해 노력하고 있고, 이를 촉진해 나갈 퍼실리테이터 양성을 위해 노력하는 사례가 늘어가고 있다. 이런 흐름은 서울 이외의 다른 지역으로도 확산되고 있는데, 매우 바람직한 현상이다. 2000년 독일 정치교육의 모더레이션moderation[11]을 배운이래 줄곧 퍼실리테이터로 활동해 온 필자로서는 더욱 반갑다. 오랫동안 숙원해왔던 일들이 현실로 다가오고 있기 때문이다. 20여 년을 퍼실리테이터로 활동하면서 내가 목표로 했던 것은 스스로 최고의 퍼실리테이터가 되는 것이 아니었다. 우리 사회 전반의 민주주의 문화를 확산해 나가기 위해서는 많은 전문가들이 양성되고, 서로 연결되어 나가는 것이 중요하다고 생각했다. 그것을 필생의 과업으로 삼고 활동해 왔다.

그런 나의 소망이 결실로 이어진 첫 번째 사례가 소통이룸협동조합(이하 소통이룸)이다. 이전에도 많은 퍼실리테이터 단체와 회사들이 있었지만, 지역사회에 기반한 공익적 퍼실리테이터 그룹은 없었다. 소통이룸이 더욱 뜻깊은 것은 참여예산제도를 통해서 양성된 주민들이 스스로 만든 결사체라는 것이며, 은평구 참여예산의 중추 역할을 담당했다는 것이다. 그리고 소통이룸은 도시재생, 주민자치, 사회적경제, 시민

---

11 중용(中庸)으로 직역할 수 있는 모더레이션은 독일 정치교육에서는 필수적인 방법론이다. 모더레이터는 정치교육(민주시민교육)에 참여한 학습자들이 스스로 답을 찾아갈 수 있도록 돕는 역할을 하는 교육 진행의 전문가이자 회의 진행 전문가를 말한다. 모더레이터와 퍼실리테이터는 같은 의미로 이해해도 될 것이다.

소통이룸협동조합 조합원들

교육 등으로 활동 분야를 확대해 나갔으며, 서울의 여러 자치구와 다른 지역으로 그들의 활동 범위를 넓혀 나갔다. 또 소통이룸협동조합의 사례는 다른 지방자치단체에 영향을 주어 지역마다 독자적인 퍼실리테이터 그룹을 양성해 나가는데 중요한 계기를 제공하기도 했다.

퍼실리테이션facilitation과 리더십

일반적으로 퍼실리테이션은 사람들의 의사 결정과정에 참여하여 효과적으로 결과를 도출할 수 있는 활동이라고 소개되고 있다. 서로 다른 생각을 가진 사람들이 공동의 목표를 달성하기 위해 논의하는 과정에서 퍼실리테이터의 역할은 적지 않다. 회의장이나 숙의공론장에서 배가 산으로 가느냐, 집단지성을 발휘하는 결과로 가느냐에 있어서 퍼실리테이터는 큰 역할을 한다. 다양한 퍼실리테이션 기법을 활용하여 사람들의 민주적인 토론을 돕고 합의를 도출하거나 의사결정을 할 수 있도록 하는 전문가가 퍼실리테이터다. 역량 있는 퍼실리테이너나 그에 준하는 소양을 갖춘 진행자(혹은 좌장)가 진행하는 회의는 생산적이며 참여자들에게 참여의 보람과 재미를 느낄 수 있게 해 준다.

그런데, 퍼실리테이터의 역할을 면밀하게 들여다보면 단지 기능적 역할을 의미하는 것이 아님을 알 수 있다. 퍼실리테이터의 역할을 근본적으로 성찰해 보면 사람과 사람 사이의 상호작용interaction이 활발하게 이루어지게 하여 창조적인 성과를 이끌어내는 행위라는 것을 알 수 있다. 단지 기술자가 아니라 우리 시대에 필요한 리더십을 발휘하는 사람들이라고 바라볼 필요가 있다. 현재 활동하고 있는 모든 퍼실리테이터가 그런 역량을 갖추었는가와는 별개의 문제이다. 퍼실리테이션은 한 사람이나 소수가 끌어가는 리더십이 아니라 구성원들을 신뢰하고, 그들의 집단지성을 통해 문제 해결을 추구해 나가는 고도로 숙련된 리더십을 뜻한다. 즉 우리 사회가 안고 있는 복잡하고 다양한 문제를 구성원들 스스로 해결해 나갈 수 있도록 임파워먼트empowerment, 권한부여[12]하는 리더십이다. 나는 2015년도에 은평구 참여예산위원장으로 활동하면서 〈은평시민신문〉과의 인터뷰를 통해, 참여예산위원장의 역할을 묻는 기자의 질문에 '퍼실리테이터'라고 답한 바 있다.[13] 주민참여를 촉진하는 것이 참여예산위원장의 근본적인 역할이라고 생각했고, 이를 실천하기 위해 최선을 다했다.

은평에서 씨앗이 뿌려지다

2008년 이민식 공동대표, 박연수 교육위원 등과 함께 지역리더십센터 함께이룸을 창립하면서 각 지역에 퍼실리테이터 그룹 양성을 지원하는 것을 핵심적인 목표의 하나로 삼았다. 세상의 근본적인 변화는 지역에서 오고, 지역의 변화를 이끄는 데는 새로운 리더그룹[14]이 그런 변화의 흐름을 촉진해 나가야 한다고 생각했다. 그러

---

12 직역하면 '권리 강화' 혹은 '권한 위임'이란 뜻으로, 직원들에게 자신의 판단에 따라 행동하거나 통제할 수 있도록 재량권을 주는 것을 말한다. 빠르게 문제해결을 할 수 있고 직원들의 역량을 높일 수 있어 정치·경제·사회·교육·경영 등 다양한 분야에서 활용하고 있다. 다음백과 참조.

13 은평시민신문, 2015. 10. 12, "건강한 시민이 주인이 되는 참여예산제 만들겠다!"

14 당시 함께이룸은 이를 커뮤니티 퍼실리테이터(community facilitator)로 개념화 했다. 지역공동체를 형성해 나가는 데 있어 핵심적인 리더의 역량으로 주민들의 상호작용을 이끌어낼 수 있는 새로운 형태의 리더십이 필요하다고 생각했기 때문이다.

면서 여러 지역과의 네트워크와 활동을 통해 이를 제안하고 실현하는 활동을 해 나 갔지만 긍정적인 결과를 만드는 데까지 이르지는 못했다. 몇 번의 교육 과정을 운영하는 것만으로는 제대로 된 퍼실리테이션을 익힐 수 없었고, 기법만이 아니라 세상과 사람을 바라보는 철학과 촉진자로서의 성찰적 태도가 뒷받침되어야 했기 때문이다.

번번이 좌절을 맛보아야 했던 실험은 은평구에서 실현되었다. 2015년 은평구 참여예산위원장으로 선출될 때부터 은평지역에 퍼실리테이터 그룹을 양성해야겠다는 목표를 가지고 있었고, 은평구 마을공동체지원센터(센터장 최순옥) 등과 공감대를 형성했다. 그런 과정에서 마을공동체 활동가를 양성하는 교육에 강사로 초대를 받았고, 이틀간 진행된 교육에서 마을활동가의 비전의 하나로 퍼실리테이터를 제시했다. 마을활동가들을 조직가(네트워커), 강사, 퍼실리테이터 3개 모둠으로 나누어 모둠별 비전과 실천계획 만들기를 진행했다. 퍼실리테이터 모둠에 속한 참여자들은 적극적인 관심을 보였고, 나는 정말 하고 싶은지를 밤새워 고민해 보고 다음날 결론을 이야기해 달라고 했다. 그리고 다음날 전용희, 김윤희 등이 꼭 해보고 싶다고 의지를 밝혔다.

참여예산 주민제안사업으로 제안·선정되다

당시 은평구에서는 참여예산 주민제안사업에 구 단위 정책사업 분야를 신설했고, 마침 사업공모 기간이었기에 이들을 도와 공모에 참여하도록 했다. 특히 전용희, 김윤희 두 사람의 의지가 남달랐는데, 두 사람의 사업제안서 작성을 도우면서 나는 친절함보다는 엄격함으로 대했다. 다른 지역에서 실패를 경험하면서 핵심적인 역할을 해 나갈 사람들의 의지가 매우 중요하다는 교훈을 얻었기 때문이다. 해보고 싶다 정도가 아니라 꼭 해야겠다는 의지가 필요했다. 퍼실리테이터로서 일정한 경지에 오르기까지는 수많은 학습과정과 난관이 기다리고 있었기에, 그들의 의지와 가능성이 있는지를 계속 확인하며 사업제안서를 그들 스스로 만들도록 했다. 때로는 준비해 온

제안서에 퇴짜를 놓았고, 빨간 펜으로 여기저기를 지적했다. 퍼실리테이터가 되기를 열망했던 두 사람은 일종의 시험을 무사히 통과했다.

그들은 "말 통하는 이웃, 화합하는 주민모임 만들기"라는 제목의 퍼실리테이터 양성 과정을 제안했다. 백 시간이 넘는 교육, 1박 2일씩 세 차례의 집중트레이닝 워크숍, 후속 학습모임 운영, 재능기부를 통한 지역사회 환원 등이 담긴 제안서였다. 이 제안은 사업부서의 검토와 참여예산위원회의 심사와 인터뷰 등을 거쳐 2015년 9월부터 진행된 주민투표에 상정되었다. 전용희, 김윤희 두 사람은 제안자의 역할뿐만 아니라 스스로 제안사업을 홍보하는 데도 열과 성을 다했다. 그 결과 "말 통하는 이웃, 화합하는 주민모임 만들기"는 주민투표에서 전체 2위로 선정되었다. 주민들 사이에서도 이 사업에 대한 공감대가 컸기 때문이다. 이 사업은 2016년도에 실행되었고, 이후 퍼실리테이터 양성 과정이 계속 제안·선정되어 3년 연속 은평구 참여예산 주민제안사업으로 실행되었다. 이후부터는 은평구청 본 사업으로 수렴되어 "시민소통 리더 교육과정"으로 해마다 운영되고 있다.

후속 학습모임 운영과 실천

2016년 첫 번째 퍼실리테이터 양성과정은 나와 함께 '함께이룸'에서 활동했던 쿠퍼실리테이션그룹의 박연수 수석컨설턴트가 기본과정과 심화과정의 주 강사를 맡아 주었다. 행정의 예산 규정 때문에 강사비를 충분히 지급할 수 없는 조건이었음에도 지역의 변화를 함께 만드는 마음으로 기꺼이 역할을 수행해 주었다. 나는 집중트레이닝 워크숍과 고급 과정을 담당했다. 이 과정에는 마을활동가, 평생학습 수강생 등이 참여했고 일반 주민들도 많이 참여했다. 퍼실리테이션에 대해 잘 모르는 사람들이 대부분이었는데, 이들의 학습 열기는 놀라울 정도였다. 수강생 30여 명 중에서 15명 정도가 후속 학습모임에 참여했고, 한 달에 3~4차례 학습모임을 진행하면서 자신들이 배웠던 것을 익히고 훈련했다. 2016년 하반기부터 시작된 학습모임은

2018년 상반기까지 1년 6개월 이상 운영되었다.

이들은 2017년 봄부터 실전 경험을 갖게 되었다. 은평구 사회적경제허브센터의 소셜밥터디의 진행을 맡은 것을 시발로 참여예산, 협치, 공무원 교육, 자치분권 대학, 마을계획단, 도시재생, 지역사회보장협의체 등의 워크숍에서 퍼실리테이터로 활약했다. 일부 시행착오를 겪기도 하였지만 대부분의 의뢰 기관에서 긍정적인 평가를 받았고, 활동 영역과 범위는 점점 넓어졌다. 학습과 실천의 부단한 반복 과정을 통해 이들의 역량은 빠른 속도로 강화되었고, 2017년 9월에는 서울시 평생교육 부분 우수 동아리로 선정되기도 했다.

새로운 주민, 새로운 활동가들의 출현

이들은 지역사회에서 뉴 페이스(새로운 사람들)였다. 은평에는 전통적으로 직능단체와 시민단체의 활동이 활발했고, 좋은 사례를 많이 만들었다. 그렇지만 다른 지역과 마찬가지로 인적 자원의 한계가 있었고, 새로운 주민들의 참여를 바라는 목소리들이 많았다. 직능단체나 시민단체 모두 겹치기 출연으로 일한 피로감을 적지 않게 호소했다. 소통이룸의 출현은 지역사회에 새로운 변화의 흐름을 만들었다. 어디에 속하지 않은 새로운 주민들이 다수 퍼실리테이터로 등장하면서 지역사회 저변에서 민주적 문화를 만들어 나갔고, 은평구 주민참여의 범위를 확장했다.

그런데, 이들이 이미 활동하던 사람들에게 환영만 받은 것은 아니었다. 새로운 그룹의 출현에 대한 경계의 시선도 있었고, 성장 과정에 있는 이들의 역할에 대해 부족함을 지적하기도 했다. 행정은 조금 더 검증되고 숙련된 퍼실리테이터를 선호했다. 혹시라도 발생할 문제에 대한 부담을 가지면서까지 행정이 이들에게 활동 기회를 제공하는 것은 쉬운 일이 아니었다. 이 대목에서 이미 활동하고 있는 사람들과 행정에게 꼭 하고 싶은 말이 있다. 이미 활동하고 있는 분들은 새로 활동을 시작하는 사람들을 환대하고 따뜻한 시선을 보여줬으면 한다. 행정은 외부에서 전문가를 쇼핑하듯 초대하기보다는 지역사회 안에서 파트너로 성장할 수 있는 이들에게 적극적인 기회를 제공해 주기를 바란다. 그래야 새로운 주민들과 활동가들이 등장하고 성장할 수 있다. 처음부터 완벽하게 준비된 사람들은 없다. 지역사회의 변화를 촉진할 새로운 주민들과 마을 일꾼들에 대한 기회 제공과 투자를 확대하자.

참여예산의 민주적 변화를 촉진하다

참여예산제도를 통해서 배출된 이들은 참여예산위원회의 활동에 적극적으로 참여했다. 2016년 하반기 보궐위원 공모에 이들 대부분이 참여했고, 다양한 분과에 배치되어 차근차근 위원회 활동을 배우고 점차 역할을 높여 나갔다. 2018년 1월 구성된 제4기 은평구 참여예산위원회에서는 분과위원장과 간사 역할을 많이 맡았고, 그동안 갈고 닦은 퍼실리테이터로서의 역량을 위원회 활동에서 십분 발휘했다.

은평구 참여예산위원회가 지향하는 성숙한 민주주의의 실현에도 중추 역할을 했다. 무엇보다 참여예산위원회의 민주성을 증진하는 데 큰 역할을 했다. 지금도 은평구청 7층 주민참여위원회실에는 이들과 함께 만든 주민참여위원회 회의 정신과 회의 규칙이 액자로 걸려 있다. "주민참여위원회는 다름을 인정하고 의견을 존중한다", "주민참여위원회 회의는 이렇게~ 1. 모두 참여하기, 2. 당당하게 말하기, 3. 다른 의견 존중하기, 4. 한 번에 한 사람씩 말하기, 5. 3분 이내로 말하기"

2017년 9월, 전국 최초로 원탁회의 방식으로 열린 주민총회가 성공적으로 진행되는 데도 큰 역할을 했다. 당시 600여 명의 주민들이 10명씩 나뉘어 원탁토론을 벌였고, 민주적 토론을 도울 퍼실리테이터 60여 명이 필요했다. 소통이룸 사람들이 주축이 되어 나와 함께 원탁회의 진행 매뉴얼을 만들었고, 퍼실리테이터 사전 교육을 여러 차례 함께 진행하며 실험적인 주민총회가 안정적으로 진행될 수 있게 했다. 이후 해마다 확대되고 있는 대규모 원탁회의 방식의 주민총회에서도 계속 중추적인 역할을 하고 있으며, 2020년 주민총회는 코로나19로 인해 원탁회의 방식이 불가능해

지자 온라인 숙의단 운영으로 변경하여 진행하는 데도 큰 역할을 했다. 은평구 참여예산의 숙의공론 활성화에 마중물로 자리매김하고 있다.

새롭게 발돋움하다

이들은 2018년 2월 12일, 16명의 조합원으로 소통이룸협동조합을 창립했다. 처음 퍼실리테이터 과정을 제안했던 전용희 씨가 이사장을 맡았고, 김혜영, 박상현, 이선미, 정재은 씨가 이사 역할을 수행했다. 소통이룸협동조합의 목적은 "자주적·자립적·자치적인 조합 활동을 통하여 주민과 단체, 공공기관, 기업들을 위하여 퍼실리테이션 기법을 활용한 효과적인 회의 진행 및 교육, 지원, 컨설팅을 수행함으로써 민주적으로 소통하는 사회 실현에 기여하는 것"이다. 지역사회에 기반한 공익적 퍼실리테이터 그룹이 공식적으로 출범한 것이다.

소통이룸이 가장 중요하게 생각하는 일은 각 지역에서 현장을 잘 알고 지속적인 활동을 벌일 수 있는 '지역맞춤형 퍼실리테이터 양성'을 돕는 일이다. 자신들 역시 그런 과정을 통해서 성장해 왔듯이 전국 곳곳에 지역 특성에 맞는 퍼실리테이터 그룹이 양성되어 민주주의가 뿌리 내리는 것을 지원하는 역할을 하고자 한다. 그것이 우리 사회의 민주주의 발전에 핵심적인 힘이 될 것이라 믿고 있다. 그리고 코로나19 확산으로 인해 위축되기 쉬운 숙의공론을 온라인 방식으로 모델을 개발하여 확산하는 데도 힘을 기울여 나가겠다고 한다. 코로나19에도 민주적인 토론 과정은 멈출 수 없는 것이기에. 또 지역에서 잘 활용할 수 있는 교재와 교구를 개발해 나갈 계획도 가지고 있다. 궁극적으로는 주민들이 지역사회의 문제를 해결하는 활동에 적극 참여하는 토대를 만드는 것에 관심을 가지고 있다.

그리고 소통이룸협동조합의 조합원들은 각 분야의 요청으로 다양한 현장에서 활동가의 역할을 수행하고 있다. 주민자치회를 지원하는 동 자치지원관으로, 도시재생 코디네이터와 강사·퍼실리테이터로, 방과후학교의 교사로, 사회복지 영역에서 어르신 돌봄 활동으로, 인생이모작을 준비하는 이들을 위한 50플러스 전문가로, 주민참여를 지원하는 시간선택제임기제공무원 등으로 개인의 비전과 조직의 비전을 함께 실현하기 위해 노력하고 있다. 나의 변화와 우리의 성장을 통해 사회의 변화를 추구해 나가는 이들의 활동이 주목된다.

소통이룸 조합원들이 생각하는 참여예산(주민참여)이란?

전용희 이사장_ '주체적인 나(우리)의 성장을 촉진하는 실제적 활동'이다. 무엇인가를 변화시키는 힘은 '참여'이다. 그동안 선거에서의 투표를 내가 할 수 있는 최고, 최선의 참여라 여기며 결정된 것을 받아들이며 그럭저럭 열심히는 살아 왔다. 그러나 지금은 필요한 것에 대한 고민과 구체적인 해결을 위한 실제적 참여를 통해 삶을 더욱 생동감 있고 주체적으로 살아가고 있다. 40대 후반이지만 미래를 기대할 수 있는 삶! '주민참여'란 나와 우리의 삶에 있어 나비효과처럼 소소한 변화에서 보다 많고 넓은 변화를 기대하며 주체적 삶의 성장을 촉진하게 한다.

김혜영 이사_ '마을에서 행복하게 같이 살기'다. 내가 살고 있는 지역사회에서 내가 주인이면서 마을 주민들과 같이 살기를 알려준 것 같다. 지극히 개인적인 삶을 살아오다 우리가 사는 지역사회에서 그 안에 있는 나를 발견했고, 그 마을 안의 사람들을 알게 해주었고, 마을 사람들이 그 터전에서 같이 행복하게 사는 삶을 내가 주인이 되어 함께 찾아보는 나의 시선과 관점이 바뀌는 경험이었다.

정재은 이사_ '민주주의 학교'다. 참여예산은 주민들의 다양한 욕구와 의견을 반영하여 실행할 수 있는 것이기 때문이다. 저 또한 참여예산을 통해 제가 살고 있는 동네를 알게 되었고, 이웃들과 함께 민주시민으로서 성장할 수 있었다.

이선미 조합원_ '버팀목'이다. 참여예산은 곧 민주주의 민의를 쉽게 자유롭게 원함을 표현하는 장이었고, 지역사회 발전을 위해서 순간 고뇌하고 모두가 평등한 기준

선에서 누림을 갖도록 가치 있는 활동에 초점을 둔 역할과 함께 자신의 길을 묻고 찾아가는 여정이 되어준 버팀목 같은 고마운 존재이다.

배은경 조합원_ '운전면허'다. 면허가 있으면 목적지까지 내 뜻대로 갈 수 있지만 없으면 다른 교통수단을 통해 도착해야 하기 때문이다. 직접운전(주민참여)의 경우 피로하지만 자발적이고 능동적이며 목적지에 도착하기 위한 지속적인 고민이 있는 반면, 반대의 경우 대중교통에 나를 맡기므로 목적지에 도달하기까지의 고민이 없어 편안하기는 하나 분명한 목적지가 아닌 그 근처 어딘가에 도착하게 되고 원치 않은 환승의 구간이 발생할 수 있기 때문이다.

박상현 조합원_ '효자손'이다. 남이 긁어줘도 시원하지만, 내맘처럼 단박에 찾아서 해주지는 못하더라. 내 주변의 일상에서 발견되는 문제와 필요, 해결에 대한 방법은 내가 제일 잘 아는 것처럼 우리 지역과 주민들의 필요를 단박에 해결할 수 있는 효과적인 제도가 참여예산제도라고 생각한다. 참여예산제도의 참여와 결정, 평가 등 전체적인 과정에 있어 얻게 되는 주민들의 민주주의 의식의 성장은 우리 사회를 더욱 건강하게 만들어내는 것 같다. 참 고맙고 시원한 참여예산제도다.

김보경 조합원_ '밥'이다. 능동적으로 사회를 살아가는 민주시민의 기본. 자신의 의견을 개진하고 존중받고자 하는 인간 욕망을 가장 효율적으로 실현할 수 있는 기본이다. 한때 쌀 소비가 줄면서 우리 식탁의 근간이 흔들리는 건 아닌가 하는 우려도 있었지만 요즘은 햇반, 볶음밥 등 그 형태도 다양하게 부활, 쌀 소비가 늘면서 오히려 쌀값은 오르는 추세. 주민참여가 생활화 되어 자연스럽다 못해 그 소중함을 잊고 있었지만 우리는 경험했다. 주민의 목소리 내기와 적극적인 실천이 왜 소중한지. 다채로운 주민참여의 향연은 그 사회를 건강하게 발전시킨다.

정재오 조합원_ '보다 나은 삶에 대한 바람'이다. 함께 만들어 가고 싶다.

김성걸 조합원_ '참여예산'은 마중물이다. 나는 주민참여예산제도를 통해 자치민주주의의 꽃이라 할 수 있는 참여를 배우고 경험하였을 뿐만 아니라, 마을살이의 재미와 50+ 세대로서의 인생삼모작의 의미와 보람을 깨닫는 계기가 되었다. 나에게 참여예산은 함께하는 삶을 향한 마중물이라 하겠다.

Ⅱ
주민자치

주민자치, 한 걸음 더 들어가 보자

주민자치회가 전국적으로 확산되고 있다. 풀뿌리 민주주의의 매우 중요한 토대이자 실천현장이 전국의 읍·면·동에 만들어지고 있다. 2018년 3월 21일 정부는 주민의 자치권을 인정하는 지방분권 헌법 개정안을 발표하였다. 정부는 개정안에서 "지방정부의 자치권이 주민으로부터 나온다는 것을 명시하고 주민이 지방정부를 조직하고 운영하는 데 참여할 권리를 가짐을 명확히 했다."고 밝히고 있다. 이는 2013년부터 전국 49개 읍·면·동에서 시범실시 중이었던 주민들로 구성된 '주민자치회'가 실질적인 주민자치기구로서 지방정부에 참여할 수 있는 가능성을 높여주었다.

서울시에서 시작하고 전국으로 확산되다

정부의 지방분권 개헌안의 취지를 담아 서울시는 '서울형 주민자치회'를 내 삶과 관련된 생활문제를 논의하고 해결할 수 있는 권한과 책임을 갖는 동 단위 주민자치 대표기구로 운영하겠다고 발표하였다. 그동안 주민들의 참여나 자문을 위한 회의기구에 머물렀던 주민자치위원회의 경험이 있었다. 이와 달리 주민자치회는 생활 민주주의 플랫폼으로서 지역의 정책과 예산에 실질적인 권한을 갖도록 변화시키겠다는 계획이다. 서울시는 2015년부터 '찾아가는 동 주민센터(찾동)' 사업을 하면서 주민자치 활성화가 필요성을 확인했고. 이를 행정안전부가 추진 중인 주민자치회와 연결한 제도로 2017년부터 서울형 주민자치회를 도입했다.

주민결정권을 강화하기 위해 서울시는 지치구별로 「주민지치회 설치 및 운영 조례」를 정해 자율적으로 운영하도록 하고, 주민자치회가 지역문제를 해결하는데 주민세를 사용할 수 있도록 주민세 균등분 상당의 재원을 활용하는 방안도 추진하였다. '서울형 주민자치회'는 주민이면 누구나 참여할 수 있도록 하였다. 참여할 수 있는 주민의 자격을 주민등록상 주소가 서울시가 아니더라도 서울시에서 생활하고 있는 직장인, 학생 등 "생활주민"도 참여할 수 있도록 참여의 폭도 확대했다. 다양한 사람들이 참여할 수 있도록 성별(특정 성 비율 60% 이하), 연령별(40대 이하 15%) 할당을 정해 제도를 설계했다. 주민자치회 위원의 대표성과 책임성을 부여하기 위해 6시간 의무교육 시간을 규정하고 위원 정수도 25명에서 50명으로 늘렸다. 추첨에서 떨어지더라도 주민이면 누구나 주민자치회의 분과에 참여하거나 주민총회에 참석할 수 있다.

서울시 '찾아가는 동 주민센터 기본계획'(찾동 2.0)에 따르면, 서울시는 2019년 1단계로 4개 자치구(성동·성북·도봉·금천)를 시범동으로 지정해 서울형 주민자치회를 실시하고, 2단계로 이를 11개 자치구(강동·강서·관악·노원·동대문·동작·마포·서대문·양천·은평·종로) 55개 동에서 시범 운영하고, 3단계 5개 자치구에서는 시범동을 선정해 운영한다. 이렇게 2022년까지 424개 동에 도입되면 서울시 자치구의 80%가 서울형 주민자치회를 운영하게 될 예정이다. 서울형 주민자치회 모델은 전국의 많은 지방자치단체에 큰 영향을 주었고, 전국 읍·면·동에 다양한 색깔의 주민들이 모여 주민자치회를 구성·운영하고 있다.

주민자치위원회 20년의 시사점

　주민자치회는 20여 년간 전국 읍·면·동에 설치되고 운영되었던 주민자치위원회의 활동 경험을 반면교사反面敎師로 삼고 있다. 김대중정부 시절인 1999년 94개 시·군·구의 278개 동의 시범 실시로부터 시작된 주민자치위원회는 주민들의 삶과 밀접한 연관을 맺고 있는 읍·면·동 단위 활동을 통해 지역주민들의 욕구 충족과 삶의 질을 향상시키기 위한 다양한 노력을 해 왔다.

　주민자치위원회는 주민자치센터와 불가피한 관계를 가지고 운영되었다. 주민자치센터를 대표하는 활동은 주민자치센터에서 운영하는 프로그램이라 할 수 있으며, 주민자치위원회의 역할은 주로 이 프로그램에 대한 자문과 심의였다. 전반적인 소득 수준의 향상과 함께 문화여가에 대한 주민들의 지속적 수요 증대에 따른 문화여가 프로그램이 주종을 이루었다. 지식기반사회에 필요한 교양과 지식을 습득하는 '주민교육 프로그램', 사회적 약자를 지원하고 더불어 사는 지역공동체를 만들기 위한 '지역복지 프로그램', 지역사회가 안고 있는 문제를 주민들이 해결해 나가는 '주민자치 프로그램' 등이 도입되고 운영되었다. 주민자치위원회는 이런 프로그램을 통해 주민들에게 다가가고자 노력했으며 다양한 사례를 만들어 나갔다.

　그럼에도 불구하고 주민자치위원회를 만든 핵심 목적인 '주민자치' 활성화는 그리 성공적이지 못했다는 평가가 일반적이다. 주민자치센터는 문화여가 프로그램 중심으로 운영되었고, 그 결과 주민들은 주민자치센터를 '자치의 공간'이 아니라 또 하나의 문화센터처럼 여겼다. 주민자치위원회는 위원회가 설립되기 전에 운영되었던 읍·면·동정 자문위원회를 답습하는 경우가 많았다. 일부 지역에서는 진짜 주민자치를 위해 많은 노력을 기울였던 것이 사실이지만, 대부분은 그렇지 않았다. 주민자치위원회의 꽃인 월례회의는 동장의 현안 보고와 행정의 안내 사항을 듣고 질의응답을 하는 수준으로 진행되기도 하였고, 많은 지역에서 월례회의의 기획과 진행은 사실상 행정 주도로 이루어졌다.

그렇게 된 요인은 크게 두 가지로 나누어 볼 수 있다. 주민자치위원회에 대한 행정의 대응 방식에 기본적인 문제가 있었고, 주민자치위원 스스로의 역할 찾기에서 한계를 보였다는 점이다. 이 두 가지는 상호 연관되어 작동하기도 했다.

행정의 대응 방식의 문제는 주민자치위원회의 '권한'과 '구성'에서 단적으로 드러난다. 지역사회 문제를 주민 스스로 해결하는 주민자치를 하라면서 합당한 권한 부여는 하지 않았다. 정부의 표준조례안과 지방자치단체의 조례 모두 그렇게 만들어졌다. 그리고 주민자치위원의 위촉권한을 가지고 있는 동장으로 대표되는 행정은 주민자치에 적합한 사람보다는 행정에 잘 협조하면서 동네 행사에 찬조금을 내거나 봉사를 할 수 있는 사람 위주로 구성하였다. 활동력이 거의 없는 지역유지를 위원으로 위촉하는 경우도 종종 있었다. 나는 기본적인 책임은 행정에 있다고 생각한다. 주민자치위원회는 주민들이 스스로 만든 것이 아니라 행정에 의해 만들어진 '공간'에 주민들이 '초대'된 것이기에 그렇다.

그렇다고 모든 책임을 행정에게만 돌릴 수는 없을 것이다. 주민자치위원들 스스로 상황을 변화시켜 주민자치를 강화하는 노력 역시 충분했다고 할 수 없다. 주민자치위원회 20년 활동 기간 동안 악조건 속에서도 주민자치의 가능성을 만들어 갔던 사례도 적지 않다. 그렇지만 대부분 지속되지는 못했다. 제대로 된 주민자치를 하려는 주민자치위원장의 임기가 끝나고, 함께 힘을 보탰던 핵심 위원들이 바뀌면서 '주민자치'는 힘을 잃어갔다.

새롭게 출발하는 주민자치회는 이러한 평가를 바탕으로 '권한 부여'와 '위원 구성 방식'을 개편하고 '주민총회 도입' 등을 통해 보다 혁신적인 변화를 추구하게 되었다.

주민자치회는 행정에 의해 초대된 공간[15]이다

나는 2000년부터 전국의 다양한 현장에서 수많은 주민자치위원들과 담당 공무원들을 교육과 컨설팅 등으로 만나 왔다. 어림잡아도 500~600번 이상은 주민자치위원들을 교육했다. 일회성 강의도 있었지만, 지역의제 발굴과 실천계획 수립 등을 하는 연속 강좌도 꽤 있었다. 현재 추진되고 있는 주민자치회 관련 교육도 적지 않게 진행하고 있다.

그런데, 그렇게 만난 주민들과 공무원들은 의외로 주민자치에 대해 오해하는 대목이 있었다. 순수한 의미의 주민자치와 현재 추진되고 있는 주민자치의 차이점을 구분하지 못하는 경우가 많았다. 주민자치는 본래적으로는 '지역의 문제를 당사자인 주민들이 스스로 나서서 해결하는 활동'이라고 정의할 수 있다. 주민 스스로 하는 것이다. 그런데, 지금 추진되고 있는 주민자치회는 해당 지역의 주민들이 의견을 모아 "우리 한번 해 봅시다"라고 시작된 것이 아니다. 오히려 주민자치회 도입을 반대하거나 물음표를 던지는 주민들이 적지 않은 과정에서 추진되고 있기도 하다.

주민자치회는 행정에 의해 만들어진 '주민자치'라는 공간에 주민들을 '초대' 한 것이다. 지역 주민들의 주민자치에 대한 의지가 없는 것은 아니지만, 행정이 관련 조례를 만들어 주민자치회의 추진 근거를 만들었다. 그리고 행정은 주민자치회 추진 계획을 만들고, 주민자치를 지원할 자치지원관을 채용하거나 중간지원조직인 주민자치사업단을 민간단체에 위탁했다. 이런 과정은 단체자치에 비해 상대적으로 덜 발전된 주민자치를 활성화하는 데 기여하는 긍정적 측면이 있을 것이다. 하지만 주민들이 주도하는 것이 아니라 행정과 중간지원조직이 주도하는 위험성 또한 내포하고 있다.

---

15 곽현근, 2015, 〈한국행정학보〉 '주민자치 개념화를 통한 모형 설계와 제도화 방향'

풀뿌리 주민자치 제도화를 위한 생태계 모형[16]

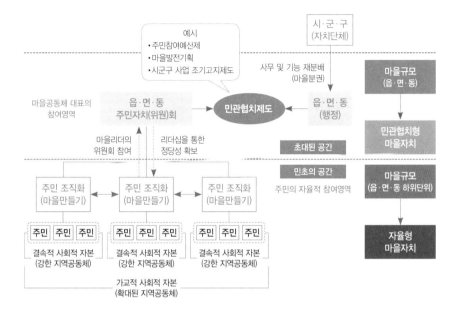

주민자치회를 매개로 풀뿌리 민주주의와 자치분권을 강화하고자 하는 흐름은 매우 의미 있는 시도라고 생각한다. 주민자치가 활성화 될 때까지 무작정 기다리는 것이 아니라 그 활성화를 '촉진'하려는 적극행정이기도 하다. 정부에서 법제화하여 지방자치단체에서 이행하도록 강제한 주민참여예산처럼 의무적 시행은 아니지만, 주민자치회는 중앙정부의 권고와 광역 지방자치단체의 지원금 등을 매개로 전국적으로 확산되고 있다. 우리나라 특유의 중앙집권적인 풍토와 톱-다운Top-Down 방식이 여기서도 주요하게 작동하고 있다. 주민자치회를 맞이하는 지방자치단체의 모습은 다양하다. 단체장의 의지가 실려 본격적인 주민자치회를 추진하는 곳도 있고, 대세를 따라가며 다른 지역 사례를 모방하

---

16 곽현근, 2015, 〈한국행정학보〉 '주민자치 개념화를 통한 모형 설계와 제도화 방향'

여 시행하는 곳들도 있다. 주민자치회의 양상은 다양하지만 행정에 의해 초대된 공간이라는 점은 공통적이다.

주민자치회의 이중성격

주민자치회는 「지방분권 및 지방행정체제개편에 관한 특별법」에 근거를 두고 있는데, 제27조(주민자치회의 설치), 제28조(주민자치회의 기능), 제29조(주민자치회의 구성 등)로 구성되어 있다. 서울형 주민자치회를 추진하는 서울시 표준조례안 「주민자치회 설치와 운영에 관한 조례」 제4조(기능)는 주민자치회의 업무를 이렇게 규정하고 있다. "①주민들의 일상생활과 밀접한 지역문제를 해결하기 위하여 자치계획 등을 세우고 이를 자체적으로 이행하는 업무, ②주민생활과 밀접한 관련이 있는 동 행정사무의 협의, ③자치회관의 운영 등 주민의 권리제한 또는 의무부과와 직접 관련되지 아니한 동 행정사무의 수탁 업무, ④ 주민자치회의 자율적인 조직과 운영을 위한 업무, ⑤그 밖에 주민의 자치소양 강화를 위한 교육 운영 등, 위 각 호에 준하는 것으로 자치 활성화와 민관협력 강화를 위해 필요한 업무"

서울시 표준 조례안에서 규정하고 있는 주민자치회의 기능을 정리하면 주민자치, (동 행정과의) 협의, 수탁이며, 그것은 '주민자치'와 '민관협력'(혹은 민관협치)[17]으로 집약할 수 있다. 지역문제 해결을 위한 자치계획 등과 관련한 주민자치 기능과 더불어 "주민생활과 밀접한 관련이 있는 동 행정사무의 협의"라는 민관협력 기능을 명시하고 있는 것이다.

주민자치회는 '주민자치'와 '민관협력'의 이중성격을 가지고 있다. 주민 스스로 실천하는 기능과 주민생활과 밀접한 사안들을 행정과 협의하는, 주민들이

---

17 민관협치(協治)는 지역사회 문제를 해결하기 위하여 민과 관의 권한 공유가 강조되는 개념

행정에 '참여'하는 기능이다. 그 점이 순수한 의미의 주민자치와는 다른 특성이기도 하다. 대부분의 지방자치단체의 주민자치회 추진 과정에서 전자만 강조되고 후자에 대해서는 별다른 계획이 없는 경우가 많다. 주민생활과 밀접한 사안이란 무엇을 말하는지, 행정은 그 사안을 주민자치회와 어떤 방식으로 협의해 나갈 것인지, 협의의 결과를 어떻게 반영할 것인지 등에 대한 계획을 찾아보기 어렵다. 조례에 규정된 것과는 다른 반쪽짜리 주민자치회가 추진되고 있다. 아직 행정은 자신들의 업무를 주민들과 협의하고 주민들의 목소리를 반영할 준비가 되어 있지 않은 것이다.

'주민자치회'라는 명칭의 문제

서울시가 서울형 주민자치회를 추진한다는 소식을 들은 것은 2017년 은평구 갈현1동 마을계획단이 주최한 마을총회 현장에서다. 서울시 마을공동체종합지원센터장에게 그 이야기를 듣고 내 입에서 처음 나온 말은 "왜 명칭이 주민자치회냐?"는 항의성 질문이었다. 왜냐하면 명칭, 즉 언어는 사람들의 생각에 큰 영향을 끼치고 때로는 행동을 제약하는 결과를 초래하는 강력한 힘을 가지고 있기 때문이다. 새 술은 새 부대에 담으라 하지 않았던가? 정말 새로운 주민자치를 추진하려면 주민자치회라는 이름이 아니라 새로운 것이어야 했다.

20년 동안 운영되어 온 주민자치위원회의 관성이 있다. 20년 세월을 통해 만들어진 관성은 매우 견고하다. 더구나 2013년부터 전국 49개 읍·면·동에서 시범실시 중인 '주민자치회'가 그 안에 들어 있었다. 주민자치위원회와 서울형 주민자치회는 다른 것이라고 아무리 설명을 하고 강조를 해도 주민자치위원들은 자신들의 활동의 연장선으로 바라봤다. 은평구에서만 그런 것이 아니었다. 전국적인 양상이었다.

2019년 '은평구 주민자치회 추진단'[18]에서는 명칭을 '참여자치회'로 바꾸는 문제를 논의한 적이 있다. 주민자치회의 이중성격을 분명히 하고, 2010년부터 10년간 축적된 은평구 주민참여의 경험과 역량을 담고자 하는 시도였다. 행정 안전부에 명칭 개정이 가능한지 질의서를 보냈고, 돌아온 답은 불가였다. 전국 에서 추진되고 있는 주민자치회와 혼선을 초래할 수 있다는 것이 주된 이유였 던 걸로 기억한다. 지방자치와 주민자치를 말하면서 지방자치단체에서 특성을 반영한 명칭 하나 만들지 못하는 것이 우리나라 지방자치의 현실이다.

주민자치회 추진 방식에 대한 아쉬움도 크다. 그나마 인천광역시와 은평구 등은 민관 거버넌스를 통해 조례안과 운영계획을 만들었지만, 많은 지방자치 단체에서는 행정 주도로 이루어졌다. 주민들의 생생한 목소리가 담기지 않은 상태에서 행정의 판단으로 주민자치회가 추진되는 매우 우려되는 상황이 벌어 지고 있다. 추진 과정에서 주민들의 의견 수렴을 하더라도 뼈대는 달라지지 않 고 부분적인 반영만 있을 뿐이다.

---

18 협치조정관을 단장으로 민간에서는 주민자치회장, 주민자치위원장, 참여예산위원장, 주민자치사업단 대표 가 참여하였으며, 행정에서는 자치안전과 자치사업팀, 협치담당관 참여구정팀, 은평구정책연구단이 참여했 다. 2020년 상반기에 10여 차례 회의를 개최하여 은평구 주민자치회 전동 시행에 따른 「은평구 주민자치회 설치 및 운영 조례」 개정안을 마련하고, [은평구 주민자치회 확대동 운영계획]을 수립하였다.

지방행정 패러다임의 전환

우리가 흔히 사용하는 패러다임paradigm이란 말은 철학자 토머스 새뮤얼 쿤 Thomas Samuel Kuhn이 1962년 출간한 저서 《과학혁명의 구조》에서 제안한 개념이 다. 위키백과에서는 패러다임을 어떤 한 시대 사람들의 견해나 사고를 근본적 으로 규정하고 있는 테두리로서의 인식의 체계, 또는 사물에 대한 이론적인 틀이나 체계를 의미하는 개념으로 설명한다. 쉽게 말하면 세상을 바라보는 관 점이나 사고의 틀이라 할 수 있다. 세상에는 사람의 숫자만큼이나 다양한 관 점이 존재하기에 결국 패러다임이란 자기만의 생각이라고 해도 틀리지 않을 것 이다.

패러다임은 왜 생기는가? 그것은 그 사람의 경험과 큰 연관성이 있다. 경험 은 크게 직접경험과 간접경험으로 나눌 수 있다. 직접경험이란 자기 스스로 행 동을 통해 몸으로 체득한 것을 말하며, 간접경험이란 다른 사람의 경험을 학 습 등을 통해 습득한 것을 말한다. 간접경험은 교육과 책을 통해서도 얻어지지 만 사람들과의 대화, 신문, 드라마, 영화, 음악 심지어 동식물을 통해서 얻을 수 있는 매우 다양한 것들이다. 그런데 경험은 사람들이 살아가는 데 있어 아주 소중한 자산이 되기도 하지만 경우에 따라서는 함정이 되기도 한다.

경험의 함정에 빠진 사람들

"비행기는 재미있는 장난감일 뿐 군사적인 가치는 전혀 없다."고 말한 사람이 있다. 프랑스의 군사전문가 페르디낭 포슈가 한 말이다. 비행기가 얼마나 중요한 실전무기인데 말이다. 도저히 이해할 수 없는 전문가의 말이지만, 1911년에 한 말임을 감안하면 조금 이해가 된다. 비행기가 본격적인 전략무기로 활용되기 전이기 때문에. 그렇지만 불과 3년 뒤에 시작된 제1차 세계대전(1914~1918)에서 그의 말이 틀렸음이 입증되었다. 그는 1차 세계대전의 사령관까지 지냈다.

디지털이퀴브먼트사 설립자 겸 회장인 케네스 올센은 "개인적으로 집에 컴퓨터를 가지고 있을 이유가 전혀 없다."고 말했다. 하지만 불과 얼마 뒤 컴퓨터는 집안에 들어섰고, 지금은 한 사람이 여러 대의 컴퓨터를 가지고 있는 경우도 흔하다. 또 이렇게 말한 사람이 있다. "미래에 아무리 과학이 발전하더라도 인간은 달에 발을 올려놓을 수 없다."(1967, 디 포리스트, 과학자) 디 포리스트 박사는 '라디오의 아버지', '텔레비전의 할아버지'로 추앙받았으며, 여러 번 노벨 물리학상 후보로 추천된 사람이기도 하다. 그가 그 말을 한 지 불과 2년 뒤인 1969년 7월 20일 미국의 아폴로 11호가 달에 착륙하고, 닐 암스트롱은 달에 첫발을 내디뎠다.

아무리 뛰어난 사람이라고 하더라도 자신의 경험에 갇혀 있으면 어느 순간 퇴보하게 된다. 자신이 피땀 흘려 얻은 소중한 경험이라 할지라도 새로운 경험을 얻으려고 하지 않으면 그것은 어느덧 낡은 것이 되고 때로는 자신의 발목을 잡기도 한다. 그것은 개인의 불행이기도 하지만, 그 경험이 많은 사람들과 연결된 것이라면 공동체의 불행이 되기도 한다. 더구나 우리는 하루하루가 엄청나게 달라지는 변화의 시대에 살고 있으니 말이다.

행정은 만능 해결사가 아니다

2015년부터 은평구 참여예산위원장으로 활동하면서 공무원들과 일상적인 관계를 맺게 되었고, 2018년 협치조정관으로 행정 안에 들어가서 그들과 함께 일했다. 5년 6개월 동안 지켜본 결과 밖에서 생각하는 것보다 공무원들은 훨씬 바빴고, 초과근무가 일상인 직원들도 많았다. 공무원들의 업무의 종류는 매우 다양했고, 부서와 그에 속한 팀에서 어떤 일을 하고 있는지 파악하는 데도 꽤 많은 시간이 걸렸다. 주민들이 제기한 사안을 협의하기 위해 해당 팀을 찾는 일에 간혹 어려움을 겪을 정도로 행정의 업무와 영역은 넓고 다양했다.

행정의 다양한 업무는 지역사회의 문제를 해결하는 것에 초점이 있다. 안전, 주거, 일자리, 문화, 복지, 건설, 교통, 하천, 환경 등 주민들의 삶에서 비롯되는 각종 문제들에 대응하는 것이 주된 일이다. 유아, 아동, 청소년, 청년, 여성, 중장년, 어르신, 장애인 등의 다양한 사람들의 문제를 다루고 있다. 그런데, 이런 문제들은 행정의 노력만 가지고는 해결되지 않는다.

공무원들도 각종 업무에서 주민들을 만나고 또 그들의 참여와 협력을 요청한다. 그리고 민간전문가들에게 자문을 구하고 도움을 받기도 한다. 과거 권위주의 행정 시대에는 볼 수 없었던 풍경들이다.

행정의 한계와 시민참여의 중요성을 보여주는 상징적 사건은 2007년 12월 7일 태안 기름유출 사고다. 이 사건은 국내에서 가장 심각한 해양오염 사고로, 유조선 허베이스피리트호와 삼성중공업의 해상 크레인이 충돌해 기름이 대량 유출되었다. 서해 앞바다 생태계는 물론 해안가 주민들의 생계에도 막대한 피해가 초래될 상황이었다. 정부는 군인, 경찰, 공무원들을 투입하고 해당 지역 주민들과 민방위대, 새마을회, 적십자사, 직능단체 등을 동원해 방재에 나섰지만 역부족이었다. 태안의 심각한 상황이 알려지면서 전국에서 수많은 자원봉사자들이 구름처럼 모여들었다. 자원봉사센터, 사회복지단체, 종교기관, 시민단체, 동호회, 향우회, 기업 등 조직된 자원봉사자들도 많았지만 개인과 가족 단위 시민들의 자발적 참여가 두드러졌다. 123만 명의 자원봉사자들이 사태 수습의 주역이었다. 현장에는 중앙재난안전대책본부 등이 중심이 된 정부 차원의 공식 네트워크가 있었지만 밀려드는 자원봉사자들을 효과적으로 관리하지 못했고, 민간 자원봉사 네트워크가 큰 역할을 했다.

지금 우리들이 겪고 있는 지역사회의 문제는 행정의 힘만으로는 해결할 수 없다. 그런데, 아직도 행정이 모든 것을 다 할 수 있다고 생각하는 공무원들이 있는 것 같고, 무슨 문제만 생기면 동 주민센터나 구청에 전화를 해서 해결해 달라고 하는 주민들도 많다. 행정은 주민들이 부르면 짠! 하고 나타나서 문제를 해결해주는 해결사가 아니다. 행정에는 그럴 만한 힘도 부족하고, 이런저런 업무처리 하느라 바쁘고, 문제를 해결할 전문성이 부족한 경우도 있다. 세상은 점점 복잡해지고 문제는 다양화되고 있다.

이제 행정이 먼저 해야 할 것은 일을 하는 것이 아니라 구별하는 지혜를 갖추는 것이다. 행정이 해야 할 것과 주민들이 해야 할 것, 그리고 함께 협력할 것을 구분하는 일 말이다.

주민들은 문제해결의 주체다

전통적인 지방행정 모델에서 주민들은 공공서비스의 대상으로 위치 지워졌다. 공무원들이 열심히 일해서 생산한 공공서비스를 주민들에게 전달하고, 서비스가 잘 전달되는지 점검하고, 서비스 전달 체계를 유지·보수하는 것이 주된 일이었다. 그런 행정 모델에서 주민들은 관리의 대상이다. 심지어 계몽이나 행정 지도의 대상이었던 권위주의 시대도 있었다. 아직도 그런 관행이 행정 조직에 남아 있는 경우도 있다. 2008년에 농업농촌 활성화 교육을 위해 농업 현장을 방문했을 때 시·군·구 농업기술센터에 '농촌지도사'라는 농촌 지도 업무를 담당하는 공무원들이 있다는 이야기를 듣고 매우 놀랐다. 누가 누구를 지도指導한다는 것인가?

행정은 주민들을 공공서비스의 수동적인 수혜대상이 아니라 지역사회 문제를 해결하는 주체로 바라봐야 한다. 행정은 주민들을 관리의 대상이 아니라 파트너로 인식하고 협력하자고 손을 내밀어야 한다. 쓰레기 없는 깨끗한 동네를 만드는 것, 골목 주차 문제로 인한 이웃 간의 갈등을 해결하는 것, 아파트 단지에 서로 인사하고 배려하는 공동체 문화를 만드는 것, 예측 불가능한 농업을 예측 가능한 것으로 바꾸는 것, 코로나19로부터 안전한 지역사회를 만드는 것 등 지역의 다양한 문제 해결에서 주민들은 관객이 아니라 주역이다. 행정도 그걸 모르지 않는다. 행정은 끊임없이 주민들에게 더 적극적으로 역할을 해 달라고 촉구한다.

그런데 주민들이 주역이 되려면 행정에서 계획하고 주민들은 실행하는 기존 방식을 전면적으로 바꾸어야 한다. 지금 시대에서 "가장 위험한 사람은 혼자 기획하고 매뉴얼 만드는 사람"[19]이라는 지적을 행정은 뼈아프게 되새겨야 한다. 그것이 내가 5년 6개월 동안 직접 겪은 행정이 일하는 주된 방식이기 때문이다. 혼자 기획하고 혼자 매뉴얼까지 만들게 되면 다른 사람들은 매뉴얼대로 실행할 일만 남게 된다. 기획과 매뉴얼은 민과 관이 함께 만들어야 한다. 21세기를 살아가는 주민들은 과거 관치官治 시대의 동원의 대상이 아니라, 무엇을 어떻게 할지를 함께 결정하고 실행하는 협치協治의 주체이다. 진정한 협치를 하

---

19 조한혜정, 2012, 후기근대적 마을이란 무엇이며, 우리는 왜 그것에 주목하는가

려면 행정이 가지고 있는 권한과 예산을 주민들과 나누고 공유하는 과정이 필수적이다. 그런 의미에서 협치는 분권分權이기도 하다.

행정 주도에서 주민 주도로

우리나라 근대화의 상징인 새마을운동은 60~70년대를 관통하며 우리의 삶에 큰 영향을 끼쳤다. 그 시절 대부분의 국민들은 '잘 살아보세' 노래를 부르고 새마을운동의 핵심가치인 '근면, 자조, 협동'을 주문처럼 외웠다. 그리고 많은 사람들이 새마을운동에 동원되어 자신들이 살고 있는 마을을 변화시켜 나갔다. 특히 농촌사회의 변화는 엄청났다. 마을 곳곳마다 펄럭이는 새마을 깃발 아래 마을 주민들이 모여 마을길을 닦고, 지붕을 새로 얹었다. 먹고 살 길이 막막했던 주민들은 자의든 타의든 새마을운동에 참여해야 했다. 그 결과 전국 어디를 가나 지붕과 마을길은 비슷했고, 마을의 풍경은 복사기로 찍어낸 것 같았다. 중앙정부의 지도 아래 생긴 행정주도의 하향식 발전 모델이 낳은 결과였다.

이후 세상은 경제 성장과 민주화 과정을 통해 매우 빠른 속도로 변화했지만, 행정의 변화는 더디기만 했다. 1996년 서울시 동대문구 전농동에서 있었던 '차 없는 골목 만들기'는 그것을 보여주는 단적인 사례다. 새로 부임한 전농동장은 주민들에게 골목길의 어린이 안전과 놀이공간 확보를 위해 한 달에 한 번 차 없는 골목을 만들자고 제안했다. 이를 위해 안내문을 붙이고 주민들을 설득하며 동참을 호소했다. 주민들은 쉽게 설득되지 않았고, 시행 과정은 쉽지 않았다. 권위주의 시대였다면 행정이 불도저처럼 밀어붙였으면 간단하게 성사될 수 있었겠지만, 민주화가 이루어진 다음이라 행정은 주민들을 설득하는 방식을 택할 수밖에 없었다. 우여곡절 끝에 차 없는 골목이 시행되어 아이들은 맘껏 뛰어 놀았으며, 그 부모들과 주민들은 함께 어울렸다. 특별히 예산이 필요한 것도 아니었다. 이 과정을 통해 새로운 골목공동체가 만들어졌다. 그런데, 주민들의 큰 호응을 얻고, 많은 언론에 소개되기도 했던 '차 없는 골목'은 어느 순간 중단되었다. 그 일을 추진했던 동장이 다른 곳으로 전출을 가면서 벌어진 일이다.

공무원들이 아무리 뛰어난 역량을 보유하고 있다 하더라도 한계가 있다. 순환보직에 의해 근무기간이 정해져 있다. 그런데, 그 공무원이 떠나더라도 마을 주민들은 계속 남아 있다. 서울시 전농동의 차 없는 골목이 행정이 주도하는 방식이 아니라 주민들이 주도하는 것이었다면 그 결과는 달라졌을 것이다. 경우에 따라서는 행정에서 먼저 아이디어를 내고 시작할 수는 있겠지만, 그 과정은 주민들이 주도해야 한다. 그래야 지속가능한 마을공동체가 가능해진다. 마을 주민들이 서로 대화를 통해 무엇을 할지 의논하고 그들 스스로 해나갈 수 있도록 지원하자. 마을 일은 아래로부터 사람들의 의견을 모아 마을 주민들이 주도하게 하자.

이것이 진짜 주민자치다:
느티나무도서관, 임실 치즈마을

주민자치는 주민자치회에서 하는 활동만을 의미하지 않는다. 지역의 문제를 당사자인 주민들이 스스로 해결하는 모든 활동을 일컫는 말이다. 그런데 지역에서 이러저러한 활동을 해 온 사람들에게 주민자치의 이야기를 꺼내면 단번에 주민자치회를 연상한다. 때로는 그건 그들의 일이라는 식의 태도를 접하기도 한다. 마을의 문제를 해결하기 위해 이웃을 돌보고, 주민들 간의 관계망을 만들고, 동네 청소를 하고, 야간 순찰을 하는 실질적인 주민자치 활동을 하면서도 정작 당사자들은 그 말을 사용하지 않고 때로 꺼리기까지 한다. 행정이나 전문가들에 의해 만들어진 칸막이가 주민들 안에도 존재하기 때문이다.

나는 '자치'라는 화두를 중심으로 고민하고 활동해 온 지 20년이 넘었다. 우리의 문제를 누군가 대신 해결해주리라는 기대보다는 우리 스스로가 그 문제를 해결하기 위해 지혜와 힘을 모으는 것이 중요하다고 생각했다. 그 기간 동안 다양한 활동을 하며 여러 지역의 사례를 접했고, 그것을 바탕으로 수많은 주민자치 교육을 진행했다. 참여예산제도 역시 주민자치라는 관점에서 접근했

음은 이미 밝힌 바 있다.

내가 접했던 그 수많은 사례들 중에서 나에게 감동과 울림을 준 두 개의 사례를 소개하고, 이를 통해 우리의 주민자치 현실을 돌아보고 미래의 방향을 그려보고자 한다.

주민들이 만든 기적의 도서관 '부산 반송2동 느티나무도서관'

이 사례를 접한 것은 '주민자치' 강의를 본격적으로 시작한 지 얼마 지나시 않은 2008년이다. 충남 천안시의 동을 순회하며 교육을 했는데, 내 강의가 끝났지만 뒤이어지는 반송2동 주민자치위원장의 사례 발표를 듣기 위해 뒷자리에 앉아 있었다. 그 사례 발표 중간에 나도 모르게 눈물이 났다. 그들의 이야기가 너무 감동적이었기 때문이다. 지역의 아이들과 부모들이 간절히 원하는 어린이도서관을 짓기 위해 시민단체와 직능단체들이 힘을 모았고, 처음에 냉소적이었던 주민들이 유치원생부터 경로연금을 받는 어르신들까지 참여하는 주민자치운동으로 확산되는 과정에 대한 이야기였다. 그렇게 주민들은 지하 1층, 지상 4층의 어린이 도서관을 스스로 세웠다.

부산시 해운대구 반송2동은 부산에서 대표적인 서민 동네다. 1960~70년대 부산 도심 철거민들의 집단 이주로 마을이 형성되었고, 시간이 지나면서 도시의 모습을 갖춰갔다. 그 동네의 소득 수준은 높지 않은 편이었고, 젊은 맞벌이 부부가 많이 살았다. 엄마 아빠가 모두 밤늦게 돌아오는 집들도 많아, 아이들 돌보는 문제가 그들의 고민이었다. 그래서 아이들이 안전하게 머물며 책도 읽고 공부도 할 수 있는 어린이 도서관을 짓는 것은 주민들의 숙원이었다. 주민들은 이를 부산시청과 해운대구청 등에 수차례 건의하고 민원도 내었으나 이루어지지 않았다. 결국 주민들은 아이들과 부모들이 간절히 원하는 도서관을 짓기 위해 직접 발 벗고 나섰다.

그 중심에는 1998년부터 반송동에서 활동해 온 풀뿌리 시민단체 '희망세상'
이 있었다. 희망세상은 마을신문, 주부대학, 어린이날 행사, 작은 도서관 등을
운영하고, '좋은 아버지 모임' 등 회원 소모임을 통해 주민들과 함께 하는 다양
한 노력을 경주해 왔다. 2006년 희망세상은 아이들에게 공부할 수 있는 공간
을 만들어주고 주민들에게는 희망을 이야기할 수 있는 도서관을 만들기로 결
의했다. 그리고 주민들의 힘을 모아가는 과정을 통해 반송2동 주민자치위원회,
4개의 복지관, 지역아동센터 등 여러 기관이 함께하는 '희망의 작은 도서관 만
들기 추진위원회'를 구성하였다. 그러한 준비 과정을 거쳐 2007년 1월부터 매
주 토요일 거리 홍보 및 모금 활동을 시작했다. 도서관을 필요로 하는 아이들
과 희망세상의 좋은아버지모임 등이 적극적으로 나섰고, 추운 날씨에도 불구
하고 활동은 지속되었으며, 희망의 도서관 발대식을 개최하며 본격적인 활동
에 들어갔다.

2월 5일에는 부지 매입을 위한 계약을 체결했고, 구청과 타 지역 도서관 방
문을 통해 도서관을 짓기 위한 실무를 준비하고, 주민공청회를 열어 주민들
의 의견을 수렴했다. 3월부터 본격적인 도서관 건립을 위한 주민운동이 전개
되었다. 기금 마련을 위한 희망의 도서관 돼지저금통 나누기 캠페인을 시작했
다. 이런 일련의 과정은 처음엔 냉담했던 지역 주민들의 마음을 움직이기 시작
했고, 어린이집과 유치원을 비롯해 다양한 단체와 기관이 힘을 보탰으며, 벽돌
한 장 쌓아가는 마음으로 동참하는 주민들이 늘어가며 마을에 희망을 만들어
나갔다.

과정이 순조롭지만은 않았다. 도서관 건립을 위해 부지를 맞교환하기로 했
던 소유주의 반대로 무산위기에 처했지만, 주민 대표단을 구성하여 소유주를
수차례 만나 설득하고 간청하여 허락을 받았다. 4월 27일 도서관 건립의 첫 삽
을 뜨는 포클레인 공사가 시작되었고, 다음날에는 건립비 마련을 위한 알뜰장

터가 열려 당일에만 900만 원을 모금하는 성과를 거두었다. 이런 노력의 결과로 2007년 8월 느티나무 도서관이 마침내 주민들에게 모습을 드러냈다.

주민들은 단지 도서관을 짓는 것에 그치지 않고 주민들이 직접 운영하는 방안을 착실히 준비해 나갔다. 어린이도서관을 운영할 자원봉사자 교육을 실시했고, 반송지역 4개 초등학교와 3개 중학교 학부모회 교육을 진행하며 운영인력을 마련했다. 부산대학교 문헌정보학과와 협력하였고, 타 지역의 작은 도서관들과 교류를 가졌다. 이런 과정을 거쳐 도서관 운영을 위한 학부모 자원봉사자를 조직했고, 도서관 운영위원회를 만들어 지역의 공공재로서 기능을 강화했다. 현재까지도 느티나무도서관은 주민들의 회비와 후원금 등을 통해 운영되고 있으며, 수많은 자원봉사자들이 함께 자율적으로 운영하는, 지역에서 사랑받고 신뢰받는 도서관으로 자리매김하였다.

사람이 꽃보다 아름다운 '임실 치즈마을'[20]

내가 만나고 경험했던 마을들 중에서 주민자치가 가장 잘 실현되는 곳을 꼽으라면 전라북도 임실 치즈마을을 말하고 싶다. 도시와 농촌의 다양한 주민자치와 마을공동체 사례가 존재하지만, 임실 치즈마을처럼 오랜 역사를 통해 수많은 실패를 경험하며 주민들의 역량 강화를 통해서 마을의 발전을 이룬 사례는 흔치 않다. 남보다 앞선 실험을 실천했고, 성공보다는 실패의 경험이 축적되어 이루어진 자치공동체라고 할 수 있다.

임실 치즈마을의 주민자치의 역사는 1964년으로 거슬러 올라간다. 임실성당으로 부임한 지정환 신부는 "산에는 있어야 할 나무는 없고 풀밖에 없었으며, 시간이 남아도는 사람들이 많더라"며 마을의 척박한 현실을 말하면서도

---

20 이 내용은 이진하, '임실치즈마을 사례'(2008)와 황영모, '지역농업 조직화의 의미와 활성화 사례'(2008)를 바탕으로 필자의 경험을 담아 재구성하였음

"풀이 있으니 양은 키울 수 있고, 양을 돌볼 수 있는 사람이 있구나"라며 마을 주민들과 한국 최초의 치즈를 1967년에 만들었다. 먹고 살길이 막막했던 마을 주민들과 경제공동체를 이루는 꿈을 꾸었던 것이다.

그리고 1969년 임실역전교회에 부임한 심상봉 목사는 신용협동조합을 조직했고, 마을 주민들의 교육에 힘쓰며 마을교육공동체를 만들기 위해 노력했다. 가진 것 없는 주민들은 계란 꾸러미와 쌀 등으로 출자를 하기도 했는데, 자조와 자립과 협동을 실천하는 신용협동조합운동은 번번이 난관에 부딪쳤다. 당시 마을 주민들 중 상당수는 밤이면 점방에 모여 막걸리를 나눠 마시고, 겨울의 농한기에는 대낮부터 술과 노름판을 벌이곤 했다. 심 목사는 그런 주민들을 밤마다 공부방으로 끌어 모아 책으로 공부를 시켰는데, 이해하기 어려운 내용을 공부하는 데 반발한 주민들은 "목사님은 낮에 농사를 안 지으시니까 괜찮으시겠지만 우리는 일하고 와서 너무 피곤하다"고 항의를 했다고 한다. 그러자 심 목사는 낮에 일터로 나와 함께 농사를 짓고 밤이면 공부모임을 조직하는 일을 꾸준히 진행했다. 그 과정에서 주민들은 변화하기 시작했다. 까막눈 같던 그들의 눈이 뜨이고, 알아듣지 못했던 그들의 귀가 열리기 시작하며 마을교육공동체는 조금씩 자리를 잡아나갔다.

마을 주민들은 1983년부터 친환경농업을 시작했다. 1987년에 '예가원공동체'를 출범시켰으나 오래가지 못했다. 이후 1989년 '바른농사실천농민회'를 조직하여 땅으로부터 빼앗은 만큼 땅으로 되돌려주는 것이 유기농업의 참뜻이라는 정신에 기초해 농사를 지었다. 이렇게 생산된 유기농산물을 전주 등의 200여 소비자들과 직거래를 전개해 나갔다. 그러나 당시 소비자들의 의식의 벽에 부딪혀 경영적자를 안고 2003년 해산하는 또 한 번의 실패를 경험하게 되었다. 향후 진로와 방향을 모색하던 마을 사람들은 예가원영농조합을 만들어 친환경 농업의 본격적 실천에 몰입하였으나, 경영 능력의 부족과 대내외적 환경에 적응하지 못해 논을 팔아 적자경영을 해소하는 혹독한 시련의 과정을 겪었다. 이런 일련의 실패 과정은 마을 주민들의 무력감 내지 패배감으로 이어지는 듯했다.

하지만 그들은 주저앉지 않고 2002년 12월 농림부 녹색농촌 체험마을과 농협중앙회 팜스테이 마을에 선정되며 새로운 도전을 해 나갔다. 과거의 실패를 교훈 삼아 "우리만의 색깔이 자원이다", "사람이 자원이다"는 생각으로 본격적인 마을만들기에 돌입하였다. 임실 치즈마을은 그 전 해인 2001년에 농림부 녹색농촌 체험마을 신청에서 고배를 마셨는데, 심사를 위해 마을 현장을 방문한 심사위원들로부터 "별다른 자원도 없는 마을인데 무슨 체험마을을 하겠다는 것이냐"는 힐난을 받았다고 한다. 2002년에는 심사위원들이 마을을 방문하자 마을의 젊은 사람들을 끌어 모아 심사위원들에게 보여주며 사람이 자원임을 역설했고, 그 결과로 선정되었다고 한다. 수십 년 동안 진행되어온 학습과 실천을 반복하는 지속적인 역량강화 과정을 통해 비록 무수한 실패를 경험했지만, 마을에는 자치의 철학이 있었고, 젊은 사람들이 외지로 떠나지 않고 마을에 터를 잡고 살아가고 있었던 것이다.

농림부와 농협중앙회의 외부적 지원을 매개로 그동안 지역 내에 축적된 인적 역량을 토대로 '치즈마을' 사업을 전개해 나갔다. 3개의 마을을 포괄하고 있어 추진 과정에서 마을 간의 이해관계, 주민간의 갈등으로 어려움이 많았지만 '사람이 희망'이라는 정신으로 이를 극복해 나갔다. 아무것도 없는 척박한 지역의 자연조건을 느티나무 심기에 심혈을 기울인 전 이장의 노력을 자원화 하여 느티마을로 이름을 명하였다. 그래서 없는 자원을 한탄하지 않고 '사람이 꽃보다 아름답다'는 슬로건으로 스스로 지역의 어메니티 자원을 적극 만들어 나갔다.

치즈마을은 친환경 농업의 철학과 정신에 입각한 '느티쌀작목반'이 농업생산의 기초를 이룬다. 느티쌀작목반은 22개 농가가 참여하여 2003년 1월 결성하고 친환경 쌀을 중심으로 한 농가의 조직화를 추진했다. 작목반원 공동의 방제와 공동출하를 통해 쌀농가의 경제적 이익 확대에도 심혈을 기울이고 있다. 작목반원의 대부분은 공동체 예가원, 바실농 등의 과정을 거치면서 치즈마을의 구성원으로 현재의 치즈마을을 이끌어가는 데 함께하고 있다.

치즈마을은 부부 공동으로 참여하여 운영되고 있다. 참여하는 지역주민의 대부분이 치즈마을의 주요 보직을 맡아 모두가 실질적인 책임을 맡고 있다. 또 외부의 전문가집단과 연계하여 자체 마을 발전계획 및 일상적 컨설팅 및 자문을 받고 있다. 다양한 도농교류 활동을 통해 1사1촌, 1교1촌 자매결연을 맺고 교류를 하고 있으며, 해마다 전국 각지에서 수만 명이 치즈마을을 찾아 체험하고 숙박하는 놀라운 실적을 올리고 있다. 치즈체험, 낙농체험, 농사체험 등으로 이뤄지는 체험행사를 이끄는 강사 역시 마을 주민들이 맡고 있다. 체험객들이 너무 많이 몰리는 성수기에는 외부 인력을 아르바이트 형식으로 채용하여 손님맞이에 차질이 없도록 하고 있다. 이러한 교류 및 체험활동을 통해 오늘날 임실 치즈마을의 명성이 전국에 알려지게 되었다.

이러한 치즈마을의 성과는 비록 해체되었지만 친목모임으로 운영되고 있는 바른농사실천농민회의와 매월 정례적으로 부부가 공동으로 참여하는 월례회의를 통해 가능할 수 있었다. 또 인근 기림초등학교 학생 중 상당수가 치즈마을에 살고 있는데, 지역학교와 마을이 결합하여 아이들이 뛰어노는 활기찬 마을, 활력 있는 농촌학교를 만들어가고 있다.

치즈마을의 거꾸로 리더십

이런 임실 치즈마을의 발전은 주민들이 함께 만들어 나간 것이라는 점에서 더욱 의미가 있으며, 그 바탕은 주민들을 주체로 만들어 나가려는 마을 리더들의 리더십이었음을 주목해야 한다. 임실 치즈마을은 다른 농촌마을처럼 한두 명의 리더가 이끌어가지 않고, 다양한 리더들이 집단 리더십을 발휘하고 있다. 그 사례 중 하나는 마을체험의 관문인 경운기 체험이다. 젊은 사람들 중심으로만 치즈마을 체험이 이루어지지 않게 어르신들의 역할을 고민하던 리더들은 경운기 체험을 고안하고, 그 역할은 마을 어르신들만 할 수 있도록 규칙을 만들었다. 방관하고 뒷담화하기 일쑤였던 어르신들은 직접 경운기 체험을 운영하고, 자체 회의를 통해 개선방안을 찾고 실행에 옮겨 나갔다. 마을 리더들의 남다른 리더십은 마을 운영위원회의 조직도에서 확실히 드러난다. 위원장이 제일 위에 있는 일반적인 조직도가 아니라, 위원장이 맨 아래에 있고 위에는 주민들이 있는 거꾸로 된 리더십을 상징적으로 보여준다. 리더의 역할은 마을 주민들 위에서 군림하는 것이 아니라 마을 주민 스스로 역할을 해 나갈 수 있게 뒷받

치즈마을 운영위원회 조직도

침해 주는 존재라는 리더십이다.

치즈마을 주민들과 함께한 밤샘 교육

지난 20여 년간 교육활동을 하면서 가장 행복했던 순간을 꼽으라면 2009
년 임실 치즈마을 주민들과 함께했던 밤샘 교육을 말하겠다. 2007년 강사로서
처음 치즈마을 주민들을 만났다. 치즈마을 주민교육은 일회성 교육이 아니었
고, 매년 8강 내외의 교육 중 상당 부분을 내가 담당했다. 그 인연은 몇 년간
계속되었다. 2009년 9월 1일 저녁 7시 30분에 시작된 교육은 예정된 세 시간
을 훌쩍 넘겨 새벽 4시까지 진행되었다. 치즈마을의 문제점과 해결방안을 찾아
가는 프로그램이었는데, 주민들의 토론이 끝날 기미가 보이지 않을 만큼 열기
를 띠었다. 나는 종종 하다가 중간에 그만두는 듯한 교육에 대한 아쉬움이 있
던 터라 끝까지 가보자고 주민들에게 제안했고, 주민들은 흔쾌히 동의했다.

밤 12시가 넘어가자 일부 참가자들은 피곤함 때문인지 힘들어하기도 했다.
70대 어르신은 꾸벅꾸벅 졸면서도 끝까지 자리에 함께했다. 그렇게 모두가 밤
을 새웠다. 그런데, 그날 결론을 내리지 못했다. 그래서 마지막 8회차 교육의
프로그램을 바꿔서 토론을 계속 이어가자고 제안했고, 이번에도 주민들이 호
응해 줬다. 일주일 뒤 9월 8일 저녁 7시 30분에 시작된 프로그램은 새벽 5시
에 이르러서야 종료되었고, 이어서 교육 수료식이 열렸다. 내가 죽을 때까지 잊
을 수 없는 감동적인 교육 현장이었고, 주민자치의 살아 있는 교과서였다.

주민들을 만나는 방법

　지역에서 활동하는 주민들은 바쁘다. 이런저런 인연과 계기로 활동에 참여하게 된 자원봉사나 주민자치 활동에서 인정을 받게 되면, 여기저기 다양한 조직에 참여해 달라는 요청이 잇따른다. 한 명이 여러 개의 위원회에 참여하는 경우도 허다하다. 그래서 여기저기 회의에 불려 다니고 봉사활동을 하게 되면서 자신의 직업이나 가정생활에서 놓치는 일들이 생기곤 한다. 무슨 대단한 일을 하기에 일과 가정에 소홀하냐고 핀잔을 듣는 경우도 종종 있다. 갈수록 마을에서 주민들의 역할은 많아지는데, 그 일을 나눌 주민들이 많지 않기 때문에 생기는 현상이다. 더구나 세상살이가 팍팍해지면서 너도나도 학원비라도 벌어보자며 아르바이트하느라 바쁜 사람이 갈수록 많아지고 있다. 과거처럼 아이들을 돌보고 이웃들을 살피는 돌봄이 마을에서 줄어들고 있다.

　오랫동안 지역에서 활동해 온 주민들은, 요즘 사람들은 본인과 자기 자식들밖에 몰라 동네일에 관심 갖고 참여하는 사람들이 없다는 이야기를 많이 한다. 주민자치든 참여예산이든 주민들이 모여야 할 수 있는데 그러지 못한 현실을 개탄하기도 한다. 동 주민센터 직원들은 행사 때마다 목표한 인원수에 참가자가 미달될까 봐 전전긍긍하며 여기저기 연락하기 바쁘다. 공무원들도 주민들의 참여 부족을 아쉬워하고 걱정한다.

마을에는 '참여할' 주민들이 있다

그럼에도 마을에는 참여할 주민들이 제법 있다고 생각한다. 우리가 제대로 찾아보지 않은 것이지, 참여의 의지가 있는 주민들이 없는 것이 아니다. 제대로 찾아보고 정성스레 초대하자.

서울시 은평구 갈현1동에서는 2016년 7월부터 마을계획단을 모집하는 일을 시작했다. 마을계획은 주민들이 필요로 하는 것이나 마을의 문제를 찾아, 이를 해결할 마을계획을 세우고, 주민들이 함께 실천하는 활동이다. 마을계획은 참여할 주민들을 모집하는 것으로 시작된다. 갈현1동은 원래 참여하고 있는 주민들이 아니라 새로운 주민을 찾는 데 주력했다. 리플렛 15,000부를 만들어 통장들의 협조를 얻어 관내 11,000세대에 모두 배부했다. 골목 곳곳에 현수막과 포스터를 붙였고, 마을버스 내부에 광고를 했고, 초등학교 학부모 대상으로 SNS로 홍보하고, 길거리 홍보까지 진행했다. 복지관, 학원, 어린이집, 종교기관 등 많든 적든 사람들이 모인다는 소식을 접하면 달려가 홍보하며 사업설명회를 34차례 열었다. 획기적인 아이디어는 아니었지만 할 수 있는 모든 방법을 동원해 주민들을 초대했다.

그 결과 190명이 넘는 주민들이 참가신청서를 냈다. 갈현1동은 인구 25,000여 명으로, 은평구에서도 인구가 적은 편이다. 하지만 마을계획단에 참여하고자 하는 주민들이 그렇게나 많이 등장한 것이다. 오리엔테이션 겸 사전 교육을 해야 하는데 너무 많은 사람들이 참여 의사를 밝혀 급히 새로운 장소를 물색해야 했다. 교육 과정에서, 이런저런 사정으로 마을계획단에 지속적으로 참여한 주민들은 117명이었다. 이들 중 직능단체 회원들은 18명에 불과했고, 99명은 새로운 얼굴들이었다. 이들은 총 8개 분과로 나뉘어 마을의제를 찾고, 마을 계획을 수립했고, 주민총회를 성공적으로 개최했다. 갈현1동에는 새로운 변화의 바람이 불었다. 이런 변화의 바람은 전국적으로 시행되고 있는 주민자치회의 다양한 사례를 통해 더욱 큰 흐름으로 이어지고 있다.

새롭게 참여할 주민들을 맞이할 준비가 되어 있는가?

개인적으로 보면 선하고 좋은 사람들이 참 많다. 그런데 그 사람들이 모임을 이루면서부터는 내부의 결속을 다지는 데 주력한 탓인지 그 모임에 속하지 않은 사람들을 배타적으로 대하는 경우가 많다. 주민자치를 함께할 새로운 사람이 나타나면 환대하기보다는 경계하는 경우도 있다. 마을에 사람이 없다면서 정작 사람이 나타났는데 두 팔 활짝 벌려 환영하지 못하기도 한다. 새로운 사람은 원래 있는 조직에 쉽게 섞이지 못하는 경우가 많다. 동 주민센터에서 개최되는 회의에 용기를 내어 처음 참석한 그 사람의 입장이 되어 보자. 모두들 친한 사이 같은데 나만 그렇지 못할 때 느껴지는 어색함과 곤란함을 생각해 보자. 그리고 "쟤 누구야?" 하며 수군거리고 나를 탐색하는 눈빛을 느껴보자.

마을 활동을 오래한 주민들은 여러 행정 정보에 밝고 마을의 소식도 대체로 잘 파악하고 있다. 하지만 새로 회의에 참여한 주민은 그런 정보와 소식에 어두운 경우가 많다. 지역 의제를 발굴하기 위해 조별 토론을 진행하는데 사용하는 언어도 다르고 생각도 다르다. 다들 돌아가며 한마디 하는 분위기여서 평소에 시내버스를 이용하면서 느낀 문제점을 이야기했는데, 그것에 대한 공감보다는 "그건 여기서 이야기 할 사안이 아니에요. 시내버스 문제는 서울시에 말해야지, 동에서는 그런 이야기 해 봐야 소용없어요"라는 충고와 지적을 듣기도 한다. 그 말에 고개를 끄덕이면서도 뭔지 모를 불편함이 느껴진다. 회의가 진행되고 다양한 논의가 이어지면서 불편함은 커져가고, 오늘 회의에 나온 것이 후회가 되기 시작한다. 그는 다음 회의에 참여할지 말지 고민이 커진다.

은평구 참여예산위원장으로 활동하면서 마을 일에 참여하기 시작한 주민들에게서 종종 들었던 이야기를 풀어본 것이다. 꼭 은평구에 국한되는 이야기는 아니라고 생각한다. 사공이 많으면 배가 산으로 간다고들 한다. 동네에 대해서 잘 알고 마을 일도 좀 해 본 사람들이 마을 일을 해야지 잘 모르는 사람들까지 모여 결정하면 그렇게 될 수 있다고 염려하는 경우도 있다. 찾아가는 참여예산학교를 진행하면서 "진짜 새로운 주민들의 참여를 바라는가?"라는 나의 질문에 그렇게 직접적으로 답한 분도 있었다. "그러는 선생님은 처음부터 지역에 대해서 잘 알고 계셨어요?"라고 반문하고 싶었지만, 관계를 고려해 속으로 삭였다.

마을 주민들을 만나는 방법을 새롭게 하자

앞에서 지방행정 패러다임 전환을 이야기하면서 주민들을 대상화시키지 말고 주체로 대하자고 했다. 이것은 행정에만 국한되는 이야기가 아니라 주민 리더와 먼저 참여하고 있는 주민들에게도 해당이 된다. 행정의 주도로 지역 일을 해나가는 것은 오래된 관행이고 뿌리가 깊다. 그 과정에 참여한 주민들 역시 그런 문화에 익숙하다. 한편으로는 행정 주도를 비판하면서 다른 한편으로는 본인들이 의도한 대로 마을 일이 진행되기를 바란다. 때때로 그분들이 말하는 주민들의 의견은 바로 자신의 의견을 의미하는 것인 경우도 있다.

사람은 기본적으로 누군가 정해 놓은 일을 하는 것보다 자신이 스스로 선택한 것을 할 때 만족감을 더 많이 느낀다. 농촌 마을 교육을 진행하면서 마을의 할머니들에게 마을이 어떻게 변하기를 바라는지를 물으면 손사래를 치며 젊은 사람들 뜻대로 하면 된다고들 하신다. 그런데 할머니들끼리 모이면 요새 젊은 것들이 위아래를 모르고 자기들 멋대로 한다고 흉을 본다. 사람들은 우주만큼 다양하고, 한 사람 안에 우주가 들어 있기도 하다. 주민들에게서 표면적으로 드러나는 무관심이 아니라 그들이 가지고 있는 고민과 문제의식에 주목하자. 우리끼리 모여 마을을 이루는 것이 아니라 그들과 함께 마을을 이루고 그 안에서 함께 살고 있다.

먼저 참여하고 있는 주민들의 의견은 물론 중요하다. 현장에서 다양한 실천과 경험을 통해 얻어진 의견들이기에 더욱 소중하다. 그렇듯이 참여하고 있지 않은 주민들의 의견도 중요한 가치를 가진다. 우리가 해결하고자 하는 지역의 문제는 우리만이 아니라 그들과 함께해야 해결될 것들이다. 창의적인 해결 방안은 익숙함이 아니라 낯섦에서 비롯된다. 우리가 해 왔던 방식이 아니라 새로운 해결 방법을 찾고자 한다면 색다른 의견들에 귀를 기울여야 한다. 복잡하고 다양한 지역 문제를 해결하는 방법은 그런 낯선 사람들이 서로 만나는 집단지성을 통해서 찾을 수 있고, 또 그것을 추진할 힘은 다양한 우리들이 함께할 때 강해진다.

다양한 사람이 함께하면서 그들 간의 의견이 엇갈릴 때, 배가 산으로 가는 것이 아니라 제자리를 찾아가는 것일 수도 있다. 주민들이 동네 문제를 해결하자고 논쟁을 할 때 옳고 그름이 아니라 다름으로 접근해야 한다. 이견異見은 다른 것이지 틀린 것이 아니다.

처음이 쉬운 길, 나중이 쉬운 길

그동안 만났던 도시와 농촌의 선량한 지역리더들 중에서는 스스로 희생하고 헌신함으로써 마을 주민들에게 과실을 나누어 주려는 뜻을 가진 분들이 많았다. 많은 사람들이 주로 자신의 가정이나 이해관계에 머물러 있는 현실에서 귀한 분들이며, 외로움을 감내하고 때로는 밑도 끝도 없는 비난을 묵묵히 견뎌

낸다. 2007년 전라북도 농업농촌 핵심리더 교육과정에서 워크숍을 통해 리더들에게 가장 어려운 것이 무엇이냐고 물었을 때, 그분들이 가장 많이 언급했던 것은 "외로움"과 "마을 일에 주민들을 참여시키기 참 어렵다"는 점이었다. 도시 지역에서 만난 리더들로 마찬가지 답을 했다. 나도 모르게 고개가 끄덕여졌다.

그런 이야기들을 한 순배 나누고 나서 나는 종종 그분들께 질문을 했다. 어떤 마을, 어떤 지역을 만들고 싶으시냐고. 리더는 죽어라 고생하고 주민들은 방관하다 결실 나누기를 바라는 그런 마을인지, 마을 사람들이 함께 참여해서 결실을 공동으로 만들어가는 그런 곳을 원하는 것인지를 물었다. 당연히 후자라고 답을 주셨다.

주민들이 살기 좋은 마을과 지역을 만드는 데에는 두 개의 길이 있는 것 같다. 처음에는 쉽지만 나중으로 갈수록 어려운 길이 있고, 처음에는 힘들지만 갈수록 쉬운 길이 있다. 주민들을 참여시키는 것은 참 어려운 일이다. 말로는 누구나 다 이야기할 수 있지만 실천은 쉽지 않다. 그렇지만 주민들이 행복한 지역은 함께 만드는 것이지, 누군가 대신 만들어주는 것이 아니다. 힘들고 어렵더라도 주민들이 무엇을 원하는지를 묻고, 함께 대화하고, 함께 꿈과 계획을 만들고, 긴 호흡으로 한 걸음 한 걸음 함께 내디뎌야 한다. 리더가 희생해서 성과를 만들어 주민들과 나누는 것이 필요할 때도 있다. 현실은 교과서대로 움직여지지 않는 경우가 많기에 마을에 생기와 에너지, 그리고 희망을 공유하기 위한 통과의례일 수도 있다. 그렇지만 그것이 주가 되어서는 안 된다. 그런 현상이 반복되면 사람들은 점점 당연시 하게 되고 리더에게 의존하게 된다. 선한 의도가 정반대의 결과를 낳을 수 있다.

이는 리더가 주민들을 신뢰하는가의 문제이기도 하다. 비록 지금은 사람들이 소극적이고 이기적인 모습을 보인다 할지라도 그들 안에 잠재되어 있는 변화와 성장의 가능성을 믿고 함께 가야 한다. 어렵고 힘들지만 그렇게 함께 가야 하는 일이 마을만들기이고 주민자치다. 리더의 역할을 '마중물'에 비유한다. 마중물이 있어야 그 아래에 있는 물줄기를 흘러넘치게 할 수 있는 것처럼, 사람들의 무한한 잠재력을 믿고 함께 할 리더가 필요하다. 주민들한테 변해야 한다고 소리친다고 이루어지는 일이 아니다. 그 변화의 과정을 묵묵히 준비하고 실행하여 사람들의 마음에 울림을 주고 마침내 함께하는 그런 마을을 만들어 보자.

주민자치회 활성화 방안

현재 전국적으로 추진되고 있는 주민자치회는 풀뿌리 민주주의를 진전시킬 수 있는 중요한 실험이고 실천 과정이다. 주민자치회를 통해 권한 없는 자치에서 권한 있는 자치로, 권한에 따른 사회적 책임을 높여가기 위한 모습이 도시와 농촌을 불문하고 나타나고 있다. 주민자치회를 맞이하는 지역의 상황과 특성은 다양하다. 지역에 따라 적극적인 행정과 주민들이 있기도 하고, 과거의 관성에서 크게 벗어나지 않은 양태로 추진되는 경우들도 있다.

주민자치회는 지역의 특성이 반영되는 서로 다른 모습을 가지면서도, 주민자치 공통의 원리와 원칙은 존재한다. 내 생각이 정답이라는 관점에서가 아니라 그동안 다양한 주민자치 활동을 직·간접적으로 경험한 바를 바탕으로, 주민자치의 원리가 잘 작동하기 위해 주민자치회 활성화를 위한 운영 방안을 말해보고자 한다. 새로 시작하는 곳에서는 발전방안을 모색하기 위한 과정으로, 이미 활동하고 있는 지역에서는 '우리'를 돌아보는 하나의 계기가 되기를 바란다.

주민자치회의 분과 활성화에 대해서는 이미 널리 공유되고 있다고 판단하기 때문에 여기서는 다루지 않음을 참고해 주시기 바란다.

행정의 속도가 아니라 주민들의 속도에 맞추자

주민자치회는 행정이 주민들을 초대한 공간에 만들어진 조직이다. 서울형 주민자치회는 주민자치사업단과 동 자치지원관이라는 중간지원조직을 통해 관리(?)된다. 이런 사정으로 인해 주민자치회는 종종 과속을 하고 오버페이스를 할 수 있다. 행정의 속도는 300km를 넘나드는 KTX, 중간지원조직은 자동차, 주민들은 거북이 걸음이라는 비유가 있다. 그만큼 일을 풀어나가는 속도에 차이가 있다는 말이다. 이것은 역량의 차이와는 거리가 있다. 행정과 중간지원조직은 전업적으로 일을 하며, 주민들은 생업이 따로 있거나 여러 일 중의 하나에 불과함으로 인해 생기는 것이다. 그리고 다수의 주민들의 의견을 모아 무언가를 해 나가는 데에는 시간이 많이 걸릴 수밖에 없다.

행정은 겉으로 드러나는 외형적 성과를 중시한다. 소위 실적이 있어야 근무평정과 승진에 도움이 된다. 지방자치단체장은 선거를 통해 유권자들의 선택을 받아야 하기 때문에 임기 안에 도드라지는 결과물을 추구한다. 행정과 주민을 잇는 가교인 중간지원조직은 주민들의 속도를 존중하면서도 종종 과속을 하는 경우가 있다. 중간지원조직은 행정에 의해 위탁 여부가 결정되고 행정의 끊임없는 간섭을 받는다. 중간지원조직의 의지대로만 되지 않는 것이 현실이다. 게다가 센터장이 무언가 보여주는 방식으로 자신의 역량을 입증하려 하면 상황은 더 악화된다.

전국적으로 알려진 주민자치, 마을공동체, 도시재생, 농촌마을 등 모범 사례가 몇 년이 지난 뒤에는 쇠퇴와 침체를 겪는 경우가 적지 않다. 심지어 활동이 아예 중단된 마을도 있다. 마을이 활성화 된 시기에 찾아온 방문객들은 아이디어와 시사점을 얻었지만 정작 그 마을의 활동은 점차 쇠락해 간 것이다.

마을 주민들이 주도한 것이 아니라 행정이 주도해서 생긴 결과이며, 주민들이 주도했다는 사례도 1~2명의 리더에 의존한 경우도 있고, 주민들이 자신들의 삶의 속도를 고려하지 못하고 과속한 경우도 있다.

주민자치는 철저히 주민들의 속도에 맞추어야 한다. 한 사람의 열 걸음보다 열 사람의 한 걸음을 소중히 여기는 마음으로 긴 호흡을 가지고 천천히 가야 한다. 마을 주민들의 역량이 닿을 수 있는 범위로 활동 수위를 조절해야 한다. 외형적 성과보다 주민들의 자치역량을 강화하는 데 힘을 기울이고, 마을의 인재를 발굴하기 위해 노력해야 한다. 처음부터 충분한 역량을 갖춘 사람은 없다. 기회가 제공되고, 사람들의 지지가 보태지고, 스스로의 노력이 더해지면 그 실천역량은 강화될 가능성이 높아진다. 마을의 소중한 일꾼을 시샘하는 일을 멈추자. 그 마을이 가고자 하는 긴 여정에 동반자를 늘려가자.

행정은 주민자치를 지원하는 조직으로 본분을 다해야 한다. 주민자치니까 주민들이 알아서 해야 한다는 말은 이제 그만하자. 행정은 주도가 아니라 지원하는 역할이다. 주민자치회 운영 계획을 수립할 때 주민들과 중간지원조직과 함께 만들자. 민관 공동추진단을 만들고, 이를 통해 공동의 계획을 수립하고, 같이 실천하며, 함께 평가하는 체계를 구축하자. 그것이 오래가는 주민자치를 만들어가는 방법이다.

민주적 리더십 구축

어떤 조직이든지 리더의 역할이 중요하다. 모두가 주인이고 모두가 리더인 세상에서 살고 있지만 그중에서 권한을 더 가지고 있는 수장의 역할이 중요하다. 리더가 조직을 흥하게 하는 것은 어렵지만 조직을 어려움에 빠트리기는 쉽다. 수많은 실천 현장에서 조직의 성패에 리더의 역할이 결정적으로 영향을 미치는 사례를 많이 목격했다.

주민자치회의 설립 목적을 깊이 이해하고 있는 사람이 주민자치회장과 분과위원장 등 임원이 되어야 한다. 깊은 이해는 오래된 활동 경험이나 지식 정보의 양과 직접적인 상관관계가 없다. 활동 경험이 적어도 주민자치의 본질을 꿰뚫어 볼 수 있다. 충분한 경험은 사려 깊은 생각과 행동을 이끌어내는 데 도움이 되고, 새로운 생각은 변화와 혁신을 위한 실천에 도움이 된다. 주민자치회는 주민자치위원회의 연장선으로만 바라봐서는 안 된다. 자치분권시대의 한 축을 담당할 주민들의 자치를 꽃피우기 위해 만들어지는 것이다. 어떻게 하는 것이 지역 주민들의 자치역량을 강화하는 방법인지를 고민해야 한다. 외형적인 성과보다는 주민들의 역량 강화를 중심에 두고 긴 호흡을 가져나갈 사람이 리더가 되어야 한다.

민주적 리더십을 가진 사람이 주민자치회장과 임원이 되어야 한다. 주민자치회는 민주주의, 풀뿌리 민주주의를 제대로 만들어가기 위해 도입되는 것이다. 주민자치회 운영 원리의 핵심은 민주성이다. 민주성이란 다수결과 더불어 소수 의견을 존중하며, 사람들의 다양한 생각을 존중하고 인정하는 태도이다. 말하기 좋아하고 자신의 의견을 내세우기 좋아하는 사람보다는 다른 사람들의 이야기를 잘 들어줄 수 있는 귀를 가진 사람이 리더가 되어야 한다. 지시하기 보다는 의논하고, 자신을 빛내기보다는 다른 사람들을 빛낼 줄 아는 사람이 리더가 되어야 한다.

주민자치로 변화할 마을에 대한 설레는 꿈을 가진 사람이 주민자치회장이 되면 더욱 좋다. 리더Leader는 구성원들의 앞에 서든 중간에 서든 뒤에 서든 사람들이 어느 방향으로 갈지를 안내하는 사람이다. 리더에게 방향이 없으면 구성원들이 믿고 따를 수 없으며, 리더가 가고자 하는 방향이 잘못된 것이면 많은 사람들이 고통받는다. 단지 열심히 하겠다가 아니라 어떤 마을을 만들고 싶은지를 말하는 사람이 회장이 되어야 한다. 그가 먼저 말하지 않는다면 주민자치회장 선거를 할 때 물어봐야 한다. 우리 지역에 대해 어떤 꿈을 가지고 있는지, 꿈을 실천할 계획은 무엇인지, 그리고 주민들과 어떻게 함께할 것인지를.

주민자치회 위원 모집이 시작되면서부터 술렁이는 동네가 많다. 선거는 민주주의의 꽃이라고 하듯이 주민자치회 회장 선출 역시 주민총회와 더불어 주민자치회의 꽃이라 할 수 있다. 위원 구성이 완료되고 회장 선거가 임박해지면 치열한 선거운동이 벌어지기도 한다. 심지어는 교육과 위원 모집이 시작되기 전부터 주민자치회장은 내가 한다는 사람이 등장하는 경우도 종종 있다. 반칙이지만 사전 선거운동을 하기도 하고, 어떤 지방자치단체장은 각 지역의 주민자치회장을 내정하고 동장은 이를 관철시키기 위해 동분서주한다.

주민자치회장이 되고자 하는 분들과 어떤 분들을 뽑을지 고민하는 분들께 어느 인디언 부족의 추장 선출에 대한 이야기를 전하고자 한다.

누가 추장이 되어야 하는가?[21]

아파치족이 후임 추장을 뽑게 됐다.

3명을 최종 선발하고 마지막 테스트에 들어갔다.

추장은 세 사람에게 높은 산에 올라갔다 오라고 했다.

세 사람은 하루가 걸려서야 산 정상에 올라갔다가 돌아왔다.

첫 번째 후보는 산에 올라갔다 온 증거로 돌을 갖고 왔다.

두 번째 사람은 풀을 뽑아 왔다.

세 번째 사람은 맨손으로 달려왔다.

---

21 송혁관, 1999, 열린사회시민연합 상근활동가 워크숍 자료집

추장이 그에게 왜 맨손으로 왔느냐고 묻자, 그는 이렇게 말했다.

"추장님! 우리 부족은 빨리 저 산너머 동네로 이주를 해야 합니다.
산 정상에서 살펴보니, 거기엔 넓은 농토도 있고 강도 있고
여기보다 훨씬 살기가 좋습니다."

누가 추장이 되어야 하는가?

누가 추장이 되느냐보다 중요한 것은 왜 그가 추장이 되어야 하느냐는 점이다. 추장이 되고자 하는 욕심이 앞서는 후보자보다는 치열한 경쟁 상황 속에서도 자신의 이익보다는 부족 전체의 이익을 먼저 생각하는 사람이 추장이 되어야 한다. 그래야 마을 주민들이 함께 행복할 수 있다.

주민 역량을 결집하는 위원 구성

다양하고 복잡한 지역사회 문제 해결은 다수의 주민들이 참여할 때 가능하다. 몇몇 사람들의 힘만으로는 현상적 개선은 가능할 수 있어도 본질적인 문제 해결은 어려운 경우가 많다. 주민자치회가 위촉된 50명[22]만이 아니라 분과를 통해 보다 많은 사람들이 참여할 수 있게 개방적 운영을 하는 이유다. 주민자치회 위원들이 주민들 대신 동네 문제를 해결하는 것이 아니라, 그들이 주민들의 참여를 촉진해서 함께 문제를 해결하려는 것이 주민자치회의 기본 운영 방향이다.

사실 나는 50명, 30명 이런 식으로 위원 구성을 하는 것에 비판적이다. 기

---

22 일부 지역에서는 위원 모집이 어렵다는 이유 등으로 정원을 30명으로 정한 경우도 있음

존 주민자치위원회 25명보다는 많지만 자칫하면 또 다른 그들만의 리그가 될 수 있다는 우려 때문이다. 2017년 은평구 참여예산위원회에서는 4월~12월까지 전문가들과 협업하고 수십여 차례 주민토론회 등을 통해 수렴된 의견을 바탕으로 제도개선안을 마련했다. 그 개선안 중 하나가 16개 동별로 30~50명으로 구성·운영하던 동 참여예산위원회에 관한 것이다. 우리들만의 잔치가 되지 않기 위해서 위원 숫자를 5~7명 정도로 줄여 그들이 매월 열리는 '열린마을회의'를 준비·진행하는 퍼실리테이터 역할을 하도록 하자는 구상이었다. 열린마을회의는 주민 누구나 참여할 수 있는, 말 그대로 열린 회의이며, 의제 발굴과 토론을 주된 내용으로 운영한다. 열린마을회의를 통해 지역 문제 개선과제를 만들고, 이를 주민총회에 상정하여 주민들이 직접 결정하여 함께 실천해 나가려 했다. 5~7명 이내의 동 참여예산위원들은 열린마을회의와 주민총회에 주민들을 적극적으로 초대하는 주민참여 촉진자 역할을 수행하고, 활동 정도에 상응하는 비용도 지급하자는 안이었다.

그러나 이런 개선방안은 서울형 주민자치회가 본격적으로 추진되면서 실현되지 못했다. 서울시에서 막대한 예산을 들여 자치구의 주민자치회 시범사업 및 확대를 꾀하면서, 우리의 구상은 힘을 잃어 갔다. 재정여건이 열악한 자치구로서는 서울시의 예산 지원이 필요했기 때문이다. 서울시는 자치구와 동에 자치지원관 등의 인건비, 운영비, 참여예산사업비, 주민세 환원사업비 등을 지원했다. 두고두고 아쉬움이 남는다. 서울시의 정책과 예산 드라이브에 따르기보다는 은평의 정책과 예산으로 풀뿌리 민주주의의 새로운 모델을 만드는 실험을 해볼 기회를 갖지 못했기 때문이다. 언젠가 그런 구상이 실현될 수 있는 날이 오리란 희망은 가지고 있다.

그렇다고 현행 주민자치회에 대한 비판만 하고 있을 수는 없다. 주민자치회가 풀뿌리 주민자치 활성화를 위한 유일한 대안은 아닐지라도, 유의미한 정책이라고 보기 때문에 적극적인 참여를 통해 더 나은 방향을 찾아가고자 한다.

주민자치회 위원 구성은 새로운 주민들의 참여가 아무리 중요한 것이라 하더라도 원래 참여하고 있는 주민들의 역량까지 포괄하는 방향으로 가야 한다. 자칫하면 산토끼 잡으려다 집토끼를 놓칠 수가 있다. 그리고 직능단체 등을 터부시하는 배제의 논리가 작동해서도 안 된다. 오히려 그들이 지역에서 오랫동안 활동해 온 것을 배려할 수 있는 방안을 찾아야 한다. 원래 참여하고 있는 주민들도 참여하고 새로운 주민들도 참여해서 지역사회의 주민참여 역량을 극대화할 수 있는 방안을 찾아 나갔으면 한다. 일반적으로 주민자치회 위원 구성에서 단체 추천과 추첨 방식의 개인 공모 두 가지 참여 방식을 열어놓고 있는데, 이 점을 잘 착안하면 집토끼와 산토끼가 함께하는 주민자치회가 될 수 있을 것이다.

의제 발굴부터 실행까지, 전 과정을 주민과 함께

주민자치회의 존립 근거는 「주민자치회 설치 및 운영 조례」라는 제도적 장치에도 있지만, 더 중요한 것은 주민들의 지지와 참여다. 주민자치 활동은 주민자치회 위원들만 아니라 최대한 많은 주민들과 함께할 때 의미가 있고, 지역사회를 변화시키는 큰 힘으로 작용할 수 있다. 민주주의는 주권자인 국민들의 뜻이 준엄하게 반영될 때 제대로 작동되며, 국민들이 선출한 대표자들도 민심을 거스를 수는 없다. 풀뿌리 민주주의는 지역주민들의 뜻을 반영하고, 주민들이 스스로 주민들이 살고 싶은 동네를 만들어가는 일이다. 지방자치단체장들이 보기에 좋은 동네가 아니라 주민들이 살기 좋은 동네 말이다.

2017년 서울시 은평구 갈현1동 마을계획단이 주최한 마을총회에서는 이전까지 볼 수 없었던 희한한 풍경이 연출되었다. 보통 이런 마을 행사는 구청장, 국회의원, 시의원, 구의원들의 인사말로 시작하며, 바쁜 그들은 인사말을 마치고 나면 곧장 자리를 떠나곤 한다. 그런데 그날은 그들 대부분이 마을총회가 끝날 때까지 자리를 지켰다. 그리고 마을의제에 대한 주민투표 결과가 발표되자, 구청장을 필두로 너도나도 무대에 등장해서 주민들이 결정한 사안을 자신들이 해결하겠노라고 공언하는 일이 벌어졌다. 당시 갈현1동 주민 25,700명의 10.9%인 2,794명이 마을의제 투표에 참여하면서 만들어진 진풍경이었다.

그 결과 갈현1동 주민들이 결정한 의제 중 많은 것들이 실현되었다. 마을계획을 위해 서울시에서 지원한 약 2천만 원의 70배에 달하는 14억 원 이상이 6개월 만에 마을에 투입되었다. 주민들의 휴식처인 앵봉산이 푸르게 변하고, 골목 쓰레기 문제 해결을 위한 다양한 주민실천이 전개되었고, 마을 곳곳을 정비하는 행복한 골목이 만들어졌고, 아이들을 위한 캠프가 열려 신나는 목공놀이가 진행되었고, 주민들의 커뮤니티 공간이 주민센터에 만들어졌다. 그것만이 아니었다. 갈현1동과 은평구청 차원에서는 해결할 수 없는 의제들도 속속 이행되었다. 서울시 소관사항인 753번 시내버스 노선이 주민들의 뜻대로 현행 유지되었고, 마을총회에서 2위로 선정된 연신내역 6번 출구에 에스컬레이터를 설치하기 위한 용역이 시행되었다. 이렇듯 주민 참여의 열기는 마을 곳곳에 변화의 바람을 몰고 왔고 그들은 새로운 희망을 꿈꾸게 되었다.

이게 바로 주민참여와 자치의 힘이다. 갈현1동 마을계획단은 다양한 주민들과 함께 마을 곳곳을 누비며 마을 의제를 발굴했고, 마을 의제 선정도 많은 주민들이 직접 참여하여 이루어졌다. 지역 의제의 발굴과 선정 모든 과정이 주민들의 참여에 의해 이루어졌다. 주민들 스스로 결정한 의제들은 많은 사람들이 참여하여 힘있게 추진되었다. 진정 주민자치회가 주민들과 함께하는 조직이 되길 바란다면 활동의 전 과정을 주민들과 함께하기 위해 노력해야 한다. 1억 원 내외의 예산 사용처를 결정하는 주민총회가 아니라 주민들의 다양한 숙원이 실현되는 마을민주주의 축제가 되기 위해서는 많은 주민들이 의사결정권을 행사하고 참여해야 한다. 그것이 주민자치회가 나아갈 방향이다.

마을 회의에 재미를 만들자

당신이 참여하는 회의의 모습이 어떠한지 다음 문항에서 해당사항을 골라보라.

- 사람들이 회의에 참석하지 않으려고 온갖 핑계를 댄다.
- 말이 없다가 회의가 끝난 후 끼리끼리 수군거린다.
- 회의 시간에 시계를 자주 보거나 종종 하품을 하곤 한다.
- 몇몇 사람의 발언이 너무 많고, 일부 발언이 너무 장황하다.
- 판단근거가 충분해도 나중에 다시 생각하자며, 사회자가 결론 내리는 걸 미룬다.
- "그래 내가 뭐라 그랬어. 이미 결론을 정해 놓았는걸"이라고 하는 사람들이 있다.
- 무슨 일로 모였는지 도통 이유를 알 수 없을 때가 있다.
- 의견은 내지 않고 남의 의견에 반대만 하는 사람이 있다.
- 지난 번 회의의 결론이 어떻게 이행되었는지 알 수 없을 때가 있고, 의사결정이 번복되기도 한다.
- 일방적으로 회의가 진행된다는 생각 때문에 회의에 가기 싫을 때가 있다.

이 중 3가지 이상이 해당된다면 당신의 회의는 큰 문제를 안고 있다고 보면 된다. 시급히 개선하지 않으면 점점 위와 같은 현상들이 강화되기 마련이다. 이처럼 사람들이 연상하는 대부분의 회의의 이미지는 '재미'와는 거리가 멀다. 지루해서 인내심을 요하거나, 몇몇 사람이 주도하여 마치 구경꾼처럼 바라보게 되거나, 무수한 말들이 오가지만 결론이 내려지지 않거나…….

　재미있는 회의란 불가능한 것일까? 그렇지 않다. 얼마든지 재미있는 회의가 가능하다. 재미는 흔히 떠올리는 것처럼 웃음을 유발하는 어떤 느낌을 의미하고, 또 다른 의미의 재미는 호기심과 보람과 같이 자신이 원하는 바가 충족되었을 때 생기는 느낌을 말하기도 한다. 재미는 유머에서도 비롯되지만 모르던 것을 알아감, 내 이야기를 누군가 잘 들어줄 때 생기는 감사함, 서로의 이야기가 연결되어 마음의 길이 날 때 생기는 공감, 함께하고 있음에 대한 즐거움, 이견이 합의로 이어져 모두가 동의하는 결론에 이르는 만족감 등 매우 다양한 형태가 존재한다.

　주민자치 회의는 참가하는 주민들이 재미있어야 하고 보람을 느껴야 한다. 그것이 가능하기 위한 조건은 두 가지를 꼽을 수 있겠다. 하나는 사회자가 회의촉진자(퍼실리테이터)이거나 그런 역량을 갖춘 사람이 회의를 진행하는 것이고, 또 하나는 서로 존중하는 민주적 토론 문화이다. 둘 중에 조금 더 빠른 방법은 주민자치회 위원들 중에서 훌륭한 회의 진행자를 찾거나 가능성이 있는 사람이 퍼실리테이터로 성장할 수 있는 기회를 제공하는 것이다. 주민자치 회의에서 주민자치회장이나 분과위원장이 사회를 보지 않을 수도 있다. 회의는 민주적 상호작용을 하기 위해 하는 것이지 리더의 권위를 세우는 자리가 아니다. 주민자치회의 각종 회의는 참여하는 사람들이 함께하는 기쁨을 느낄 수 있는 그런 회의로 진화해 나가야 한다.

　사람들이 보고 싶고, 만나서 이야기하면 공감대가 형성되고, 회의의 명확한 목적과 목표가 참여자들에게 공유되고, 회의 결과가 함께하는 실천으로 이어지는 그런 회의를 만들어 보자. 회의에서 느끼는 재미 때문에라도 그곳에 가고 싶은!

지상최대의 헌책마을_ 헌책방 마을 Hay On Wye[23]

리차드부스Richard Booth 씨는 어릴 적부터 남달리 책을 좋아했다. 헌책만 보겠다
는 의도는 없었지만 당시에는 책이 출판되는 것이 요즘과 같이 단시간에 벌어
지는 일이 아니었기에 자연스레 헌책으로 눈길이 닿았다. 책을 좋아하다 보니
공부도 잘했고 괴짜같은 행동을 서슴지 않아 보통사람들과는 분명 다른 점이
있었다. 옥스퍼드에서 공부를 했으며 그의 부모는 그가 사회에서 인정하는 훌
륭한 인재가 되어주길 바랐다. 그러나 부스가 원하는 바는 일정한 기준으로
평가되는 인재가 아니었다. 따분한 일상에서 벗어나고 싶은 마음에 그는 다니
던 옥스퍼드를 그만두고 갑자기 웨일즈의 헤이온와이라는 곳으로 떠난다.

그가 Hay On Wye로 간 이유는 헌책방을 운영하기 위해서였다. 당연히 많은
사람들이 그를 향해 어리석은 짓을 하고 있다며 조그만 마을에서 누가 책을
사보겠느냐, 그것도 헌책을! 하면서 비웃음을 쳤다. 그의 부모 역시 아들의 갑
작스런 행동으로 실망을 하기에 이르렀다. 부스는 아랑곳하지 않고 그때부터
전국을 돌며 헌책을 모으기 시작했다. 책을 산다는 광고를 하면서 개인에서부
터 대학 도서관까지 당시로는 헌책이 쓰레기로 취급되는 상황이라 싼값에 종
류를 구분치 않고 마구 사들였다. 그렇게 모은 책이 하나둘씩 쌓여가며 창고
를 개조해 만든 첫 번째 헌책방에 빈 공간이 없어졌고, 그는 두 번째, 세 번
째 헌책방을 만들게 된다. 그의 괴짜 행동에 조금씩 동화되기 시작한 마을 사
람들이 하나둘씩 헌책방을 시작하게 되면서 결국 조그만 마을에 지금은 무려

---

23 런팍의 서재, https://blog.naver.com/jsah3d/40023914837 에서 인용함

40여 개에 이르는 헌책방이 만들어져 있다. 헤이성을 개조해 헌책방을 만들고 영화관을 개조해 헌책방을 만드는 등 지금 이 마을에는 크고 작은 헌책방들로 거리 곳곳 어느 곳을 가도 책을 볼 수 있다.

해마다 100만 명이 넘는 세계의 관광객들이 찾아오는 영국의 헤이온와이처럼 한 사람의 비전이 현실로 이루어진 사례는 많다. 헤이온와이로 인해 벨기에와 프랑스에도 책마을이 생겼고, 경기도 파주의 헤이리마을도 그 영향으로 만들어진 것으로 알려져 있다. 1961년에 시작된 일본 오오야마의 주민자치운동 Neo Personality Combination, NPC은 당시 촌장이자 농협조합장이었던 야하타 씨가 수익을 높일 수 있는 산업과 더불어 농촌에도 문화생활을 누릴 수 있어야 젊은이들이 마을에 남아 있을 수 있다는 신념으로 NPC운동을 전개하여 이 마을은 세계적 명성을 얻었다. 제1차 NPC운동에서 그가 내세웠던 비전은 "매실과 밤나무를 심어 하와이에 가자"는 운동으로, 제2차 세계대전으로 패망한 일본의 한 작은 농촌에서는 꿈같은 이야기였지만 그 꿈은 실현되었다.

사람들의 마음을 움직일 수 있는 힘은 주민참여의 당위성을 강조하는 것보다, 그 사람들이 함께 꿈꿀 수 있는 비전을 만드는 데 있다. 더구나 그 비전이 사람들에게 설렘을 주고 상상력을 자극하는 것이라면 더욱! 주민자치에 대한 동기부여는 변화에 대한 희망으로부터 비롯된다. 기왕이면 큰 꿈을 꾸자. 꿈을 꾸는데 현실가능성을 자꾸 따지다 보면 꿈이 쪼그라져 어느덧 영감을 주지 못하는 실무적 계획이 되곤 한다. 주민자치를 통해 자신을 위한 그리고 모두를 위한 큰 꿈을 함께 꾸자. 코이Koi라는 물고기는 어항 속에서 기르면 5~8cm로 자라고, 큰 수족관을 넣어 기르면 15~25cm로 자라고, 흐르는 강물에 풀어 놓으면 1m까지 자란다고 한다. 마을 사람들이 공유하는 비전을 가지게 되면 100% 실현하지 못한다 하더라도 그 꿈을 향해서 함께 나아가게 된다. 그것이 50%일 수도 있고, 70%일 수도 있고, 120%일 수도 있다. 문제는 꿈을 꾸는 리더와 사람들의 존재 여부다.

주민총회 의제에 한계를 두지 말자

주민자치회에 설치된 각 분과는 다양한 활동을 통해 지역 의제를 발굴하고, 제안된 의제는 주민자치회에서 수립하는 자치계획안으로 수렴되어, 주민들이 직접 의사결정권을 행사하는 주민총회에 상정한다. 주민총회의 기능은 주민자치회 활동 평가, 자치계획의 결정, 참여예산사업 등의 제안 선정, 그 밖의 지역 현안 등에 관한 사항의 보고와 결정이다. 여기서 자치계획은 지역 문제를 해결하기 위하여 수립된 계획을 말하며, 주민자치회는 이를 이행하는 업무를 하게 된다.

그런데, 자치계획과 주민총회에서 다루어지는 안건이 참여예산사업이나 주민세 환원사업으로 한정되는 경향이 많은데, 이런 상황은 원래 주민자치회가 수행해야 할 기능에 비하면 매우 제한적인 것이다. 주민총회는 참여예산사업 등 일정한 예산 한도를 정해놓고 거기에 맞는 사업을 선정하는 실링제 사안만을 다루어서는 안 된다. 「주민자치회 설치 및 운영 조례」에도 지역 문제 해결과 지역 현안 등 폭넓은 의제를 다룰 수 있는 근거조항이 명문화되어 있다. 그리고 풀뿌리 민주주의 활성화라는 주민자치회 설립의 근본 취지에 입각할 때 주민주권이 실현되도록 폭넓은 지역의제를 다루어야 한다.

현재는 주민자치회의 시작 단계이기 때문에 그런 현상이 있고, 차차 개선될 것이라는 의견도 있다. 일정한 주민자치의 경험과 역량이 축적되면 주민자치회와 주민총회에서 다양한 지역현안을 다룰 수 있게 발전된다는 것이다. 이런 의견이 100% 틀렸다고 할 수는 없지만, 반드시 그렇게 가야 하는 것은 아니라고 생각한다. 속도보다 방향이 중요하다는 점을 다시 강조하고 싶다. 첫 단추를 잘 꿰어야 옷을 제대로 입을 수 있듯이, 주민들의 집단지성에 대한 신뢰를 바탕으로 참여예산사업 등으로 '한정된 의제'가 아니라 다양한 지역문제 해결방안을 다루는 '열린 의제'를 다루어야 한다.

일부 지역에서는 의제의 범위가 더 한정되는 경우도 생겨나고 있다. 참여예산사업 등을 발굴하고 선정할 때 주민들이 직접 수행할 수 있는 사업들로만, 혹은 주민직접수행 사업이 대부분을 차지하는 형태로 주민총회가 운영된다. 물론 주민들이 직접 실천하고 자치를 훈련하는 과정은 매우 중요하다. 주민들의 역량과 속도를 고려하여 주민들에게 무리가 되지 않는 범위에서 실천이 이루어져야 한다. 그걸 넘어서서 '자치계획=주민직접수행 사업'이 되고, 행정은 이를 관망하거나 간접 지원하는 역할로 머물러서는 안 된다. 주민총회의 의제에는 행정이 수행하거나 행정을 중심으로 진행해야 하는 하드웨어 개선과 제도 개선이 포함될 수 있어야 한다. 행정에서 제공한 불과 1억여 원의 사용처를 결정하고 운영하기 위해 주민자치회를 만든 것이 아니다. "주민총회에 이의 있습니다!"

지역특성에 맞는 다양한 주민자치회를 만들자

전국 방방곡곡에 본격적으로 확산되기 시작한 주민자치회는 일률적인 모습이 아니라 다양한 색깔로 빚어지길 바란다. 수많은 정책들처럼 중앙정부나 광역자치단체가 모범안을 만들고 자치단체는 이를 기계적으로 따라가는 우를 범하지 않아야 한다. 현재 주민자치회를 담당하는 행정안전부도 일률적인 모습을 지향하는 것은 아닌 것으로 듣고 있다. 기본적인 방향을 제시하되 자치단체마다 「조례」에 근거를 두고 지역의 특성과 장점을 살린 우수사례를 발굴하고 전파하는 것이 정부의 주된 역할로 설명하는 것 같다. 지역 일은 그 지역 스스로 한다는 지방자치와 주민자치의 정신과 원리에 비추어 봐도 지역 저마다의 색깔로 주민자치의 꽃을 피워야 할 것이다. 하지만 우리나라 특유의 중앙집권적 혹은 중앙의존적 정책 추진 양상을 탈피했다고 보기는 어렵다. 정부의 의지가 지방 자율에 맡기는 것이라 하더라도 지방자치단체가 그렇게 하지 않을 수 있다. 주민자치회가 지방자치의 주요한 흐름으로 자리잡아가고, 제도화되는 것은 일단 긍정적이다. 그렇지만 속도와 색깔은 지역 스스로 결정할 수 있어야 한다. 주민자치회가 빠르게 전국화 되는 과정에서 나타날 수 있는 함정을 경계해야 한다.

주민자치회를 설립하고 운영하는 데 있어 도시와 농촌의 차별화된 접근 전략도 필요하다. 도시와 농촌은 인적 구성, 경제 활동, 사회기반시설, 마을공동체 등에서 확연한 차이가 있다. 이러한 지역의 특성을 충분히 고려하지 않고 동일한 모델을 적용해서는 안 된다. 도시는 마을 단위의 경계가 없거나 모호하지만 농촌은 주로 자연부락 중심의 마을공동체가 형성되어 있다. 이런 점을 고려하여 읍·면·동의 주민자치회를 구성할 때는 마을 단위의 '마을자치회'를 먼저 설립하고, 이를 읍·면·동의 주민자치회로 수렴하는 상향식 접근이 효과적이다. 그리고, 도시 지역과는 다르게 농촌에는 체험마을조성사업, 농촌마을종합개발사업 등 많은 공적자금이 이미 투자되고 있기 때문에 참여예산사업비 등 별도의 예산을 투입하는 방식보다는 기존 공적자금을 잘 활용할 수 있는 방향으로 자치계획이 수립되어야 한다. 비슷한 맥락에서 도시 지역의 주민자치회는 도시재생사업과의 연계 방안을 마련할 필요가 있다.

주민주권 시대를 열어가는 주민자치 활성화의 도도한 흐름은 지역 특성과 역량, 주민들의 비전과 의지 등을 담아 각양각색의 꽃으로 피어나야 한다. 읍·면·동 주민자치회는 주민자치의 전부가 아니다. 주민자치회는 해당 읍·면·동 주민자치 활동의 구심체이지 모든 것을 집어삼키는 괴물이 아니어야 한다. 그리고, 더 작은 마을단위, 골목단위의 자치도 있고, 읍·면·동을 포괄하는 주민자치 활동도 얼마든지 가능하며 실제로 있다. 주민자치회라는 명칭도 필요에 따라서는 그 지역에 맞게 만들 수 있어야 한다. 명칭 하나 지방자치단체의 뜻대로 정하지 못하는 것은 주민자치, 지방자치와 거리가 멀다.

주민이 중심이 되고 지방자치단체가 조연이 되는 말 그대로의 주민자치를 해나가자.

진정한 마을 공무원, 순천시청 양효정 과장

사람들이 공무원을 바라보는 시선은 다양하다. 평생 정년이 보장되는 안정적인 직장을 가진 것에 대한 부러움, 공직사회 특유의 경직된 문화에 대한 답답함, 민원 현장에서 만나는 그들에게서 풍기는 사무적인 느낌 등이 얽혀 있는 것 같다. 적지 않은 사람들은 공무원들이 일은 대충하면서 시간만 때우는 것 아니냐는 부정적인 시선을 가지고 있다. 그런데 내가 5년 6개월 동안 공무원 조직에서 일하면서 본 공무원들의 모습은 그런 부정적 시선과는 많이 달랐다. 야근을 밥 먹듯이 하는 직원들도 많았고, 주말에 사무실에 출근해서 일하는 이들도 제법 있었고, 동에서 근무하는 공무원들은 눈이 오거나 비가 오는 상황이면 비상대기를 하며 밤샘 근무를 했다.

특히 하급직 공무원들의 노동 강도는 공무원들에 대한 편견과 크게 다르다. 2020년 국회 행정안전위원회 박완주 더불어민주당 의원이 공무원연금공단으로부터 제출받은 자료에 따르면 재직 기간 '5년 미만' 공무원 퇴직자가 2019년 6664명으로, 지난 2018년 5670명과 비교할 때 994명(17.5% 증가) 늘어났다 이는 2018년 당시와 비교해 9.4%, 489명, 약 두 배 이상 증가한 수치다. 경력 3~4년의 공무원 퇴직자 수가 30.7%, 2048명으로 가장 많았다. 이어 '1년'도 채우지 못하고 퇴사하는 경우도 무려 26.5%, 1769명에 달했다. '신의 직장'에 입사하자마자 퇴사하는 사람들이 1/4 이상이라는 것이다. 임실 치즈마을의 방앗간 체험에서 이진하 위원장이 들려준 '세상에서 제일 쉬운 일은 남들이 하는 일'이고, '세상에서 제일 어려운 일은 내가 하는 일'이라는 인식의 오류를 다시금 되돌아보게 하는 통계였다.

나는 다양한 민·관 거버넌스를 중시하는 풀뿌리 운동을 하면서 다양한 영역에서

순천시청 양효정 과장(가운데)

많은 공무원들을 만나고 파트너로 함께 일한 경험이 있다. 시민운동가들은 가치를
중시하지만 공무원들은 실무를 중시하는 차이가 있었다. 파트너로서의 조합이 잘 맞
으면 일은 생산적으로 진행되었고, 그렇지 않으면 '차이' 때문에 우여곡절을 겪었다.
공무원들도 사람이고 시민운동가들도 사람이기 때문에 갈등으로 인한 버거움과 협
력의 즐거움을 동시에 경험했다. 그 수많은 공무원들 중에서 유독 기억에 남는 사람
이 있다. 공무원은 공무원이되 공무원 같지 않은, 마치 시민단체의 활동가와 같은 적
극적인 태도로 일하고 새로운 모색을 하는 데 별로 주저함이 없는 '희한한' 공무원
을 만난 것이다.

10년을 한 부서, 한 팀에서

순천시청 양효정 평생교육과장은 2003년부터 2013년까지 주민자치와 마을공동
체 업무 등을 한 부서에서 10년 동안 담당했다. 업무가 정해진 계약직 공무원이 아

니라 일반 행정직 공무원으로서는 전례가 없는 일이었다.[24] 몇 개 팀으로 이루어진 부서에서마저 자리를 옮기지 않고 계속 같은 팀에서 일했다. 지방 공무원들은 2년 6개월 단위로 부서를 옮기는 순환보직에 따르게 되어 있다. 인사권을 가진 지방자치단체장이 인사명령을 내리면 그에 따를 수밖에 없는 것이 공무원들의 숙명이다. 그런데 그는 시장이 타부서로 발령을 내리면 상급자들을 찾아가서 담당했던 업무를 계속할 수 있게 해달라고 간청했고, 때로는 자신이 왜 그 일을 계속하고자 하는지를 설명했다. 10년 동안 여러 번의 인사발령의 고비마다 반복된 일이었다고 한다. 상명하복의 위계적인 공무원 조직에서는 매우 이례적인 일이라 할 수 있다.

10년을 한 부서, 한 팀에서 일한다는 것은 인사상의 불이익을 감수해야 가능한 것이다. 공무원들이 승진을 하기 위해서는 근무평정을 잘 받아야 하는데, 근무평정에 유리한 자리가 따로 있기 때문에 많은 공무원들은 순환보직에서 그런 자리로 가길 희망한다. 그가 그런 자리를 마다한 것은 주민자치와 마을공동체, 커뮤니티비즈니스Community Business를 통해 순천을 지속가능한 도시로 만들기 위한 소명의식 때문이었다. 많은 선배들이 그런 행동의 뜻은 존중하면서도 개인의 성장과 승진을 위해서 다른 부서로 가야 한다고 조언을 했지만, 그는 요지부동이었다. 제정신이 아닌 공무원인 셈이다.

지속가능한 자치도시 만들기

양효정 주무관(당시 직급)은 2005년부터 『좋은 동네 만들기 사업』과 『주민자치대학』을 병행하여, 학습에 의한 주민들의 역량 강화와 더불어 마을만들기 활동으로 지역사회 내부의 주민자치역량 강화를 도모했다. 초창기 주민자치위원회의 꽃길 조성 위주의 마을만들기 사업이 주민자치대학(2005~2006)과 10년 후 우리동네 상상

---

24 그 후 또 다른 사례가 있었다. 서울시 은평구청 협치담당관 한재중 과장은 2010년부터 2021년 현재까지 중간에 6개월 타부서 근무를 제외하고 참여예산 담당 부서에서 오랫동안 일하고 있다.

프로젝트(2007)라는 마을의제 선정을 위한 읍·면·동 단위 장기비전 만들기와 결합되면서 다양한 색깔을 띠게 되었다. 사업의 지속가능성을 위해 〈순천시 살기 좋은 지역만들기 조례〉를 제정(2007. 7. 31)하여 관련 근거를 마련하고 지속적으로 주민들의 마을만들기 사업을 지원할 수 있는 행정·재정적 지원체계를 만드는 데 힘을 기울였다.

그리고 주민참여에 의한 마을만들기 사업이 현장에서의 소통과정과 지역 전문가의 협력이 중요하다는 것과 도시 전체가 함께 어우러진 도시경관에 대한 지역내 합의가 필요함에 따라, 『순천시 공공 디자인학교, 2008』를 열어 사업주체(주민리더, 마을만들기 주체), 행정(읍면동장 / 담당공무원 / 관련부서 전문직렬 공무원), 전문가(시민단체, 공공미술 등 분야별 전문가)의 공동 역량강화를 위한 현장견학과 워크숍을 실시하였다.

그런데, 이런 과정을 통해 마을만들기와 지역공동체 사업을 통한 주민들의 실천역량은 강화되었으나, 주민들의 행정, 재정에 대한 의존성은 줄어들지 않는 것에 대한 고민이 많았다. 행정의 지원 예산이 끊기면 사업이 중단되고, 지속가능한 공동체로 자리매김하지 못했다. 이에 지역주민들의 자립성을 높여 사업에 대한 지속성을 가능하게 하는 지역사회 내에서의 공공활동과 수익활동이 서로 순환되는 커뮤니티비즈니스 사업을 2009년도부터 교육과 포럼 등을 통해 인식을 확산하는 데 주력했다. 2010년부터 본격적인 커뮤니티비즈니스 활성화계획을 수립하여 추진하였다.

커뮤니티비즈니스 사업과 마을만들기 사업을 병행 추진하면서 사업의 성격과 종류, 그리고 사업주체들의 마인드, 관심사 등의 차이에서 오는 혼란이 있었다. 또한 2010년도부터 커뮤니티비즈니스의 지속적인 추진을 위해 관련 제도를 마련하기 위해 순천시 살기 좋은 지역만들기 추진위원회(위원장 이원근) 등 지역 내 관계자들과 많은 논의과정을 거쳤다. 마을만들기 관련 조례인 [순천시 살기 좋은 지역만들기 조례]와 커뮤니티비즈니스 관련 조례에 동시에 추진되는 상황이 될 수도 있었다. 별도의 조례를 제정할 경우, 내용의 중복은 물론 사업추진 시 연계와 협력이 어려워질 것을 대비하여 마을만들기와 커뮤니티비즈니스가 통합되는 내용으로 조례를 새로 제정하는 것으로 합의를 이끌어내었다. 지역주민들의 일상생활 속에서 지속가능한 공동체들이 만들어지고, 이들이 지역사회를 건강하게 변화시켜 지역의 자원과 돈과 사람이 건강하게 교류하고 순환될 수 있는 지역공동체를 만드는 제도적 기틀을 마련한 것이다.

지역의 사람 만들기

순천시의 마을만들기는 이를 주도할 주민리더를 키우고 이들의 역량을 강화하는 학습에 기초를 두고 있다. 사업 이전에 사람의 성장과 역량 강화가 무엇보다 중요하다는 양효정 주무관의 인식에 기초한 설계였다. 2010년과 2011년도에는 주민자치위원회별 워크숍을 통해 읍·면·동 단위 마을 만들기를 주민들 스스로 기획하고 구체적 실현계획을 수립할 수 있는 기회를 만들었다. 또한 핵심리더라고 할 수 있는 위원장, 간사, 담당공무원을 구분하여 현장 견학과 워크숍을 병행하는 맞춤형 교육을 추진하였다.

특히, 마을만들기와 연계하여 농촌마을 교육을 별도로 기획하여 추진함으로써 도심지역과 차별화된 농촌지역 리더를 양성하는 노력을 기울였다. 도시의 특성과 농촌의 특성, 주민들의 요구가 서로 다르기 때문에 특성화된 마을만들기를 추진하려는 것이었고, 리더에게 필요한 교육 내용도 차이가 있었기 때문이다. 2009년 여름 농한기를 맞이하여 개령마을과 향매실마을에서 각각 3시간씩 8회에 걸쳐 주민참여형 교육을 실시하여 마을의 비전과 실천계획 등을 수립하여 주민 스스로 살기 좋은 마을을 만들어 갈 수 있게 지원했다. 2010년 여름에는 순천시 주암면 용오름마을 주민들과 리더 교육을 마찬가지 방식으로 진행했다.

도심 지역에서도 '사람 만들기'를 위한 노력을 다양하게 진행했다. 마을 단위의 공통의 미래를 설계해보는 마을 미래만들기 교육(풍덕동, 조곡동)은 마을만들기와 지역 비전을 연계하는 긍정적 결과를 만들어내고, 다음 연도 마을만들기 사업을 기획하는 데 밑거름이 되었다. 마을만들기 및 주민자치와 관련된 기존 교육에서 차별화된 커뮤니티비즈니스 전문교육을 별도로 실시하여 지역의 자원을 남다르게 찾아내는 방법과 이를 비즈니스로 연계하는 방안을 스스로 찾아갈 수 있도록 도왔다.

지역의 삶터 만들기

지역 주민 스스로 마을의 공간과 경관을 개선하는 삶터 가꾸기 사업에도 박차를 가했다. 주민들과 지역의 전문가 그룹이 협력하여 마을 벽화를 그리고 소공원을 주민참여형 방식으로 조성하고 관리했다. 대표적인 사례가 순천시 남제골 쉬엄쉬엄 마을여행 사업이다.

순천시의 원도심에 자리잡은 남제동은 신도심의 개발과 인구 유출 등으로 여러 어려움을 겪었고 주민들은 변화를 바랐다. 이런 지역의 특성에 기초하여 마을이 보유한 자원을 볼거리로 만들고 스토리텔링하여 "쉬엄쉬엄 마을 여행길"을 만들어 나갔다. 마을벽화 사업에서 시작된 "쉬엄쉬엄 마을여행"은 마을기업 "에코도시락 사업단", "희망마을 사업"을 연계하여 종합적으로 마을을 개발한 사업이다. 다양한 사업을 연계하기 위한 3개 사업주체(주민자치위원회/쉬엄쉬엄 마을벽화, 남제골 마을/희망마을, 에코도시락 사업단/마을기업)의 공동으로 참여하는 워크숍을 진행했다. 지역주민과 전문가 그룹이 실행 소위원회를 공동으로 운영하여 지속적인 마을 디자인과 운영방안을 논의하고 합의하면서 인터넷 카페를 통해 사업의 과정을 공유했다.

이 사업을 통해 외부의 낯선 시각과 만나면서 자칫 주민들이 너무 가까이 있어서 소중함을 놓칠 뻔한 우물, 자취방, 남산 탐방로, 마을기업 등 마을의 자원을 살려 다양한 형식의 볼거리로 개발할 수 있었다. 순천시의 마을만들기 사업 "쉬엄 쉬엄 골목 벽화 사업"은 2013순천만국제정원박람회장과 근접해 있는 남제골의 원도심 특유의 자원을 살려 볼거리를 만들어 외부 방문객의 발걸음을 도심으로 유도하기 위한 시도였다. 하나의 의도로 시작된 작은 벽화사업에서 외부 방문객들에게 볼거리뿐만 아니라 순천시의 친환경 먹거리를 이용한 도시락사업을 구상하고 솜씨 좋은 주부들로 에코도시락 사업단을 구성하여 "마을기업"을 육성하는 전략을 수립했다.

또한 이 골목에 거주하는 주민들 대부분이 70대 이상 어르신들임에도 열악한 주거환경은 물론 무허가 건물에 의탁하여 임시로 경로당을 이용하고 있는 실정을 개선하기 위해 도시락 사업장과 더불어 사용할 수 있는 경로당 건물을 신축하기 위해 행정안전부에 "희망마을" 사업을 신청하여 예산을 확보했다. 신도심으로 이주한 세대들로 인해 마을 내 빈집이 생기고 주민들의 안전을 위협하는 공간이 되고 있었으나, 희망마을 사업을 통해 빈집 두 채를 정비하여 마을쉼터와 희망센터를 신축함으로써 마을 전체의 주거환경을 개선하였다. 2011년부터 1년여 동안 마을주민들이 이 사업의 과정에 동참한 결과 주민들 간의 공동체 문화와 주민들 스스로 마을을 지속적으로 관리하고 운영하려는 자치문화가 살아났다.

지역 공동체 만들기

마을 만들기가 단순히 마을 환경 개선을 의미하는 것이 아니기에 주민들 간의 공동체적인 관계망을 형성하기 위한 '공동체 만들기'에도 많은 노력을 기울였다. 이의 일환으로 순천시는 매년 마을만들기 사업 공모에서 '지역공동체' 분야를 별도로 운영했다.

풍덕동은 다양한 지역 활동의 과정에서 성과 분배 등에 따른 주민자치위원회와 타 직능단체 간의 불협화음과 갈등이 있었다. '풍덕동 한솥밥 공동체'는 이런 문제를 해결하여 주민들의 화합과 단체들 간의 협력을 증진하려는 목적으로 기획되었다. 2009년부터 풍덕동 희망누리 봉사단에서 친환경교실을 통해 친환경 음식과 비누 만들기 프로그램을 통해 어려운 이웃과 함께하는 마을만들기 사업을 시작했다.

2010년에는 어려운 이웃 100여 세대에 대한 민간차원의 돌봄 서비스로 생활용품과 밑반찬 나눔 사업으로 한솥밥 짝꿍 프로젝트를 순천시 지역공동체 사업 공모로 진행했다. 2010년부터 보다 체계적인 시스템을 위하여 관내 단체 간 협의체를 구성하여 〈한솥밥공동체〉를 만들었다. 이를 통해 민간차원의 복지프로그램을 운영함으로써 활동과정 속에서 단체 간 역할분담과 협력구조를 자연스럽게 만들어가고, 단체장·회원 간 소통과 협력이 활성화되어 풍덕동 차원의 마을만들기의 추진 동력이 되었다. 이렇게 구성된 한솥밥 공동체가 지역의 다양한 마을만들기 사업을 공동으로 주도하는 협력체가 되어 마을축제, 마을가꾸기 사업을 진행했다.

풍덕동은 기존도심에 위치하고 있으며 자활을 위하여 지속적인 돌봄이 필요한 국민기초생활수급자, 다문화가정, 소년소녀가장, 홀로 사는 어르신 등이 많은 지역이다. 직능단체와 자생단체 회원들을 중심으로 자원봉사자 105명을 모집해 복지수요 대상자 105세대와 자매결연을 통해 일상적인 안부 살피기, 반찬 및 생활용품 나누기 등을 통해 민간차원의 복지 시스템을 만들었다. 한솥밥공동체 회원들은 추석과 설 명절 전에 결연대상자인 짝꿍에게 선물을 전달하고, 음식이나 생활용품 나누어 쓰기 등을 통해 결연대상자와 지속적인 관계를 맺어 나갔다.

한편, 풍덕동 희망누리봉사단의 친환경 수제 비누 만들기, 지역농산물을 이용한 식품 만들기 체험활동에서 시작한 지역공동체 사업이 지역주민들과 체험자들의 호응이 잇따르자 2010년부터 커뮤니티비즈니스사업으로 전환하였다. 지역공동체 사업에서 시작하여 수익활동을 가미하여 커뮤니티비즈니스사업으로 전환하면서 주민자치위원회에서 적극 지원하고, 간사가 커뮤니티비즈니스사업의 총무를 겸임하여 2011년부터는 행정안전부의 마을기업에 선정되어 여성일자리 창출과 풍덕동아랫장 활성화에 기여했다. 이후에는 행정 예산 의존성을 점점 줄이고 지속적인 공동체 사업을 위한 자립을 도모했다.

지속가능한 공동체를 위한 커뮤니티비즈니스

지역의 자원을 활용하고 주민 스스로 지역문제를 해결하는 주민자치를 실현하기 위해서는 '지속성, 자발성, 자립성'이 확보되어야 한다. 마을 만들기 사업을 통해 주민들의 역량은 강화되었지만 예산에 대한 의존성은 여전했고, 사업의 지속가능성에 대한 의문이 제기되었다. 이러한 한계를 극복하기 위해서 주민들 스스로 수익과 일자리를 창출하면서 공동체를 위한 마을만들기가 필요하다고 판단하여 커뮤니티비즈니스Community Business, 이하 CB를 적극적으로 도입하였다. 기존 읍·면·동 주민자치위원회 및 마을 단위에서 추진하고 있는 마을 만들기 사업 중 CB로 전환이 가능한 사업을 검토하여 단계적으로 전환해 나갔다. 그 과정에서 사전 교육과 인식 확산을 위해서 다양한 교육 프로그램을 운영하는 등 많은 노력을 기울였다.

콩나물 CB 사업. 덕연동 주민자치센터의 마을만들기 사업으로 2008년부터 시작된 경로당어르신 콩나물기르기 사업이 2010년 순천시 CB 시범사업으로 선정되며 본격 추진되었다. 주민센터 내 사업장을 확보하여 콩나물 자동재배기를 설치했고, 순천시청 구내식당 등 지역 내 아파트 부녀회와 주민들의 호응을 얻었다. 그리고 송광면 산척마을과 재래콩 계약재배를 통해 안전한 먹거리를 공급하는 등 도농교류를 활성화했다.

순천시 별량면 산골 오지마을인 개령마을에 경축자원화시설이 들어오는 것을 반대하는 주민들의 투쟁이 있었고, 보상 차원에서 마을 테마관을 지었으나 전혀 운영되지 못했다. 2008년 〈순천시 마을만들기 사업〉으로 소공원 조성사업을 통해 〈오지마을을 요지마을로 바꾸자〉라는 주민들의 변화의 의지가 모아졌다. 이후 2009년 7~8월 중 8회에 거쳐 지역리더십센터 함께이룸을 초대하여 농촌마을 역량강화 교육을 실시했다. 2010년 녹색농촌 체험마을로 황토방 등 숙박시설을 갖춰 교육과 체험과 숙박이 가능하게 되어 교육장 활용객과 외부 방문객이 늘어났다. 2010년 행정안전부 자립형지역공동체 사업으로 "밥상으로 배우는 음식과 사람"이라는 주제의 밥상체험과 고들빼기 자원을 활용할 수 있는 체험기반을 조성했다.

주민자치, 서두르지 않는 긴 호흡으로

양효정 과장이 추구하는 주민자치는 단기간에 가시적 성과를 내는 그런 일이 아
니다. 사업이 아니라 사람을 중심에 두고, 성과보다는 과정을 중심에 두는, 모래 위
의 집짓기가 아니라 튼튼한 암반에 집을 짓는 그런 일이다. 그의 생각을 살필 수 있
는 2007년 6월의 칼럼 하나를 소개한다.

주민자치, 서두르지 않는 긴 호흡으로

몇 년 전 한 대선 후보가 국민을 향해 참으로 당돌(?)하게도 "여러분! 지금 행
복하십니까?"라고 물었던 적이 있다. 이 말이 유행한 것은 우리 모두 행복해지
고 싶으면서도 누구도 자신에게 행복하냐고 물어봐주지 않아서 생소하게 들렸
기 때문 아닐까?

이처럼 사람이 살면서 행복을 추구하는 것은 너무나 당연한 일임에도 우리 주
위에는 행복의 비명을 지르면서 사는 사람을 찾아보기가 어렵다.

문제는 개인마다 추구하는 행복의 가치가 다르다는 것, 그리고 남의 행복에는
별 관심이 없다는 것이다. 엄마가 아기에게 밥을 떠먹이듯 누군가 나에게 행복
이라는 밥상을 차려주지는 않을 것이다. 지방행정이 지역주민의 삶의 질을 높
이기 위해 변화하고 노력해도 모든 시민을 행복하게 해줄 수는 없는 문제다.

다만, 개인마다 다른 행복의 가치관 차이는 미뤄두더라도, 좀 더 많은 사람이
행복해하는 『공공의 행복』을 위해 개인과 개인이 만나서 교류하고 나누고 머
리를 맞대어 함께 살아가는 기쁨을 찾아갈 수 있는 통로와 과정을 많이 만들
어가는 것이 행정의 역할이 아닐까 생각한다.

주민들이 남의 행복에도 관심을 갖게 하는 것, 사람들 사이에 소통이 있고 교류가 이루어지게 하는 것이 자치시대 공무원의 일이어야 한다. 그래서 주민들 사이의 소통으로 인한 연계와 협력이 끊임없이 자기복제를 하면서 에너지를 만들어가는 것이 그 도시의 경쟁력이 되게 해야 한다. 그 교류의 중심에서 사람과 사람 사이를 이어주는 곳이 주민자치센터이고 지역의 정체성을 찾아가는 곳이라고 이해한다면, 성급하게 주민자치의식의 미성숙을 탓할 때는 아니다.

주민자치센터를 추진하는 동안 아직은 주민들의 의식 수준이 낮으므로 시기상조라는 얘기도 많이 듣는다. 또한 많은 사람들로부터 "주민자치는 이론은 그럴 듯하지만 현실과 맞지 않다. 꿈 깨라! 하던 대로 해라!"는 말을 들으면서 우리들이 지금까지 얼마나 눈에 보이는 성과와 몇 장의 서류에 의존해왔는지 알게 된다. 혁신과 변화를 많이 말하면서도 스스로를 변화시키는 데는 정말 인색하면서 주민이 먼저 변하길 기대하고, 지역의 자치의식이 저절로 성숙되기를 바라는 것은 손 안 대고 코를 풀겠다는 심사와 같은 일이다. 또한 간과하지 말 것은 주민의 의식이 낮다고 단정할 만한 아무런 이유도 권한도 우리에게 있지 않다는 사실이다.

지역을 위해 열심히 봉사할 수 있는 일꾼이 생각보다 가까운 곳에 숨어있는지도 모른다. 지역의 숨은 일꾼이 행정으로 인해 힘을 내고 더욱 열심히 봉사할 수 있도록 주민의 시선으로 바라봐야 한다.

주민자치센터에서 주민을 위한 문화 여가 프로그램을 개설하는 시점이 바로 주민자치로 전환되는 시점은 아니다. 현재 몇 개월 간 운영하고 있는 주민자치센터를 보면 처음에는 개인적인 관심을 갖고 프로그램에 참여하지만, 이웃과 함께 모인다는 점에서 서로의 소통이 이루어지고, 동 행정과 익숙해지는 과정에서 각 분야로 연계가 이루어지고 있는 사례들이 나타나고 있다. 경로위안잔치를 자치센터 수강생이 주체가 되어 마련하는 곳, 마을가꾸기 사업과 지역복지 프로그램을 주민들과 함께 만들어가는 사례들에서 자치의 희망이 보이기 시작한 것이다.

이처럼 눈에 보이지 않는 성과들이 지역 혁신의 씨앗으로 이미 주민들의 마음 속에서 이웃을 바라보는 따뜻한 시선으로 움트고 있다. 단계마다는 실패로 보일지라도 여러 단계의 실패가 모여 커다란 성공을 이끄는 내공을 쌓고 있는 과정이 현재 순천의 주민자치라 생각된다.

100미터 달리기 같은 일이라면 빠르고 거친 숨으로 헐떡이며 결승점에 도착하면 1등이라는 목표에 도달하겠지만, 주민자치는 마라톤처럼 고른 숨을 쉬며 서두르지 않는 긴 호흡으로 가야 할 길이다.

10년의 노력이 이룬 변화

양효정 과장이 생각하는 마을 만들기는 사업을 발굴하고 예산을 투자하는 것으로만 지역에 정착될 수 있는 것이 아니다. 무엇보다 지역주민들 사이에서 스스로 공감하는 분위기가 조성되어야 성공의 가능성이 싹트는 사업이다. 초창기 시범적으로 사업을 발굴하고 모델을 만들어 확산하는 일과 동시에 지역주민들이 마을 만들기의 주체가 될 수 있는 다양한 교육과 견학, 실천 프로그램이 진행되어야 한다는 것이다.

순천시가 2005년부터 좋은동네 만들기 사업으로 소박하게 시작했던 사업은 지역사회에서 주민들 간에 서로 지탱하고 보살피는 공동체로 정착해가는 사례로 발전하여 매년 1~2개 정도 발굴되었다. 주민자치와 마을만들기 분야에서 전국 우수 도시로 알려져 매년 1,000여 명의 마을만들기 관계자가 벤치마킹을 다녀가는 도시가 되었다. 또한 지역에서 뿌리를 내리고 의미 있는 일을 해보려는 청년들의 관심을 끌게 되고, 이들이 다시 지역의 주민조직을 돕는 마을 만들기 생태계가 만들어질 수 있는 기반이 되고 있다. 작지만 소중한 일자리로 이어지는 커뮤니티비즈니스와 마을 만들기가 공존하는 지역으로 변화되어 나갔고, 지역주민들의 다양한 공동체 활동의 긍정적 에너지가 도시를 건강하게 만드는 진정한 기초가 되고 있다.

평생교육도시 순천을 향한 비전

양효정 과장은 2020년 평생교육과장으로 부임하면서 이전 활동의 성과에 기초하여 새로운 비전을 모색하고 있다. 평생교육이 살아 숨쉬는 도시를 만들어 자치와 혁신으로 순천의 변화를 이끌어 나가겠다는 것이다. 그 핵심에는 지역의 변화를 촉진해 나갈 사람들과 그들의 역량 강화에 대한 고민이 자리 잡고 있다.

오래전부터 순천은 교육도시로 알려져 왔다. 수도권의 좋은 대학을 많이 보내는 명문고가 있어서가 아니라, 지역의 문제를 해결해나가는 '시민'을 양성하는 좋은 교육이 지역사회 전반에서 동력으로 작동하는 도시가 진정한 교육도시다. 따라서 순천시가 새롭게 정의하는 교육도시는 지역의 변화를 이끄는 인재를 양성하는 도시다.

순천시는 2003년 평생학습도시로 지정되었다. 2004년에는 국 단위 평생학습 조직을 신설하고, 평생학습 조례 제정 등 평생학습 추진을 위한 인프라를 선도적으로 구축했으며, 제1회 전국 평생학습도시 대상을 수상하였다. 특히, 순천시는 다른 도시보다 한발 앞서 2011년 순천시 문화건강센터 개관, 평생학습을 위한 독자적인 기반 시설을 갖추고, 전국 최대 규모의 다양한 강좌를 개설하는 등 체계적이고 안정적인 평생교육이 시민들에게 제공되고 있다는 평가를 받았다.

비대면 평생교육, 순천 e-클래스 센터 구축 운영

누구도 예측할 수 없었던 2020년 상반기, 코로나19 확산으로 순천시도 시민대학 운영을 중단하였다. 하반기부터는 실의에 빠진 강사진의 마음을 다독이며 강사학교를 열어 온라인 강의기법을 교육하고, 전면 온라인 시민대학으로 전환함으로써 코로나 위기에서도 시민과 강사들에게 버팀목이 되었다. 시민들이 온라인 강사로 참여하여 강의 콘텐츠를 만들 수 있고, 라이브 방송 등을 통해 비대면 소통이 가능한 '순천

'e클래스'가 만들어진 배경이다.

이를 성공적으로 운영하기 위해 지난해 12월부터 청년 온라인 코디네이터를 육성하였다. 이들은 앞으로 시민들의 비대면 강의 콘텐츠 제작·운영을 돕는 등 시민들을 위한 디지털 리터러시 전문가로 역량을 발휘할 예정이다.

연계·협력·교육의 순천 모두의 학교 운영

코로나19의 확산으로 도시단위 모임에서 소규모 마을단위 모임으로의 전환이 요구되고 있다. 시는 평생학습관에 집중·규모화 된 기존 평생학습 프로그램을 마을단위 유휴공간을 발굴하고 '순천 모두의 학교'로 분산 운영할 계획이다. '순천 모두의 학교'는 평생교육의 분권화, 지역연계 교육과정 개발 등을 목표로 공간과 연계한 마을활동가를 배치하여 온·오프라인 교육이 가능한 마을단위 배움터이다.

시는 2021년 생활 SOC 사업을 통해 새롭게 정비되는 여성문화회관에 작은 도서관, 주민 공동체 공간, 공동체부엌 등을 마련하고 신도심의 교육거점공간으로 자리매김해 나갈 예정이다. 현재의 평생학습관은 직접적인 취미·교양 강좌의 개설을 점차적으로 축소하고 지역사회와 협력하는 교육 링커linker: 연결자의 역할을 강화해 나갈 예정이다.

위드 코로나 시대, 열린 아카데미로 지역사회문제 화두 던질 터

순천시는 2021년 가장 중요한 평생교육 의제로 '시민사회와의 협력을 통한 지역 상생형 평생학습체제 구축'을 제시했다. 각 분야의 명강사를 초청하여 대규모 특강 위주로 진행하던 순천사랑아카데미도 운영 자체가 어려운 상황이다. 기존 운영방식에서 과감하게 탈피해 자치분권, 도시재생, 사회적경제, 기후위기, 지역인물 등 테마별로 시민패널들이 참여하여 강사와 소통하고 토론하는 방식으로 바꾼다. 소규모로 모이지만 온라인을 통해 더 많은 시민들과 공유하여 지역의 현안에 대한 화두를 던

지고 지속적인 공론장을 만들어갈 예정이다.

장기적으로는 운영방식을 전환하여 각 영역의 전문성을 가진 시민사회 주도로 지역사회와의 협력구조를 만들어갈 계획이다.

교육이 본무가 되는 순천형 3E 평생교육 허브

학습소외 현상을 해소하고 개인의 자아실현을 목적으로 시작된 평생교육은 이제 전국적으로 보편화되었다. 시민 누구나 원하는 것을 배울 수 있게 되었다는 점에서 평생교육은 그동안 많은 역할을 해왔다. 하지만 평생교육이 취미·교양수준에만 머물러 있다는 비판의 목소리 또한 현실이다. 시민의 일상이 복합적인 문제로 얽혀 있는 복잡·다변화된 현대사회에 평생교육의 시대적 역할은 개인의 학습권 보장을 넘어 지역의 문제를 함께 해결하는 '민주시민 양성'으로 확장되고 있다. 성인교육을 넘어서 아이부터 청소년, 청년, 성인을 포함한 전인적 접근에서 교육의 통합과 지역사회의 변화를 유도하는 동력으로써 교육을 고민할 때다.

순천시는 교육Education과 생태Ecology를 기반으로 지역경제Economy를 특화시키는 3E 프로젝트 혁신전략을 바탕으로 교육이 도시의 성장 동력으로 기능할 수 있도록 '순천형 교육 허브'를 구축할 계획이다.

지역화 교육과정 개발 및 마을교육공동체 활성화 주력

민간, 순천시, 순천교육지원청의 협치를 기반으로 설립된 순천풀뿌리교육자치협력센터는 그동안 자치와 학습 기반으로 성장해온 마을교육을 학교교육과정으로 연결하는 마을교육 공동체 운동을 전개해오고 있다. 지난해 동천마을교육과정, 철도마을교육과정 등 지역의 생태, 문화, 역사를 주제로 여러 교육과정들이 개발되어 학교교육으로 연결되고 있다.

매월 교육민회 '정담회'를 운영함으로써 시민들의 다양한 교육제안들을 정책으로 연계해 나가고 있다. 특히, 지역의 교육경비를 전면적으로 재구조화하고 교육영역 외에도 돌봄, 주민자치, 도시재생 등 연계를 통해 그 영역을 확대하고 있다.

부서간 칸막이 없애고 협력 체제 구축과 평생학습박람회

순천시는 지난 5일, 행정안전부와 교육부, 국토교통부 등 5개 부처가 공동으로 진행하는 다부처 정책연계 공모 사업에 선정됐다. 교육부의 미래교육지구인 순천시는 도시재생, 통합돌봄 등 다부처 정책간 연계를 실행해갈 예정이다. 시 단위 정담회 모델을 읍면동 단위의 주민자치회를 중심으로 시민 누구나 정책을 제안하는 마을민회로 분산·확장하고, 각 분야별 주민·전문가·공무원 등이 참여하는 정책연계 실무협의체 구축을 통해 다양한 영역을 교육과 연계하고 지원해 나갈 예정이다.

2021년 10월 제7회 대한민국 평생학습박람회가 순천에서 열린다. 지난해 코로나로 연기된 만큼 차질 없는 준비로 전국의 평생학습인들의 축제와 학습의 장을 마련할 계획이다. 순천시는 이번 박람회를 코로나로 위기를 맞은 평생학습의 새로운 전환계기로 삼고, 177개 전국 평생학습도시들을 주축으로 대한민국 평생학습 비전을 제시하는 '학습선언'을 준비한다는 계획이다.

Ⅲ

진정한 변화는
지역에서부터

전문가와 행정은 구분하고, 주민들은 통합한다

다르지 않은 것을 다르다고 구분하고 나누는 사람들이 있다. 흔히 전문가[25]로 불리는 사람들과 행정이다. 참여예산, 주민자치, 마을공동체, 도시재생, 사회적경제, 자원봉사 등은 모두 주민들이 중심이 되고 주체가 되어 지역사회의 변화를 일구어가는 활동이다. 모두 본질적으로 주민참여 혹은 주민자치이다. 그것이 발현되는 현장이 다를 뿐이고, 실천하는 사람들이 조금 다를 뿐이다.

그런데 왜 그들은 자꾸 구분을 하는가? 한마디로 말하기는 어렵지만 전문가들은 자신들의 경험의 함정에 빠지는 경우가 많은 것 같고, 행정은 부서 칸막이 때문인 것 같다. 대개 전문가들은 자신의 분야에 특별한 의미를 부여하고 그 일의 중요성을 강조한다. 여기까지는 문제없다. 그런데 다른 분야와의 차

---

25 우리는 흔히 전문가를 한 분야를 오랫동안 연구하거나, 그 분야에서 오랫동안 일한 사람이라고 생각한다. 그런데, 현대경영학의 창시자로 일컬어지는 피터 드러커는 전문가를 이렇게 정의했다. "전문가는 일하는 방법을 끊임없이 개선·개발·혁신해서 스스로의 부가가치를 높이는 사람이다." 그러므로 일반적으로 한 업무를 오랫동안 수행해서 그 일에 능숙한 사람은 숙련가라 할 수 있다.

별성을 강조하거나, 그 일이 세상 무엇보다 중요한 것이라고 말하는 순간 문제가 발생한다. 자신의 분야는 잘 알지만 다른 분야는 잘 모르는 경우도 있고, 심지어 다른 분야를 폄하하는 경우도 있다. 현재 우리나라 행정은 기본적으로 부서 단위로 일을 하며, 연관된 업무라 하더라고 업무 영역을 미루거나 다투곤 한다. 이런 현상을 주민들은 칸막이 행정이라 일컫고 비판한다. 이를 극복하기 위해 중앙정부와 지방정부에서는 끊임없이 부처 간, 부서 간 협업을 강조하고 있다. 그러나 오랜 시간 부서단위로 일해 온 행정의 관행은 쉽게 바뀌지 않고 있다.

행정의 칸막이, 주민들의 칸막이

다르지 않은 것을 다르다고 하고, 연관된 것을 연결하려 하지 않는 이 같은 정책 추진 때문에 현장은 혼란스럽고, 주민들은 여기저기 불려 다니느라 바쁘다. 주민교육만 하더라도 주민자치교육, 참여예산교육, 마을공동체교육, 사회적경제교육, 협치교육 등등 주민들을 바쁘게 한다. 그리고 행정은 새로운 정책을 추진할 때마다 주민조직을 만든다. 대개 행정은 그 조직을 구성할 때 새로운 사람들을 발굴하는 어려운 길보다는 '검증된' 사람들을 중심으로 구성하는 쉬운 길을 택한다. 그래서 주민들은 여기저기 겹치기 출연하느라 바쁘다.

때로는 주민조직들 간에 신경전과 갈등이 생기기도 한다. 원래 활동하던 위원회 위원들은 새로운 위원회를 경계하며, 누가 더 힘센 조직인가를 두고 다툼이 벌어지는 경우도 있다. 마을 행사를 할 때 행정의 의전 절차에 따라 위원장들의 소개와 인사말 순서가 정해져 있고, 가끔 행정이나 사회자의 실수로 인해 위원장 소개가 빠지는 일이 생기면 행정은 치도곤治盜棍을 당하고, 마을 행사에 참석한 주민들은 정치인들과 위원장들의 인사말을 듣느라 지치곤 한다.

이런 일련의 혼란과 분주함은 행정에 의한 요인이 가장 크며, 행정의 이런 관행에 영향을 받은 일부 마을 리더들에 의해 부추겨지기도 한다. 이제는 불필요한 혼란과 갈등을 줄여야 한다. 서로 다른 사람들이 모여 공동으로 수행하는 활동에 갈등은 필연적이지만, 불필요한 갈등은 없어야 한다. 지역 문제를 해결하기 위해 나오는 다양한 아이디어들은 부딪칠 때도 있지만 서로의 생각에 영향을 주고받으며 더 나은 방안을 찾는 결과로 이어질 수 있다. 그러나 분야 간의 갈등과 서열 다툼은 주민들에게 피로감을 주고 마을활동의 동력을 약화시키는 결과를 낳게 된다.

알지만 쉽게 극복되지 않는 문제

은평구 협치조정관으로 일하면서 민간과 행정을 연결하는 일은 쉽지 않았다. 서로 서 있는 자리가 달랐고, 많은 경우 상대의 입장에 서기보다는 자신들의 자리로 상대를 부르려 했다. 자신들만의 자리가 아니라 공동의 자리를 만드는 일이 나의 주된 역할이었다. 협치 교과서에 나오는 해결 방안을 현장에서 적용하기란 쉽지 않았다. 돌이켜보면 원래부터 쉬운 일이 아니었다. 편을 가르는 일도 종종 있었다. 칸막이는 어디에나 있는 것이 인간사일지도 모르겠다.

또 어려웠던 점은 행정 부서 간의 협업을 촉진하는 일이었다. 직책은 협치조정관이었지만 내게 조정할 수 있는 권한은 없었다. 권한이 있었다 하더라도 조정보다는 합의하는 방식을 주로 선택했을 것이다. 진정한 협력은 상호간의 커뮤니케이션 과정에서 이루어질 수 있다고 생각하기 때문이다. 부서 간 협업 이전에 사업을 어느 부서에서 담당할 것인지, 어디가 주무부서 역할을 할 것인지 정하는 것부터 난항을 겪었다. 나는 그 사업의 가치와 목적을 먼저 이야기 하고자 하였으나, 공무원들은 그보다는 업무 영역을 나누고 실무적 사안에 대해 관심을 두었다.

여러 지역에서 주민자치회를 추진함에 있어 그동안 활동해 온 주민자치위원회와 동 참여예산기구를 어떻게 할 것인지를 두고 고민이 많다. 조직을 통합하는 방식으로 진행하는 곳도 있고, 각기 따로 운영하는 것으로 결정한 지역도 있으며, 자연스런 흐름에 맡겨보자는 곳도 있는 것 같다. 주민조직들 간의 관계 설정도 중요 변수지만, 행정의 관련 부서가 먼저 입장을 정리하고 한 방향으로 정렬되어야 한다. 행정에 의해 초대된 공간이기 때문에 그렇다. 그런데 대개 주민자치위원회를 담당하는 자치행정과(자치안전과)가 주무 부서를 맡게 되고, 그 이후로는 부서 간의 협의·협업보다는 주무부서의 사업계획의 하나로 축소되어 버린다. 주무부서가 아닌 협조부서는 지켜볼 도리밖에 없다. 행정의 인사이동으로 인해 담당자나 팀장이 서로 자리를 바꾸게 되면 관계는 더욱 미묘해진다. 같은 일인데 주도하는 사람이 달라진다.

참여예산과 주민자치는 원래부터 하나다

주민자치와 주민참여예산은 다른 것인가? 더욱이 새로 만들어지는 주민자치회는 주민자치, 참여예산 등 동 단위 활동기구의 통합을 전제로 추진하는 경우가 많으며, 주민자치회의 기능은 참여예산의 활동을 가져온 것이 많고, 주민총회의 주요 안건이 참여예산사업의 선정이다. 참여예산과 주민자치는 원래부터 하나이다. 지역의 문제 해결을 위해 주민들이 권한을 가지고 예산과 사업을 선정하고, 주민들과 행정이 함께 실천해 나가는 것이 주민자치이고 참여예산이다. 마을공동체는 이와 다른 것인가? 마을의 의제를 주민들이 스스로 발굴·실천하여 주민들이 살기 좋은 마을을 만들자는 것이 마을공동체다. 그럼 자원봉사는? 과거에는 이웃돕기, 자선 등이 자원봉사 활동의 주요 내용이었지만, 지금은 자원봉사를 지역사회의 문제를 해결하기 위한 주민들의 자발적이고 조직적인 활동으로 정의한다. 지역복지 역시 주민들이 스스로 복지문제를 해결하고 복지자원을 연결하는 것에 지대한 관심을 가지고 있다.

이 모든 분야는 결국 지역사회의 문제를 주민들이 스스로 해결하자는 것이다. 그것을 주민자치라 하든, 참여예산이라 하든, 마을공동체라 하든 같은 맥락의 활동이다. 내가 이런 주장을 하면 행정과 전문가들은 잘 받아들이지 못하지만, 주민들은 쉽게 고개를 끄덕인다. 그리고 주민들은 때로 전문가와 행정의 구분하기를 호되게 질책하기도 한다. 제발 비슷비슷한 활동과 교육에 우리를 오라 가라 하지 말라고도 한다. 주민들은 횡단성$_{Transit}$이니 통섭$_{通涉}$이니 하는 전문 용어는 잘 모르지만 그들은 본질을 꿰뚫어 본다. 세상에 진리가 있다면 그것은 많은 설명을 필요로 하는 복잡한 것이 아니라 단순하고 명쾌할 것이다. 그리고 원래부터 한몸인 것을 한몸이라 하는 것이기도 하다. 홍길동이 아버지를 아버지라 부르지 못하는 그런 과거가 21세기에 되풀이 되어서는 안 된다.

내 소신대로 살아온 24년

돌이켜 보면 나는 24년을 하나의 줄기에서 활동했다. 자치를 중심 화두로 두고, 그것을 실천할 수 있는 다양한 방법과 영역에 관심을 두었다. 주민자치, 마을만들기(마을공동체), 시민교육, 자원봉사, 농업농촌 활성화, 사회적경제, 지역복지 등을 주제로 활동했으며, 최근 몇 년간은 주민참여예산과 민관 협치에 집중했다. 때로는 강사로 초대받아 현장을 학습할 수 있었고, 퍼실리테이터로 그들이 안고 있는 문제에 직면하는 기회도 얻었고, 현장 연구자로 그들의 고민을 듣고 함께하는 역할도 있었다. 각각의 현장에서 전문성을 갖춘 강사와 퍼실리테이터를 양성하는 일에 큰 의미를 두고 활동했으며, 무엇보다 현장에서 함께 활동하는 소중한 기회를 가지기도 했다.

사람들은 이런 나를 두고 그렇게 다방면으로 활동하기보다는 한 분야에 집중해서 전문성을 가져야 한다는 충고를 종종했다. 모두 나를 아끼고 염려하는 마음에서 비롯된 것임을 알기에 감사하는 마음을 가지고 있다. 그렇지만 나는 그들의 말을 따르기보다는 내 방식을 고집했다. 때로는 그것 때문에 동료들과 갈등을 빚기도 했다. 내가 특별히 잘나서가 아니라 아무리 고민해도 그것들은 다르지 않은 하나의 것이었기 때문이다. 지역사회의 문제를 해결해서 주민들이 함께 행복한 지역공동체를 형성하기 위한 하나의 과정이었다.

지금부터 그 활동 과정에서 경험한 다양한 주제에 대해 내 생각을 이야기해 보겠다.

주민 스스로 답을
찾아가도록 돕는 시민교육

나는 90년대 중반까지는 권력이나 제도를 바꾸면 좋은 세상이 올 것이라 믿었고, 좋은 세상은 몇 번의 결정적인 혁명을 통해서 이루어질 것이라는 믿음을 가지고 있었다. 그러나 세계 여러 나라의 사례를 통해서 입증된 바는 권력과 사회제도가 바뀌더라도 그것을 운영해 나갈 사람들이 준비되어 있지 않으면 모래 위에 집을 짓는 것처럼 허망한 결과가 초래된다는 것이었다. 그리고 세상은 그렇게 빨리 좋아지지 않는다는 교훈이었다.

사람이 변해야 세상이 변한다

사람의 성장과 발전이 사회 발전의 근본적인 힘이며 방법이라는 것으로 생각이 전환되었고, 그것을 이루기 위한 가장 좋은 터전은 다양한 사람들이 모여 살며 밀접하게 관계를 맺고 사는 지역사회라고 생각했다. 물론 권력과 제도는 사회 발전의 또 다른 중요한 축이며, 사람과 제도는 끊임없이 상호작용을 하기에 좋은 권력과 제도를 만드는 것에도 관심을 기울여야 한다고 생각했다.

풀뿌리에 기반하여 사람의 변화·발전을 추구하면서 주민자치와 시민교육 (혹은 주민교육)에 관심을 갖게 되었다. 사람의 성장은 학습과 실천을 부단히 반복하는 과정에서 열매 맺는 것이라 생각했기 때문이다. 여러 전문가들의 도움으로 다양한 교육프로그램을 운영했고, 한편으로는 우리 스스로 교육 역량을 갖추기 위한 학습과 훈련에도 힘을 기울였다. 그리고 직접 강의를 준비하고 퍼실리테이션을 진행했다. 시행착오도 많이 있었고 실패도 경험했다.

그렇게 20년 이상을 강사와 퍼실리테이터로 지역사회의 문제를 해결하기 위한 다양한 영역에서 활동해 오고 있다. 시민교육 활동가로 성장해 나가는 데 결정적인 계기는 두 가지였다. 하나는 독일 정치교육Politische Bildung[26]의 경험이었고, 하나는 개인기로만 살아남을 수 있는 프리랜서 강사 시절 '재미'에 도전했던 것이다.

독일 정치교육 현장에서 교육의 개안開眼을 경험하다

2000년 12월 독일의 보수정당이자 집권당인 기독교민주당의 정치재단 '콘라드아데나워재단'의 초청으로 보름간 독일 정치교육의 현장을 체험했다. 가장 놀라웠던 장면은 한국의 고등학교 1학년에 해당하는 독일 학생들의 사회과 수업 장면이었다. 당시 독일 사회의 첨예한 이슈였던 '이주 외국인 문제'에 대해 찬반 토론식 수업을 진행했는데, 학생들의 활발한 토론 태도도 인상적이었지만, 담당교사의 역할이 더욱 눈에 띄었다. 분명 교육자인 교사가 이슈에 대한 다양한 자료만 제공할 뿐 학생들의 토론 장면을 줄곧 지켜보기만 했다. 나는 '당연히(?)' 수업 말미에 교사가 어떤 이야기를 할 것이라고 생각했지만, 담당교

---

26 우리의 민주시민교육과 유사한 개념으로 볼 수 있다. 독일은 1, 2차 세계대전을 일으킨 전범 국가로서 다시는 이와 같은 일이 벌어지지 않게 하는데 독일 국민들이 민주적 소양과 역량을 갖추는 것이 중요하다고 보아 국가적인 차원에서 대대적으로 정치교육을 진행해 왔다. 일반적인 서구 유럽 국가들이 아래로부터 시민교육을 발전시켜 온 것과는 대비되는 모델이다.

사가 마지막에 한 일은 학생들에게 토론 소감을 묻는 것이었다. 맙소사! 선생님이 답을 내리지 않는 수업이라니!

이 수업은 나에게 교육적 개안開眼을 가져다준 결정적 장면이었다. 교육자(교사)의 역할은 답을 알려주는 역할이 아니라 학생들 스스로 답을 찾아가게끔 돕는 퍼실리테이터Facilitator, 학습촉진자였던 것이다. 이후 독일 중앙정부의 민주시민교육원, 여러 정당의 민주시민교육재단, 지방정부의 민주시민교육원, 시민단체, 교회 등의 교육 현장에서 같은 경험을 했다.

한국에 돌아와서 내가 활동하는 (사)열린사회시민연합(이하 열린사회)의 상근활동가 연수에 독일 정치교육 전문가 고상준 씨를 초빙하여 1박 2일 워크숍을 진행했다. 독일에서 개발한 다양한 민주시민교육 방법을 배웠고, 1박 2일 내내 실습과 토론을 진행했다. 워크숍은 열린사회 상근 활동가들에게 큰 반향을 불러일으켰다. 다양한 민주시민교육 방법에 내재되어 있는 철학이 열린사회가 추구하는 철학과 맞닿아 있었고, 서울의 10개 지역에서 지부 활동을 통해 수행하던 주민교육에 대한 새로운 접근법을 발견했기 때문이다. 워크숍에 참석했던 40여 명의 활동가 중에서 15명이 민주시민교육 방법론의 현장 적용을 위해 후속 학습모임을 조직하기로 결의하였다. 후속 학습모임은 상근활동가들이 근무시간이 아닌 격주 토요일 오전에 이루어졌고, 그 모임을 1년 6개월 동안이나 지속했다. 우리는 그 과정에서 기회 있을 때마다 강사와 퍼실리테이터로 활동하며 경험과 역량을 축적해 나갔다.

교육의 '재미'에 도전하다

여러 사정으로 프리랜서 강사이자 퍼실리테이터로 뛰어든 나에게 큰 도전은 교육에 재미를 입히는 것이었다. 아무리 의미 있는 교육이라 하더라도 참가자들의 학습동기를 강화할 수 있는 재미가 더해지지 않으면 교육의 효과성이 떨어지는 경우가 많았기 때문이다. 그리고 앞날을 기약할 수 없는 프리랜서 강사로 살아가기 위해서는 진지모드를 재미모드로 바꾸지 않으면 안 되는 환경에 놓여 있기도 했다. 시민운동가 특유의 진지함으로 일관한 교육을 해 오던 나에게는 쉽지 않은 도전과제였다.

우선 재미를 내 삶의 일부로 삼는 일을 시작했다. 그 일환으로 안 보던 개그 프로그램도 보기 시작했고, 회자되는 드라마를 찾아서 보았다. 처음엔 웃음코드를 알지 못해 그저 바라보기만 했지만 점차 그 코드에 익숙해져 갔다. 타고난 몸치이지만 교육에 도움이 된다면 뭐든지 하겠다는 각오로 유행하는 춤을 따라 배웠으며, 조금 더 입체적인 교육을 만들기 위해 1주일간 연극수업을 받기도 했다.

그리고 교육 프로그램을 개조하는 일에 착수했다. 재미의 요소를 어디어디에 넣을지 고민했고, 사전 연습을 했으며, 강의하는 모습을 영상으로 촬영하여 다시보기를 했다. 재미있게 강의를 잘한다는 소문난 강사의 강의를 찾아 들어보기도 했다. 프로 강사들끼리는 강의는 시작 5분 안에 성패가 갈린다는 말을 종종 한다. 그 시간 안에 동기 부여를 하거나 청중을 휘어잡거나 그들의 마음열기Ice Breaking에 성공해야 한다는 것이다. 그런 과정을 거쳐 차분하고 진지하기만 했던 나의 교육 프로그램에 조금씩 생동감이 생겼다.

교육활동가로 살아가는 방법

어떤 한 분야에 머물기보다는 다양한 영역에서 교육 활동을 수행했다. 초기에 주된 교육대상은 주민자치위원들과 시민단체 활동가들이었고, 우연에 필연이 더해져 차츰차츰 분야가 넓어졌다. 마을공동체, 자원봉사, 평생학습, 청소년 분야를 경험했고, 2006년부터는 (재)지역재단과 (사)지역농업연구원과 연결되면서 거의 10년을 농업농촌 분야 교육을 진행했다. 서울촌놈인 나는 대학

때의 농활이 농사경험의 전부였지만, 좋은 선생님[27]을 만나 농업농촌 이론과 현장을 열심히 공부하며 교육을 준비해 나갔다. 나는 궁금한 게 있으면 일요일에도 황영모 실장에게 전화를 했고, 휴대전화가 뜨거워져 더 이상 통화하기 어려울 때까지 대화를 이어간 적도 여러 번이다. 그리고 현장에서 만나는 다양한 농업농촌 리더들을 통해 차츰차츰 현장을 알아갔다.

참여예산, 이·통장교육, 지역복지, 반부패청렴, 교사교육, 자활, 비폭력대화 등을 주제로 교육 영역은 더 넓어졌고, 교육 프로그램도 다양해졌다. 2013~2015년 3년 동안 한국사회적기업중앙협의회와 협력하여 1박 2일의 사회적기업 대표자 교육을 전국을 순회하며 30번 가까이 진행했다. 사회적경제의 현장의 고민과 과제를 배우는 소중한 기회를 얻기도 했다. 살림살이가 곤궁한 나로서는 많은 돈을 받을 수 있는 기업교육에 대한 유혹이 있었지만, 한두 번 경험하고는 하지 않았다. 내가 추구하는 것과 기업이 바라는 바가 같지 않았기 때문이다.

다양한 분야의 교육을 진행하면서 그 현장의 실천경험이 없다는 것은 약점이었다. 그렇지만 꼭 현장 경험이 있어야 하는 건 아니라고 생각했다. 분야를 가로지르는 공통적인 원리가 있다고 봤고, 경험의 함정에 빠지지 않고 다른 시각으로 현장을 바라볼 수 있는 이점도 있었다. 부족함은 사전 학습과 교육 참여자들의 이야기에 귀를 기울이는 것으로 메워나갔다. 같은 대상에 같은 주제의 교육이라 하더라도 한 번도 이전 교육과 똑같이 한 적이 없다. 교육을 의뢰한 담당자를 통해 현장을 학습하고, 그걸 토대로 내용을 보완하고, 강의 자료를 수정하고, 교육 프로그램을 고쳐 나갔다. 때로는 파워포인트에 담을 사진 하나를 찾기 위해 밤을 새워 인터넷을 검색했다. 그렇게 조금 더 나은 교육활

---

27 현재 전북연구원에서 일하는 황영모 박사. 2006년 당시 전라북도 전주에 소재한 (사)지역농업연구원의 정책실장이었다.

동가로 차츰차츰 성장해 나갔다.

교육을 통해 공유하고 싶었던 것

내가 다양한 교육 과정에서 일관되게 추구했던 것은 자치와 민주주의였다. 지역과 조직의 구성원들이 함께 자신들의 문제를 해결하는 역량 강화를 돕는 것이었다. 자신들이 원하는 마을과 조직을 만들어가기 위해서 한두 명의 리더에 의존하는 것이 아니라, 서로 가지고 있는 문제의식을 꺼내놓고, 소통을 통하여 문제가 무엇인지를 합의하고, 이를 실천하기 위한 계획을 함께 세워나가는 것이 중요했다. 자치의 과정을 함께 익히고 훈련했다. 그리고 리더들에게는 참여와 협력을 이끌어가는 공동체 리더십을 강의했고, 이를 수행하기 위한 다양한 실천역량을 참여학습 방법을 통해 몸으로 익히기를 바랐다.

내가 만났던 지역과 조직들은 민주주의의 문제에 직면하고 있는 경우가 많았다. 때로는 자유롭게 의견을 말하기를 꺼리거나 이를 저해하는 무거운 분위기가 감지되기도 했다. 그럴수록 나는 엉뚱한 이야기를 해도 괜찮으니 자신의 생각을 꺼내 놓으라고 설득했고, 무슨 말을 해도 비난받지 않을 거라는 안전한 환경을 만들려고 노력했다. 자기 위주로 대화를 이끌어 가려는 사람들은 말을 줄이도록 요청하고 공정하게 말할 기회를 갖자고 제안했다. 이를 위해 애교도 부리고, 정중하게 부탁하고, 그런 룰을 익힐 수 있는 게임을 하기도 하고, 때로는 단호함을 보이기도 했다. 그런 과정을 통해 사람들의 얼굴에 생기가 돌고, 따뜻한 공감대가 형성되는 것을 여러 번 목격했다. 전국에서 가장 조직화가 잘 되어 있다는 어느 지역의 농민회에서 회원들이 이렇게 자유롭게 의견을 나누어 본 적이 없었는데, 그런 기회를 가져서 참 좋았다는 말을 들었다. 그날 나는 매우 행복했다. 끝끝내 고집을 부리며 자신의 이야기가 정답이라고 주장하는 리더와 함께한 날은 힘들었으며, 나의 부족함을 돌아보게 되었다.

민주시민교육에 대한 오해와 진실

1990년대 말부터 2000년대 중반까지 주요 시민사회단체들이 함께 만든 '민주시민교육포럼'을 통해서 한국에서 민주시민교육을 확산하기 위한 다양한 세미나, 포럼, 토론회 등을 진행했다. 민주시민교육의 입법화를 위한 다양한 노력을 했다. 그런 흐름이 이어져 최근 지방자치단체에서 「민주시민교육 조례」가 만들어지고 다양한 프로그램이 운영되고 있다. 국회에서 입법 논의도 이루어지고 있다. 환영할 만한 일이다.

그런데, 민주시민교육에 대한 사회적 합의는 부족한 것 같다. 같은 민주시민교육을 말하면서도 구체적인 내용에 들어가면 서로의 생각에 다름이 있고, 교육 프로그램을 살펴보면 상이한 가치가 담겨 있는 경우도 있다. 진보적 시민단체에서 하는 민주시민교육과 한국자유총연맹에서 하는 민주시민교육의 내용과 지향하는 가치가 다르다. 만약, 어떤 사람이 두 단체의 민주시민교육을 동시에 경험했다면 큰 혼란을 겪을 수밖에 없다.

민주시민교육은 정답을 가르치는 교육이 아니다. 진보적인 시민단체에서 하는 교육이 민주시민교육이 아닐 수 있으며, 보수단체에서 하는 교육도 민주시민교육일 수 있다. 특정한 가치를 전파할 목적으로 기획된 교육은 민주시민교육이 아니다. 하나의 예외가 있는 가치가 있는데, 이는 우리 헌법에 명시된 민주주의다. 민주주의라는 기본가치와 사회적 합의가 형성된 보편가치들이 아닌 특정한 가치를 주장하는 것은 시민운동 차원의 교육, 보수단체 차원의 교육이다. 시민단체나 보수단체가 하는 교육을 폄하하는 것이 절대 아니다. 그런 교육들은 사람들에게 새로운 가치를 고민하게 하고, 사회 발전에 건강한 자극이 될 수 있기 때문에 장려되어야 한다. 그러나, 민주시민교육이라고는 하지 말아야 한다.

민주시민교육의 개념과 원칙을 치열하게 토론하고 사회적 합의를 이끌어내야 한다. 독일은 정치교육 시행과정에서 수많은 시행착오와 사회적 논쟁을 거쳤다. 그런 사회적 논쟁과 실천의 결과물이 '보이텔스바흐 협약(1976년)'이다. 협약의 내용은 1. 강제성의 금지(교화 및 주입식 교육 금지), 2. 논쟁성의 유지(교육장에서도 실제와 같은 사회적 논쟁 상황을 드러낼 것), 3. 학습자의 행위 능력 강화(학습자 자신의 정치적 상황과 이해관계를 고려한 실천능력 배양)이다. 나는 이에 동의하며 우리 사회의 현실을 고려하여 두 가지 원칙을 추가하고자 한다. 하나는 시민 신뢰의 원칙으로 학습에 참여하는 시민들의 가능성과 역량을 믿어야 한다는 것이며, 다른 하나는 공동선 불가침의 원칙으로 폭력적인 언행을 하거나 민주주의 가치를 부정하는 행동은 철저하게 억제되어야 한다는 것이다. 민주시민교육에 대해 함께 토론해 보자.

시민교육은 교실 안에 머무르지 않는다

많은 사람들은 교육하면 교실과 교육장을 먼저 떠올릴 것이다. 우리나라의 수많은 교육이 그곳에서 이루어졌기 때문이며, 교육의 대표적인 방법 중 하나가 그것이기 때문이다. 그렇지만 교육은 교실 안에서만, 강의에서만 이루어지지 않는다. 교육장 밖에서 친구들을 만나면서, 주민참여 활동을 통해서 다양한 이웃들을 만나면서 서로 배운다. 좋은 사례를 통해서만 배우지 않고, 나쁜 사례를 반면교사反面教師로 삼기도 한다. 책을 통해서, 드라마나 영화를 보면서도, 사례 견학 등을 통해서도 배운다.

스웨덴은 복지국가로 세계적 명성을 얻고 있으며, 그렇게 된 원인의 하나는 시민교육의 활성화다. 민주시민으로서의 소양을 기르는 스웨덴 시민교육 프로그램 하나를 소개한다. 바로 댄스스포츠 교실이다. 독자들은 의문을 가질 것이다. 댄스스포츠가 시민교육이라고? 댄스스포츠를 통해 시민성市民性을 기를 수 있다고? 댄스스포츠는 우리나라 곳곳의 주민자치센터에서 아주 많이 운영하는 프로그램인데? 스웨덴에서 시행한 이 댄스스포츠 프로그램은 시민교육의 목적을 달성하기 위해 특별히 기획된 것이다. 프로그램은 우리와 크게 다르지 않고, 서로 호흡을 맞추어 춤을 배워가는 것이다. 그런데, 참가자 구성이 특이하다. 비슷한 사람들이 모이는 것이 아니라 다양한 사람이 함께할 수 있도록 구성했다. 기업의 사장, 청소 노동자, 주부, 학생, 이주외국인 등 다양한 사람들이 댄스스포츠를 통해 자연스럽게 교류하고 서로를 이해하는 걸 돕는 시민교육이다. 말로만 서로의 다양한 삶을 이해하라는 것이 아니라, 함께하는 댄스스포츠와 대화를 통해 서로의 삶을 이해하고 다양성을 존중하는 역량을 자연스레 기르게 된다.

시민교육은 주민들의 실천 현장과 연결이 될 때 효과가 극대화된다. 시민교육의 목적은 정보와 지식의 습득을 넘어, 배움이 삶으로 이어지도록 돕고, 지역사회 문제를 해결하기 위한 실천과 연결되도록 하는 것이다. 참여예산교육, 주민자치교육, 자원봉사교육, 사회적경제교육 등은 주민들의 실천적인 활동과 연결되기 때문에 강력한 힘을 지니게 된다. 그리고 교육은 더 나은 지역사회를 만들기 위한 주민들의 활동으로 이어진다.

세상을 바꾸는 아름다운 실천,
자원봉사

자원봉사는 인류와 함께해 온 아주 오래된 공익 활동이다. 그 오랜 역사만큼 활동의 영역과 참여하는 사람들도 헤아리기 힘들만큼 많고 다양하다. 보통 자원봉사Volunteer가 라틴어 Voluntas에서 기원한 것이라 하여 '자유의지'를 얘기하지만, 자원봉사의 근원은 자유의지에만 있는 것이 아니라 '사랑, 자선Charity'에도 있다.

Charity는 라틴어 Caritas, 희랍어로는 Charis로서 "그리스도인의 사랑Christian Love"이라는 뜻을 지닌다. 이 말은 유대말로 Zedakah와 통하는 "이타주의 정신"을 나타낸다.[28] 따라서 어원적 개념을 통해 자원봉사라는 말을 해석해 보면 "자유의지로 실천하는 이타적 활동" 혹은 "자유의지로 사랑을 실천하는 활동"으로 볼 수 있다.

---

28 이강현, "자원봉사의 유래, 의미와 정의, 필요성 및 혜택, 활동유형과 영역, 봉사자의 역할과 자세" 《자원봉사 관리론》, 볼런티어21 발간, 2000

자원봉사는 인간의 본성인 이타성에서 비롯된다

마이클 토마셀로의 《이기적 원숭이와 이타적 인간》이라는 책이 있다. 여러 실험을 통해 동물 중에서 가장 지능이 높은 침팬지와 어린 유아의 행동을 비교함으로써, 동물과 인간의 근본적인 차이에 대해 탐구했다. 많은 사람들이 인간은 본성적으로 생존과 이익을 위해 투쟁하고 경쟁하는 존재이고, 이러한 이기적 본성을 제어하기 위해서 제도와 관습이 생겨난다고 생각한다.

토마셀로는 다양한 실험을 통해 이런 생각에 의문을 던진다. 그의 실험에서 유아는 두 손에 물건을 가득 든 상대방 어른을 위해 캐비닛을 열어주고, 실수로 떨어뜨린 빨래집게를 집어주며, 건넛방에 있는 건전지를 가져다준다. 더욱 흥미로운 점은 유아가 이런 도움에 대한 대가를 바라지 않는다는 사실이다. 실험에 따르면, 도움을 주었을 때 보상으로 장난감을 주면 이후에 오히려 돕는 행동의 빈도가 떨어진다. 즉 유아가 상대방을 돕는 건 보상 때문이 아니라 남을 도우려는 내적 동기 때문인 것이다. 이는 침팬지가 대부분의 경우 협력하지 않다가, 자신의 먹을거리를 위한 행동에서는 적극적으로 협력하는 것과 매우 대조적이다.

유아는 또한 본능적으로 협력하려고 한다. 물론 많은 영장류도 비슷한 협력 행동을 보인다. 하지만 그것은 사냥같이 뚜렷한 목표가 있는 경우에만 이루어진다. 반면에 유아는 어떠한 목적이 없이도 협력을 한다. 침팬지와 유아에게 동일한 협력을 하도록 하는 실험을 보면, 침팬지는 보상이 있을 때만 협력하는 반면에 유아는 뚜렷한 보상이 없어도 협력했다. 심지어 유아는 협력 행동을 마무리하여 목적을 달성한 경우에도, 노력 끝에 얻은 보상을 원래대로 되돌리고 상대방에게 다시 협력 행동을 하자고 요구하기까지 했다. 즉 유아는 도구적인 목적보다 협업 자체에 흥미를 보인 것이다.

왜 인간은 이타성을 가지고 태어나는가? 가장 유력한 가설은 "집단 선택 가설"이다. 이기적 성향이 많은 집단은 내부분쟁으로 인해 생존에 불리하기 때문에 집단에서 이기적인 구성원들을 배제시킨다는 것이고, 결국 이타적인 구성원들이 살아남아 유전자를 후대에 물려준다는 이론이다. 아직 과학적인 근거로 증명되지는 않았다. 그러나 결과론적이긴 하지만 지금까지의 인류역사를 볼 때 내부갈등으로 인해 공동체만이 아니라 문명 자체가 멸망한 사례도 매우 많다. 집단규모가 더 클수록 그 파급효과는 훨씬 크고 유전자의 보존에 더 치명적이다. 즉 집단규모의 차이가 결국 침팬지와 인간의 이타심에 차이를 보이게 한다. 침팬지의 무리는 최대 수십 마리 정도이다. 그 정도 규모에서는 구성원들의 이기심이 크더라도 조직에 미치는 영향은 작다. 설사 해당 침팬지 무리가 이기심으로 멸망한다고 해도 다른 침팬지 무리가 대신할 수 있다. 그러나 인간의 조직은 수십만에서 수천만까지 이르는 대규모 조직이다. 고유한 유전자를 공유하는 조직이 몇 년 만에 공멸이나 다른 조직에 흡수될 수 있다. 즉 거대한 조직을 운영하기 위해서는 이타적인 구성원이 필수적이고, 그렇기 때문에 이기적인 구성원을 배제하는 조직문화가 형성되어 결국 이타적 유전자가 후대에 전달된 것이다.[29]

사람들은 동물과 달리 이타성을 가지고 태어나는 아주 귀한 존재다. 지금까지 인류가 발견한 다양한 존재 중에서 이와 같은 특성을 지닌 것은 없다. 학자들은 인간의 그런 특성이 뇌의 진화에서 비롯되는 것으로 본다고 한다. 인간과 동물의 뇌의 구조는 본질적인 차이가 있다는 것이다. 인간은 그런 소중한 능력과 더불어 약육강식의 동물적 특성도 함께 가지고 있다. 생존을 위해 치열하게

---

29 '김세희의 소프트웨어 이해하기' 블로그(https://blog.naver.com/sehee519/221295675260)에서 인용

경쟁하는 과정에서 인간의 이타성보다는 폭력성이 지배하는 경우도 많다. 인간이 가지고 태어난 이타성은 학습과 사회 활동에 의해 강화되고 꽃피워질 수 있다. 자원봉사는 인간의 이타성을 고양하는 가장 효과적인 사회 활동이다.

자원봉사와 자원활동은 다르다?

일부에서는 자원봉사와 구별되는 개념으로 자원활동이라는 표현을 사용한다. 자원봉사라는 개념보다는 사회문제 해결을 위한 적극적 실천 활동을 강조하는 의미로 사용하는 것 같다. 이는 과거 우리나라의 자원봉사가 주로 이웃돕기, 자선 위주로 진행된 사정과 관련이 있다. 어떤 활동의 개념이나 명칭 문제는 중요한 문제가 아닐 수도 있다. 이름을 어찌 하든 실천 과정이 중요한 것은 분명하다. 다만, 자원활동을 자원봉사와 다른 것으로 구분하거나 차별화하려는 경향에 대해서는 깊은 우려를 가지고 있다. 이는 앞에서 말한 다르지 않은 것을 다르다고 하는 오류를 답습하는 것일 수 있고, 자칫 무엇이 무엇보다 우월한 활동이라는 인식에 기초한 것일 수 있기 때문이다.

나는 (사)열린사회시민연합에서 활동하던 2000년에 자원봉사냐 자원활동이냐를 두고 다른 활동가들과 논쟁을 벌인 적이 있다. 자원활동이라 하자는 활동가들은 시민운동의 특성이 잘 반영된 명칭을 사용해야 한다고 주장했고, 나와 같은 생각을 가지고 있던 사람들은 왜 굳이 다른 명칭을 사용해서 차별화해야 하느냐고 맞섰던 것으로 기억한다. 다행히 일련의 논쟁 과정을 통해 자원봉사라는 명칭을 사용하기로 의견을 모았고, 열린사회시민연합의 3대 핵심사업을 시민교육, 자원봉사, 주민자치로 정립하였다.

사실 이러한 현상은 시민운동에 대한 논의에서도 나타난다. 시민운동은 사회문제를 해결하기 위한 시민들의 자발적이고 조직적인 활동을 뜻하고, 시민단체가 주로 그 운동의 주체가 된다. 시민단체는 비정부기구NGO, non-governmental organization나 비영리민간단체NPO, non-profit organization와 같은 의미이다. 시민운동의 기능은 옹호·대변, 사회서비스, 시민 성장 지원, 조직화 등으로 다양한데, 일각에서는 정부와 시장에 대한 견제·감시가 시민운동의 전부인 것으로 오해하는 경우도 있다.

자원봉사와 자원활동이 다른 것이 아니라 자원봉사 활동에 참여, 대변, 캠페인, 상호부조, 자조, 기부, 이타적 서비스 등 다양한 유형이 있다고 보는 것이 바람직하다. 시민운동의 중요한 해결과제로 제기되고 있는 시민 없는 시민운동, 즉 시민참여 문제는 결국 자원봉사 활성화와 깊은 연관을 가지고 있다. 실제 자원봉사 활동의 주제는 사회복지, 교육, 환경, 문화, 보건, 치안, 경제, 정치, 지역사회개발 등 대단히 광범위하다.

자원봉사의 주요 개념들[30]

기구(국가)	자원봉사 개념
ILO(국제노동기구)	공익적 이슈 해결 혹은 가족·친지가 아닌 다른 이를 위해 하는(helping others) 활동 또는 일
OECD	나눔의 영역을 자원봉사, 이웃돕기, 기부 세 가지로 구분하여 지표로 조사하고 있음
UN Volunteers	자원봉사활동이란 자발성, 공공성, 무보수성 활동이며, 개념 정의에 조직을 통하여 수행하는 공식적 활동과 조직 외 개인에 의해서 수행되는 비공식적 활동을 포함한다.
Voluntary Work(호주)	공익을 위해 단체를 통해 시간, 서비스 또는 기술 등의 형태로 제공하는 무급의 자발적인 도움이며 조직적으로 하는 공식적인 활동뿐만 아니라 비공식 활동을 포함한다.

---

30 행정안전부, 2020 자원봉사활동 실태조사 및 자원봉사활동 기본법 개정 연구에서 인용

자원봉사는 세상을 바꾸는 힘이다

사람의 성장이 사회 발전의 근본적인 동력이라는 관점에서 자원봉사는 매우 중요한 실천적 의미를 갖는다. 자발성, 공익성, 무보수성을 특징으로 하는 자원봉사는 자원봉사자가 제공하는 다양한 형태의 서비스로, 사회를 개혁하고 풍요롭게 할 뿐 아니라 자원봉사자 스스로가 개발·성장되는 쌍방향운동이다. 자원봉사는 외부의 강제적 힘이 아니라[31] 자원봉사에 참여하는 개인 스스로의 자각과 노력에 의해 공익적 활동을 하게 된다. 이러한 과정에서 자원봉사 활동에 참여하는 개인은 인간의 가치에 대한 이해를 높이고 사회를 변화시켜 나갈 수 있는 능력을 키움으로써 보다 바람직한 인간형으로 성장하는 소중한 기회를 얻게 된다.

우리 사회의 다양한 개혁과제는 궁극적으로 자원봉사 혹은 시민참여 활동에 의해 이루어지며, 자원봉사는 사회를 밝고 따뜻하게 하여 정신과 가치가 풍요로운 사회를 이루는 데 큰 기여를 한다. 그리고 자원봉사운동은 지역사회 공동체를 위한 네트워크 형성과 자원 연계를 가능케 한다. 자원봉사는 민·관 등 지역사회의 제 주체들의 파트너십을 형성케 하며, 지역사회의 공적자원과 민간자원을 효율적이고 바람직한 방향으로 결합시킴으로써 다양한 영역의 풀뿌리 공동체 건설의 기초를 형성할 수 있다.

2020년 행정안전부의 조사연구[32]에 따르면 2019년 7월부터 2020년 6월까지 1년간 우리나라 국민들의 자원봉사활동 참여율은 33.9%로 조사되었다. 이는 2017년의 21.4%에 비해 12.5%p 높은 조사 결과로, 자원봉사 활동에 참여하는 사람들이 빠른 속도로 증가하고 있음을 보여준다. 자원봉사참여 동기

---

31 현재 시행되고 있는 학생 봉사활동은 교육의 일환으로 의무사항으로 실행되고 있다. 1995년 5. 31 교육개혁에서 제시된 새로운 시대 상황에 대응하는 교육 정책 전개방안의 일환으로 자원봉사활동이 도입되며 사실상 강제된 측면이 있다.

32 2020 자원봉사활동 실태조사 및 자원봉사활동 기본법 개정 연구, 수행기관: (사)한국자원봉사문화

를 묻는 문항에서 응답자들은 '사회문제를 해결하고 필요한 사람이 되기 위해서'라는 응답(76.9%)을 가장 많이 보이고 있으며, 이와 연결된 다른 문항에서는 '사회적 이슈를 해결하는데 자원봉사가 기여할 수 있다'고 생각하는 응답자의 비율이 85.1%로 나타났다. 또한 시급히 해결해야 할 사회 이슈에 대한 질문에 대해 응답자들은 환경(45.0%), 빈곤예방 및 해결(44.2%), 사회 안전 및 범죄예방(39.1%) 등의 순으로 제시하여, 지난 2017년 조사에서 나타난 빈곤예방 및 해결(44.2%), 사회 안전 및 범죄예방(39.1%), 환경(45.0%) 순의 응답과는 큰 차이를 보였다. 자원봉사를 개인적 차원에서 '착한 일 하기', '다른 사람 돕기'에서 21세기에 악화되는 문제 해결의 핵심 기제 중 하나로 전환하는 데 중점을 두어야 하고, 이에 상응하는 프로그램의 개발과 확산, 심화라는 과제를 확인하였다.

자원봉사 활성화를 위한 제언

전국 시·군·구에는 해당 지역의 자원봉사 활성화를 위해 자원봉사센터가 설치되어 있다. 「자원봉사활동 기본법」(약칭 자원봉사법) 제3조는 자원봉사센터를 "자원봉사활동의 개발·장려·연계·협력 등의 사업을 수행하기 위하여 법령과 조례 등에 따라 설치된 기관·법인·단체 등"으로 정의하고 있다. 「자원봉사법」은 국가와 지방자치단체의 책무로 자원봉사활동의 진흥에 관한 시책을 마련하여 국민의 자원봉사활동을 권장하고 지원하도록 규정하고 있다.

시·군·구 자원봉사센터는 자원봉사자 모집과 교육, 자원봉사활동 연결과 인정, 자원봉사 수요처 발굴 및 지원, 자원봉사팀 조직 및 육성, 자원봉사 프로그램 개발 및 운영, 자원봉사 네트워크 형성 및 지원 등의 다양한 기능을 수행한다. 지역 주민들은 누구나 해당 지역의 자원봉사센터를 통해 다양한 자원봉사활동에 참여하고, 관련된 정보를 얻을 수 있다. 자원봉사센터는 자원봉사

활동 활성화의 핵심적인 거점 역할을 하고 있다.

세상에 완벽한 존재가 없듯이 자원봉사센터 역시 풀어야 할 과제가 몇 가지 있다고 생각한다.

첫째, 자원봉사센터는 직접 프로그램을 운영하는 것에 주안점을 두기보다는, 다양한 자원봉사 단체나 모임들의 프로그램을 활성화하는 지원 역할을 강화해야 한다. 자원봉사센터의 설립 목적은 「자원봉사법」에서 규정하고 있듯이 주민들의 자원봉사활동을 개발·장려·연계·협력하는 것이다. 자원봉사 단체와 모임에 비해 인적·물적 자원을 갖춘 자원봉사센터에서 직접 프로그램을 많이 운영하게 되면 자원봉사 단체·모임을 위축시킬 수 있다. 열악한 환경의 자원봉사단체에서 하는 것과 유사한 프로그램을 자원봉사센터에서 진행하면, 해당 단체 프로그램은 큰 영향을 받는다. 심하게 비유하자면 대기업이 구멍가게의 사업에 손을 대면 어떤 결과가 나타나는지 무수히 보아왔다. 같은 우를 범하지 않아야 한다. 자원봉사센터의 활동 프로그램은 작은 단체들이 수행할 수 없거나, 지역의 중요한 문제를 해결하는 활동으로 범위를 축소하자. 남은 역량은 자원봉사 단체와 모임을 활성화하는 데 투입하자.

둘째, 자원봉사센터 운영은 지방자치단체로부터 자율성을 보장받아야 한다. 자원봉사센터가 행정의 입김에 좌우되는 '관변화' 문제가 전국적으로 많이 나타나고 있다. 자원봉사센터가 설립 목적인 지역사회의 자원봉사 활성화보다는 행정이 필요로 하는 사업에 일손을 보태주는 사실상 '동원'되는 현상도 꽤 벌어지고 있다. 자원봉사센터는 주민들의 자원봉사를 활성화하기 위한 실천계획을 봉사자들과 함께 자율적으로 수립하고, 이를 실천하는 방향으로 운영되어야 한다. 행정이 직접 자원봉사센터를 직영하고 있는 경우도 마찬가지다. 지방자치단체장의 요구나 행정의 필요에 의해서가 아니라, 지역사회 문제 해결과 주민들의 요구를 실현하는 방향에서 주민 주도적으로 운영되어야 한다.

셋째, 자원봉사는 수단이 아니라 목적이다. 자원봉사활동을 통해 지역사회 문제를 해결하고 주민들이 행복한 지역을 만드는 것이 목적이며, 자원봉사자들이 활동과 교육을 통해 스스로 성장하는 기회를 만드는 것이 목적이다. 자원봉사자들이 동원의 대상이거나 도구화의 대상으로 전락하면 안 된다. 사람은 수단이 아니라 목적으로 존중받을 때 성장하고 발전할 수 있다. 자원봉사자는 누군가 결정한 것을 이행하는 존재가 아니다. 봉사자 스스로 자유의지에 따라 선택하고, 그들이 함께 논의해서 결정한 것을 실행하는 방식으로 운영되어야 한다. 자원봉사자들 스스로 선택하고 결정할 수 있는 '권한'을 부여하자. 자원봉사는 누구의 것이거나 특정집단의 영향력하에 있는 것이 아니라, 지역사회 공동의 소중한 '자산'으로 '사회적 자본'으로 자리매김해야 한다.

주민 중심의 마을공동체와
도시재생을 기대하며

    과거에는 주로 마을만들기로 불리던 마을활동이 시간이 흐르면서 마을공동체라는 이름으로 사람들의 인식이 바뀌고 있다. 포털 '다음' 국어사전에는 마을만들기를 "마을에 살고 있는 주민이 스스로 여러 생활환경 문제를 해결하고 주민 공동체를 회복하기 위해 펼치는 일련의 활동"으로 정의하고 있다. 서울시 마을공동체종합지원센터의 비전은 "주민의 필요에 따라 계획하고 직접 만드는 마을공동체 실현"이다. 모두 주민들이 스스로 마을의 문제를 해결하는 것을 말하며, 결국 주민자치라는 말이다. 다만 활동 범위를 사람들이 직접 교류하기 쉬운 '마을'로 정한 것을 의미하는 것 같다.

    열린사회시민연합에서 활동하던 1990년 후반 마을만들기를 접했다. 일본의 마찌쯔꾸리町作り, 마을만들기 사례가 1990년대 중반 우리나라에 소개되면서 많은 영향을 주었다. 한국의 초창기 마을만들기는 주로 마을의 물리적 환경개선을 주민참여 내지 주민 주도적으로 진행하는 방식으로 시도되었다. 안전한 통학로 만들기, 가고 싶은 놀이터 만들기, 한 평 공원 만들기 등 주민들의 공유

공간을 매개로 축제와 캠페인 등의 소프트웨어를 결합하고, 그런 마을을 만들어 갈 주민들을 발굴하고 연계하는 방식이었다. 농촌에서는 소득 증대와 결합하여 마을 환경 개선과 주민 역량 강화 등의 방식으로 진행되었다. 물리적 환경 개선이나 소득 증대를 중심으로 했던 주민자치 활동에서 주민들 간의 공동체적 관계 형성을 상대적으로 강조하는 의미에서 마을공동체라는 개념을 사용한다.

마을공동체, 회복인가? 창조인가?

도시 지역의 마을공동체 활동이나 사업에 참여하는 주민들이 많이 듣는 이야기가 있다. 마을공동체는 단절된 이웃 관계를 회복하는 활동이라고. 그 말이 한편으로는 타당하다. 내가 어릴 때인 60~70년대만 하더라도 서울에서도 동네 사람들은 이웃사촌이란 말처럼 함께 어울렸다. 드라마 〈응답하라 1988〉에서 보았던 서울시 쌍문동 골목 주민들의 끈끈하고 공동체적인 관계가 서울과 각 지역의 도시에서 일반적이었다. 그러나 도시화가 빠르게 진행되면서 그 관계는 해체되고 이웃 관계가 급격히 단절되어 나갔다. 그런 관계를 다시 회복하자는 것이 마을공동체라고 말한다.

그런 이웃 관계의 끈끈함을 나타내는 말로 "이웃집에 숟가락이 몇 개인지 알 정도였다"고 종종 언급된다. 그런데 나는 우리 옆집에 숟가락이 몇 개인지를 알고 싶지 않고, 우리 집에 몇 개가 있는지 알려줄 생각도 없다. 여러분들도 그렇지 않을까 싶다. 그런 것이 과거에는 이웃 간의 우애를 상징하는 것이었을지 모르지만, 21세기를 사는 우리들에게는 맞지 않는다. 마을공동체의 아름다운 모습으로 가끔 거론되는 과거의 농촌공동체에서는 공동의 책임과 윤리는 강조되었지만, 개인에 대한 존중은 별로 없었다. 당시 농촌마을에서 개인은 공동체를 위해 복무하는 피동적 존재였지 존중받아야 하는 주체적 인간으로 대우하지 못했다.

현대를 살아가는 우리에게 필요한 마을공동체는 무엇일까? 개인과 공동체가 서로 조화를 이루는, 과거와는 질적으로 다른 공동체다. 마을 사람들 각자의 개성이 존중되고, 개인 프라이버시가 보장되며, 서로 다른 다양성이 공존하는 새로운 마을공동체를 '창조'하는 것이다. "내가 있어 우리가 아름답고, 우리가 있어 내가 빛나는" 21세기형 마을공동체를 함께 만들어가는 것이 마을공동체 운동이어야 한다. 그런 의미에서 마을공동체는 회복이 아니라 창조이다.

한 아이를 키우기 위해서는 온 마을이 필요하다?

역시 마을공동체를 이야기 할 때 많이 회자되는 말이다. 아이 하나를 잘 키우기 위해서는 그 아이를 둘러싸고 있는 사람들과 환경이 중요하며, 마을 전체가 뜻을 모아야 한다는 의미다. 마을 안에서 아이들과 함께 살았던 세상의 많은 부모들이 공감할 것이다. 마을공동체 활동에서는 일반적으로 마을을 "걸어서 10~15분 정도 거리의 생활단위를 일컫는 말"[33]로 정의한다. 마을 사람들이 밀접하게 관계를 맺고 살아가는 삶의 범위를 물리적 개념으로 표현한 것이다.

나는 "한 아이를 키우기 위해서는 온 마을이 필요하다"는 말을 처음 들었을 때, 공감과 함께 의문이 떠올랐다. 왜냐하면 마을이 걸어서 10~15분 정도 거리의 생활단위라는 설명도 함께 들었기 때문이다. 아들 둘을 키워본[34] 경험이 있기 때문에 든 의문이었다. 우리 두 아들은 그런 '마을' 안에서도 영향을 받지만, TV나 인터넷 등을 통해 더 넓은 세상에서도 영향을 많이 받았기 때문이다. 그래서 혹시 그 말이 어디서 유래되었는가를 물었다. 역시나 옛날 아프리카에서 전해 내려오는 속담이라는 답을 들었다. 그때는 마을이 세상의 모든 것

---

33 유창복, "반가운 이웃 함께 사는 마을 살고 싶은 서울", 2012. 5. 25, 서울시 중간지원조직 기관장 워크숍
34 시민운동하고 사회활동 하느라 아빠의 역할을 많이 못했던 나는 사실 이런 말을 하는 것이 어색하다.

이었겠지만, 지금은 아니다. 지구촌이라는 말이 일반화 될 정도로 세계가 연결된 세상에서 살고 있는데, 그 '마을'만 잘 만들면 아이들이 제대로 성장할까?

마을은 걸어서 다닐 수 있는 거리의 생활단위를 뜻하기도 하지만, 시·군·구, 나아가 서울과 같은 광역자치단체를 의미할 수도 있다고 보는 것이 타당할 것이다. 그래서 더 확장된 마을공동체 만들기를 특정 도시에서 해보는 일에 도전했다.

정읍의 마을공동체 운동과 함께하다

2011년 서울시장 보궐선거 이후 시의 핵심 정책으로 마을공동체가 도입되고 전국 각지에서 활동이 벌어지던 2012년, 나는 전라북도 정읍시의 마을공동체지원센터를 지원하는 일에 몰두했다. 1주일에 한두 번은 정읍에 가서 마을활동가들과 주민들을 만났고, 그 과정은 1년 정도 지속되었다. 당시에도 특별한 보수를 받고 활동한 것은 아니니 '조금 미친 놈'이었다. 현장에 대한 애정은 그때나 지금이나 별반 다르지 않은 것 같다.

내 역할은 주로 마을공동체 만들기 현장을 지원하는 정읍시 마을공동체지원센터(이하 마을센터)의 계획 수립과 활동가들의 역량 강화를 돕는 것이었다. 마을센터가 중간지원조직이라면, 내가 일하는 '지역리더십센터 함께이룸'은 공중지원조직이었다. 그중에서 가장 많은 공을 들였던 것은 정읍의 마을공동체 활동의 기본계획을 함께 수립하는 것이었다. 마을센터 활동가, 마을 리더, 연구자 등이 함께 참여한 기본계획 수립 과정만 수개월이 걸렸다. 마을 현장의 이야기를 수집하고, 다른 지역 사례를 조사하고, 관련 전문가들과 간담회를 가졌고, 정읍시의 현황과 보유 자원을 취합하였으며, 마을공동체 운동의 가치와 성격 등을 토론했다. 그런 과정을 거쳐 〈정읍시 지역공동체 활성화 기본계획〉을 수립하였다.

마을공동체의 기본 구상을 담아 작은 사례와 큰 그림이 공존하는 정읍형 마을만들기인 "지역공동체 활성화"라는 개념으로 정립했다. 그리고 계획을 위한 계획이 되지 않기 위해 2012년 8월 31일 정읍시청 강당에서 정읍의 마을 리더 100여 명과 함께 〈정읍시 지역공동체 활성화 기본계획〉을 말하고 듣고 함께 토론하여 기본계획을 보완했다. 이런 과정을 거쳐 완성된 기본계획을 정읍시청에 제출하였으나 행정의 반응은 냉담했다. 너무 큰 그림이라는 이유였던 것으로 기억한다. 이후 정읍의 마을공동체는 행정이 주도하는 방향으로 변화되었다. 중간지원조직의 한계와 외부인 혹은 이방인의 한계를 또다시 경험했다.

농촌마을종합개발사업과 도시재생

농촌마을종합개발사업, 일명 권역사업은 정부가 지원하는 농촌의 마을만들기에서 가장 큰 규모의 사업이다. 보통 3~5개의 자연부락(마을)이 공동으로 신청해야 하며, 규모에 따라 최대 70억 원의 예산을 지원한다. 권역사업은 마을경관 개선, 생활환경 정비, 주민소득 증대, 도농교류 체험, 주민역량 강화 분야 등으로 나누어 세부사업을 실행하는 마을 발전 종합계획이다.

이 권역사업은 농촌체험마을, 정보화마을 등 마을 사업을 경험한 대부분의 마을 리더와 행정이 최종 지향하는 정부 지원사업이다. 막대한 예산을 마을로 가져올 수 있기 때문이다. 대부분 이 사업에 의지가 있는 리더와 가시적인 성과가 필요한 공무원이 마을종합개발 계획을 수립해 정부에 제출한다. 마을이 발전하지 못하는 것은 돈이 없기 때문이지 다른 이유가 아니라는 것이다. 나는 수많은 마을 리더 교육과정에서 이런 식으로 접근하면 마을에 갈등만 생긴다고, 마을의 역량강화가 먼저라고 힘주어 이야기했다. 많은 리더들이 고개를 끄덕였다. 그러나 그들의 예산에 대한 열망을 막는 데는 대부분 실패했다.

한 마을에서 주민들이 협력하여 살기 좋은 마을을 만들어가는 것도 쉽지 않은데, 여러 마을이 함께하는 사업은 시작부터 암초에 부딪혔다. 몇몇 리더와 행정 공무원이 만든 마을발전종합계획은 주민들의 공감을 얻지 못했고, 마을 간에는 한 푼이라도 예산을 더 가져가기 위한 다툼이 벌어졌고, 각 마을 안에서는 소수 주민들만 참여하여 사업을 진행했다. 그 결과 마을의 물리적 환경은 많이 변화되었지만, 사람들 간에는 갈등의 골이 깊어졌다. 도농교류를 위해 만든 체험센터는 얼마 못 가 운영비를 감당 못해 문을 걸어 잠그는 일이 허다했다.

이와 같은 현상은 최근 전국적으로 진행되고 있는 도시재생 현장에서도 나타나고 있다. 도시와 농촌이라는 특성의 차이는 있지만, 주민들이 스스로 살기 좋은 마을을 만들어가는 원리는 다르지 않다. 돈 이전에 사람이 먼저다. 그 돈을 마을 발전에 잘 사용할 수 있는 지혜가 우선이다. 몇 사람의 계획이 아니라 주민들이 함께 고민하며 만들어 간 공동의 계획을 만드는 지난한 과정을 밟아가는 것이 중요하다.

먼저 해야 할 것을 하지 못하고, 당장의 성과에 눈이 멀어 달려간 도시재생 현장 역시 상처가 깊다. 많은 도시재생 전문가들이 마을의 물리적 환경재생과 더불어 경제재생, 생활재생, 이를 뒷받침할 주민들의 참여와 역량의 강화를 말하지만, 마을 현장에서는 힘을 발휘하지 못한다. 전문가들이 말하는 마을의 사회적경제 생태계를 조성하기 위해서 청국장과 두부를 만들고, 마을탐방 프로그램을 개발하고, 마을기업을 설립하는 등의 노력을 하고 있지만 대부분 별로 진척이 없다. 그래서 주민들을 위한 도시재생이 아니라 도시재생 업체나 활동가들을 위한 도시재생이 아니냐는 주민들의 목소리를 종종 들을 수 있다. 도시재생은 주민들의 삶의 질을 개선하기 위한 것이지 이론가들이 이야기하는 이론적 도그마를 위해 하는 것이 아니다. 소위 전문가들이 일부의 사례를 일반화하여 사회적경제 조직을 만들어야 한다는 '굴레'가 현장의 주민들을 울리고 있다.

우리들만의 마을공동체?

나는 서울시의 마을공동체 정책에 대해 기대와 우려를 동시에 가지고 있다. 삭막한 서울이라는 거대도시에서 이웃들과의 관계망을 형성하고, 주민 스스로 자신들이 살고 싶은 마을을 만들어가는 일이기에 환영하고 기대한다. 그리고 서울시 마을공동체 정책은 다양한 변화를 몰고 왔다. 서울시 마을공동체 정책의 성과와 파급력에 대해서는 이미 많은 사람들이 언급을 했기 때문에 나는 주로 우려를 말하고자 한다.

"점-선-면"은 서울시 마을공동체 지원사업의 뼈대를 이루고 있는 개념이다. 점-선-면이란 주민의 등장(점)-성장(선)-연결(면)을 의미한다고 서울시는 설명한다. 즉 마을공동체 사업에 참여하는 주민 간의 관계망을 높이기 위한 공모사업 전략이 '선과 면을 만드는 마을공동체 지원사업'이라고 발표했다. "마을을 만들고자 하는 욕구를 가진 주민을 등장하게 견인하는 것이 가장 중요한 목표였고, 점-선-면 전략에서는 이를 '점' 단계로 보고, 크고 작은 점 단위의 주민모임을 선으로 연결하고, 그 선들이 만나 면으로 확장하여 마을공동체의 성장을 만들어 나가도록 했다"고 설명했다.[35] 이후의 서울시 마을공동체 정책은 대개 이런 방향에서 운영되고 있는 것 같다.

나의 우려의 핵심은 마을공동체의 '주체'에 관한 것이다. 즉 마을공동체의 주체인 주민이 누구인가에 대한 질문이자 문제 제기이다. 나는 그 마을에 살고 있는 모든 사람들이 주체라고 생각한다. 그런데 서울시는 '마을을 만들고자 하는 욕구를 가진 주민들을 등장하게 견인하는 것'이라고 설명한다. 두 가지가 같은 뜻일까? 같은 뜻을 다르게 표현한 것이라 보는 분들도 있을 것이다. 더 나은 마을공동체를 이루기 위해 먼저 욕구를 가진 주민들이 시작하는 것은

---

35 '2017 서울마을주간 큰 공유회1: 점에서 출발해 선과 면을 만드는 마을공동체 사업', 서울시 마을공동체종합지원센터 블로그(https://blog.naver.com/seoul_maeulstory/221177073403)

중요하고 또 당연한 수순이다.

그런데, 마을공동체는 없던 것을 새로 만드는 것이 아니다. 마을공동체는 이미 존재하고 있는 것이다. 서울시에서 마을공동체 정책을 도입하기 훨씬 이전부터 사람들은 '마을' 안에서 다양한 관계를 형성하며 서로 영향을 주고받으며 살고 있었다. 그 관계와 영향의 질을 높이자는 것이라면 동의할 수 있다. 그러나 없는 것을 새로 만드는 것이라는 주장에 대해서는 동의할 수 없다. 마을공동체의 주체는 그 마을에 살고 있는 모두 주민들이다. 마을공동체 지원사업에 참여하는 사람들만 주민이 아니다. 더 나은 마을공동체를 만들기 위해 먼저 시작한 사람들은 촉진자이지 그들만 주민이 아니다. 먼저 시작한 사람들이 이미 있는 마을공동체를 더 나은 관계망으로 만들어가기 위해 노력하는 '과정'이 마을공동체 활동이라 생각한다.

서울시 마을공동체 활동의 교과서처럼 회자되는 성미산마을은 뜻을 같이한 사람들의 공동체라 할 수는 있지만, 다른 가치를 가진 더 많은 주민들이 함께 한 마을공동체는 아니었다. 비판적으로 말하면 '그들만의 공동체'라고 할 수 있다. 진정한 의미의 마을공동체는 다양한 가치를 가진 사람들이 함께하는 것이다. 그 안에는 환경을 소중한 가치로 삼는 사람들도 있고, 개발에 대한 간절한 욕구를 가진 사람들도 있다. 그렇게 서로 다른 사람들이 공존하는 것이 우리가 살고 있는 마을이다. 서울시에서 마을공동체 지원사업을 통해 '점'을 찍기 이전부터 마을 그리고 마을공동체는 존재해 왔다. 점을 찍고 선을 연결하여 면을 만들려는 시도는 그 과정에 참여하지 않은 주민들에 대한 '배제의 논리'로 작동할 위험성이 있다.

그래도 마을공동체

그럼에도 나는 마을공동체 활동을 지지하고, 할 수 있는 최선의 역할을 다해 힘을 보태고자 한다. 아파트 엘리베이터에서 만나는 사람이 낯선 타인이 아니라 반가운 이웃이기를 바라고, 겨울에 눈이 내리면 어르신들과 아이들이 함께 만나 눈을 치우고 눈사람을 만들거나 놀이를 즐기는 풍경을 보고 싶고, 마을 곳곳에 마련된 재활용품 분리수거 현장에서 함께 자원순환을 실천하는 동네에서 살고 싶다. 외로운 어르신들만이 아니라 어린아이들이 뛰노는 소리가 끊이지 않는 농촌 마을을 보고 싶고, 농촌체험마을로 변모하는 계획을 수립하기 이전에 마을의 주민들이 함께 행복할 수 있는 계획을 세우는 마을에 가고 싶다. 그런 도시와 농촌의 마을과 주민들이 먼 이웃사촌이 되는 그런 마을을 만들고 싶다.

마을 사람들이 함께 모여 더 나은 마을을 만들기 위한 다양한 아이디어를 말하고, 다양한 생각을 서로 경청하고, 그 과정에 참여한 주민들이 합의를 도출하고, 그 결과를 함께 실천하는 과정이 마을공동체 활동이다. 소외되거나 배제되는 사람이 없는 주민자치가 실현되는 그런 마을에서 살고 싶다.

사회적경제와 상생경제

사회적경제란 사회 구성원 간 상호협력과 연대를 통해 공동의 이익과 사회적 가치 실현을 추구하는 경제활동을 말한다. 사회문제를 비즈니스 방식으로 해결하는 활동이며, 이를 수행하는 조직이 사회적경제 조직이다. 사회적경제 조직에는 사회적기업, 협동조합, 마을 기업, 자활 기업, 농어촌 공동체 회사 등이 있다. 사회적기업은 시장 경제가 초래한 불평등, 빈부격차, 환경 파괴 등의 사회 문제를 해결하기 위해 등장했고, 세계적으로 확산되고, 한국에서도 빠른 속도로 확대되고 있다.

사회적기업 현황과 발전 과정

사회적경제를 대표하는 조직의 하나인 사회적기업 현황과 발전 과정을 살펴보자. 2020년 12월 현재 한국의 사회적기업 수는 2,704개에 이르며, 사회적기업의 전 단계인 예비사회적기업도 1,609개다. 한국의 사회적기업의 발전은 짧은 시간에 매우 빠른 속도로 확산되었으며, 이는 우리나라의 경제 성장 과정과 비슷하게 정부 주도하에 많은 재원이 투입되며 만들어진 결과로 볼 수 있다.

한국의 사회적기업육성법 제정 이전에는 1990년대 초 도시빈민운동 차원에서 등장한 자생적인 노동자협동조합, 1996년에는 사회적 취약계층의 고용촉진을 위하여 보건복지부 주도로 진행된 자활지원센터 사업, 이후 자활지원센터 사업이 2000년 국민기초생활보장법 상으로 제정된 자활후견기관 사업의 형태로 존재했다(이인재, 2006). 노무현 정부가 집권한 2003년에는 보건복지부의 자활사업과는 별도로 노동부의 주도로 사회적일자리 사업이 도입되었으며, 이는 실업극복과 양극화해소의 중요한 수단으로서 범정부 차원으로 확대되었다. 하지만 사회적일자리 사업이 정부부처들 간 유기적 협조의 결여, 유사 및 중복 프로그램의 난립과 연계성 부족, 신규일자리 창출의 부진, 정부의존 심리의 심화, 저임금의 단기적 일자리 제공에 그쳐 사회적 취약계층의 지속적인 고용과 자활 실현에는 한계가 있었으며, 이를 계기로 정부는 이를 기업형태로 전환시키는 시도를 추진했다(김순양, 2008). 이후 2007년 국회는 운영주체별 역할 및 책무, 사회적기업육성위원회 설치, 육성계획수립, 사회적기업 인증요건 및 절차 등을 규정한 사회적기업육성법을 제정하였다.[36]

사회적기업 대표자 워크숍

사회적경제를 본격적으로 접하기 시작한 것은 2013년부터 2015년까지 3년간 '사회적기업 대표자 워크숍'을 진행하면서부터였다. 한국사회적기업중앙협의회의 요청으로 전국을 7~8개 권역으로 나누어 사회적기업 대표자들을 초대하여 1박 2일 과정으로 워크숍을 진행했다. 나는 워크숍 전 과정의 퍼실리테이터 역할을 수행했고, 사회적기업의 가치, 사회적기업 대표자의 리더십, 사회적

---

36 "한국의 사회적기업 발전과정 및 현황"에서 인용. https://lifeofjoy88.tistory.com/128

기업의 문제점과 해결방안 등을 함께 토론하는 참여형 교육으로 진행했다.

워크숍 과정을 통해 사회적기업 대표자들의 생생한 이야기를 들으며 현장의 고민과 과제에 대해 깊이 생각할 수 있는 소중한 경험을 했다. 사회적경제는 일반 기업과는 달리 공동체의 이익 실현, 노동자 중심의 수익 배분, 민주적 기업 운영, 지속가능성 등을 핵심가치로 삼고 있다. 그렇기 때문에 일반 기업에 비해 훨씬 더 많은 숙제를 안고 조직을 경영해 나간다. 사회적기업 대표자들은 기업 경영을 통해 취약 계층을 고용하거나 사회 문제를 해결하는 데 기여하는 방식으로 사회에 공헌하고 또 많은 보람을 느끼고 있었다. 그러나 다른 한편으로는 사회적기업이 생산하는 제품과 서비스의 시장 경쟁력, 민주적 기업 운영에 따른 구성원들의 책임성 문제, 사회적경제에 대한 소비자 인식 제고, 정부 지원에 따른 실무적 업무 과중 등의 다양한 어려움을 겪고 있었다.

사회적기업의 환경과 조건은 열악했다. 돈이 될 만한 일들은 이미 일반 기업에서 하고 있었고, 노동과 경영 역량을 끌어올려 사회적기업의 난제를 돌파해야 하지만 상대적으로 노동 의욕과 경험이 부족한 취약계층과 함께 가야 했다. 워크숍에 참가한 사회적기업 대표자들에게 종종 들었던 이야기는 "이렇게 힘들 줄 알았으면 사회적기업을 하지 않았을 것 같다. 그냥 기업 운영하면서 사회에 공헌하는 것이 훨씬 쉬울 것 같고 보람도 있을 것 같다"였다. 모두 그런 것은 아니었지만 상당수의 사회적기업 대표자들이 그렇게 이야기했고 그 말에 공감을 표했다. 행정 등 공공기관이 사회적기업을 적극적으로 구매함으로써 부족한 경쟁력을 보완할 수 있지만, 계약담당 공무원들은 사회적기업 제품을 구매하는 데 인색했다. 이미 실적이 검증된 기업, 나중에 계약 담당자에게 물품 매입에 따른 문제가 생기지 않을 제품을 구매하려 했다. 일부 사회적기업들이 만든 제품의 품질은 좋지 않았고, 일부 기업이 사회에 물의를 일으키는 일마저 벌어지며 사정은 더욱 악화되었다.

어쩌면 시작부터가 문제였을지도 모른다. 많은 사회적기업들이 행정의 권유로 사회적경제에 발을 내디뎠다. 사회적기업의 본질과 경영에서 나타날 수 있는 문제들을 충분히 예상하지 못한 상태에서 행정 부서의 권유로 시작한 경우들이 적지 않았다. 행정은 주로 당근을 제시했다. 그들은 사회적기업으로 인증될 경우 투입될 공적 자금과 지원 등 장밋빛 청사진은 이야기했지만, 사회적기업이 안고 가야 할 책임과 부담에 대해서는 언급하지 않았다. 공무원들에게는 사회적기업의 숫자로 표현되는 실적이 중요했고, 지방자치단체장들은 다음 선거를 위해 사회적기업의 내실보다는 겉으로 드러나는 외형에 관심을 기울였다.

소비자들은 사회적기업의 가치를 인정하기보다는 제품과 서비스의 질을 따졌다. 많은 경우 사회적기업의 제품은 상대적으로 비쌌고, 소비자들의 가치 소비는 활발하지 않았다. 정부 자금이 사회적기업에 투입되면서 따르는 행정의 관리와 개입에 대응하는 것도 버거웠다. 지원금에 대한 회계 처리와 각종 보고 자료들은 사회적기업 구성원들을 지치게 했다. 사회적기업 대표자들은 대부분 선한 의지로 시작했고 그 의지로 버텨왔으나 현실의 벽은 높기만 했다.

사회적기업가 정신

사회적기업이 성장하기 위해서는 정부 지원의 확대, 소비자들의 인식 변화, 기업 자체의 경쟁력 강화 등이 종합적으로 작용해야 하지만 현실은 그렇지 못했다. 많은 경우 문제해결의 열쇠로 사회적기업가 정신을 이야기했다. 사회적 환경의 변화도 중요하지만 기업 내부의 변화 역시 중요하다. 그것을 추동해 나가는 것이 사회적기업 대표자들의 역할이고 사회적기업가 정신이다. 사회적기업가 정신으로 현실의 어려움을 돌파해 나간 사례들도 꽤 있다. 그런 사회적기업가들은 대부분 큰 빚을 졌고, 사회적기업 대표자 워크숍에서는 사회적기업가의 필수 요건으로 빚을 말하기도 했다. 사회적기업가와 빚은 동반자라는 것이다. 사회적기업 내부 구성원들의 역량을 강화하고 민주적인 조직문화를 만드는 데 힘을 집중해 어려움을 함께 이겨낸 사례들도 있다. 대부분 사회적기업가의 남다른 의지와 오랜 시간의 축적이 만들어진 '과정의 결과'였다.

사회적기업 대표자 워크숍에서 바람직한 리더의 모습에 대해 함께 이야기를 나누었다. 그들은 사회적기업 대표자에게 필요한 모습으로 비전과 열정을 꼽았다. 직원들의 역량과 강점을 알고 적절한 업무를 나눌 수 있는 대표자, 직원들과 공감하는 능력이 출중한 대표자가 되기를 원했다. 사회적기업 대표자들은 회사에 모습을 잘 보이지 않아야 한다고도 했다. 그 시간에 시장을 개척하기 위해 외부의 사람들을 만나고 제품을 판매하는 영업활동이 대표자들의 주된 역할이어야 한다는 것이다. 워크숍에 함께 참석한 사회적기업의 실무책임자들은 민주적인 리더십을 원했고, 자신의 말만 옳다고 주장하는 대표자들에 대해서는 우려를 표명했다. 말이 많은 대표자도 바람직하지 않다고 했고, 주로 혼자 이야기하는 대표자를 향해서는 직원들이 그의 말이 옳아서가 아니라 대표자로 존중하기 때문에 경청하는 배려를 하는 것이라고 꼬집어 말하기도 했다.

재학서점과 창업가 정신

나는 좁은 의미의 정부가 인증한 사회적기업에서 일하거나 경영을 해 본 경험은 없다. 그렇지만 어릴 때부터 장사하는 방법을 배웠고, 20대 후반부터 활동해 온 여러 NGO에서 오너십ownership을 가지고 일했다. 사회적기업에서 헌신적으로 일하던 한 선배로부터는 "타고난 사회적기업가"라는 황송한 말을 듣기도 했다.

아버지는 내가 초등학교 5학년인 1978년부터 20년간 은평구 신사동에서 '재학서점'을 운영하셨다. 서점이 많은 시절이 아니어서 그런지 그 인근에서는 꽤 이름이 알려져 있었다. 내 이름을 딴 서점이라 나는 어릴 때부터 많은 이웃들에게 관심을 받았다. 재학서점에서 나는 장사를 어깨너머로 배웠다. 손님을 맞이하는 법, 책을 진열하는 방법, 책을 포장하는 방법, 심지어 도난을 방지하는 방법을 배우기도 했다. 가끔 부모님이 자리를 비우시면 홀로 서점을 지키며 손님을 맞이하기도 했고, 재고 서적을 반품하는 일을 도왔으며, 총판에 책을 주문해 보기도 했다. 아버지는 나에게 특별히 장사를 가르치시지 않았지만, 나는 그런 과정을 통해 조금씩 '주인의식'을 배워나갔던 것 같다.

사회운동을 시작한 이듬해인 27살에 주한미군범죄 근절 운동본부의 대표 간사로 일하며 후원을 조직하고 후원자를 관리하는 역할을 맡았다. 그러다 28살에 사무국장을 맡으면서 살림살이를 했다. 이후 열린시민연합에서 8년간 일하며 10개 지부를 관리하는 책임을 맡았으며, 사무처장으로 활동했다. 사무처장을 하면서 직원들 월급을 제때 챙겨주기 위해 돈을 빌리고 신용카드 현금서비스를 받아보기도 했다. 2006년부터 프리랜서 강사로 활동했고, 2008년부터 지역리더십센터 함께이룸을 창립하면서, 교육을 통해 사회적 가치를 실현하고 교육으로 먹고 사는 비즈니스를 했다.

나는 어떤 조직에서 어떤 일을 하든지 내가 주인이며 오너라는 생각을 가지고 일해 왔다. 주어진 일을 하기보다는 스스로 일을 만드는 것을 좋아했고, 새로운 영역에 도전하는 것을 즐겼다. 그래서 넓은 의미의 사회적기업가라 할 수도 있을 것 같다.

사회적경제에서 상생경제로

먹고 사는 문제를 빼고 주민들의 삶을 이야기할 수는 없다. 일자리 창출, 골목상권 활성화, 청년실업 등 지역경제 문제는 우리가 함께 해결해야 할 사회적 과제이자 지역 문제이다. 지역경제 활성화는 주민자치의 핵심과제다. 주민자치는 지역의 문제를 당사자인 주민 스스로 해결해 나가는 활동이며, 사회적경제는 지역의 문제를 비즈니스 방식으로 풀어가는 일이다. 이 둘은 떼려야 뗄 수 없는 관계이며 서로 밀접하게 연결되어 있다.

나는 사회적경제가 시장경제의 대안은 아니어도 시장경제를 보완하는 호혜적 경제 활동이라 생각한다. 그런 점에서 사회적경제를 적극 지지한다. 다만, 사회적경제의 범위를 더 넓혀야 한다고 생각한다. 좁은 의미의 사회적경제가 아니라 보다 많은 사람들이 함께할 수 있는 호혜적경제, 상생경제로 접근해야 한다. 약육강식의 경쟁 논리에서 서로 돌보고 상호의존하는 호혜적경제로 전환해야 한다. 나는 그것을 상생경제 혹은 호혜적경제로 부르고 싶다.

좁은 의미의 사회적경제는 참여 주체가 제한적일 수밖에 없다. 정부의 인증과 사회적경제 조직으로의 설립 신고는 사회적경제가 추구하는 가치를 온전히 담기에 그릇이 너무 작다. 보다 많은 사람들이 참여할 수 있는 새로운 개념과 접근방법이 필요하다. 아래에 소개되는 세 가지 사례를 포함해 더 넓은 호혜적 경제활동을 담을 수 있는 그릇으로 상생경제를 만들어갔으면 한다.

은평구 참여예산위원장으로 활동하던 2015년에 참여예산 주민제안사업 공모에 "은평형 상생 배달앱 개발 및 운영"을 제안했다. 당시 요기요, 배달의민족 등 상업적 배달앱으로 인해 영세상인들의 출혈 경쟁이 심해지고, 배달원들의 열악한 근로환경이 사회문제화 되고, 소비자들의 피해마저 동반되는 상황을 보며 심각한 문제의식을 느꼈기 때문이다. 소상인, 배달노동자, 소비자들이 얻는 편의성은 있지만 지역경제 생태계가 파괴되는, 배달업체의 '착취형 경제 시스템'이라고 판단했다. 이를 해결하기 위해 우선 은평구에서 상생 배달앱 시스템을 개발해 운영하자고 제안했다. 구청의 예산을 투입하고 은평구 관내 배달음식점, 배달원, 소비자 등으로 민관 거버넌스 체계를 구축해서 운영하는 것이 골자였다. 이 제안은 주민들의 호응을 얻어 주민투표에서 선정되어 새로운 실험을 할 기회를 얻었다. 그런데 그해 말 은평구의회의 예산심사과정에서 전액 삭감되면서 실행할 기회를 잃었다. 두고두고 아쉬움이 남는 대목이다. 최근 경기도와 서울시 등 여러 지방자치단체에서 시행하고 있는 '공공 배달앱'을 은평구에서 먼저 시작해 좋은 모델을 만들어 상생경제를 실현할 기회를 박탈당했기 때문이다.

은평구 녹번동 참여예산위원장을 지냈던 이희영씨는 동네에서 슈퍼마켓을 운영했다. 그런데 여느 슈퍼마켓 사장과는 다른 마인드를 가지고 있다. 슈퍼마켓에서 아르바이트하는 청년들과 고용-피고용 넘어서는 관계를 형성하기 위해 노력한다. 많이는 아니지만 법정 기준보다 조금이라도 월급을 더 주려 하고, 일하는 청년들에게 슈퍼마켓을 경영하는 다양한 노하우를 전수한다. 잠깐 아르바이트를 하더라도 사업하는 방법을 배워나가길 원하기 때문이다.

이 책을 쓰기 위해 임시 사무실을 얻으면서 '당근마켓'을 통해 필요한 집기들을 구매했다. 나와 우리 가족이 입을 옷과 가재도구 등 많은 것을 저렴한 가격에 살 수 있었다. 그 과정을 통해 새로운 골목경제와 자원순환경제가 작동하고 있음을 확인할 수 있었다. 아주 많은 사람들이 참여해서 신뢰에 기초한 호혜적 경제공동체를 만들어 나가고 있었다. 신뢰의 토대는 '당신의 근처(당근)'라는 지역성이었다. 중고나라 등 선행 중고물품거래 플랫폼에 담지 못했던 신뢰를 가까운 이웃들과의 거래라는 방식을 통해 극복하는 현장은 이미 형성되어 있었던 것이다. 나는 당근마켓을 통해 새로운 상상을 하게 되었다. 당근마켓처럼 주민들의 필요에 의해 만들어진 플랫폼 시장과 지역문제를 해결하는 주민참여플랫폼과 지역화폐를 연결하는 방안을 고민하고 있다.

세상은 이미 빠른 속도로 호혜적 경제를 만들어가고 있다. 약육강식의 경제에 피로감과 문제를 느끼는 많은 사람들이 참여하는 가운데 새로운 변화가 시작되고 있다. 사회적경제를 넘어서서 더 많은 사람들이 함께하는 더 큰 그릇을 만들자.

민관 협치에 대하여

서울시에서 제도화를 시작한 민관 협치가 전국적으로 확산되고 있다. 민간 (혹은 주민)과 행정의 협력은 어제 오늘의 일은 아니다. '협치協治'라는 말이 회자 되기 전에 '거버넌스governance'라는 개념이 먼저 도입되었다. 거버넌스는 공동의 목표를 달성하기 위하여, 주어진 자원 제약하에서 모든 이해 당사자들이 책임 감을 가지고 투명하게 의사 결정을 수행할 수 있게 하는 제반 장치[37]를 말한다. 협치는 지역 사회에서 국제 사회에 이르기까지 여러 공공 조직의 업무를 관리 하기 위하여 정치·경제·행정적 권한을 행사하는 국정 관리 체계. 행정 서비스 공급 체계의 복합적 기능에 중점을 두는 포괄적인 개념이다.[38] 협의의 협치는 민간과 공공간의 협력적 정책 네트워크를 의미한다.

협치를 강조하는 흐름의 중심에는 민간과 행정 간의 '권한 공유'가 자리잡고 있다. 민간과 행정이 협력적인 관계를 형성할 때 행정의 권한을 민간과 나누

---

37 Daum 국어사전
38 Daum 국어사전

어, 민관이 함께 결정·실행·평가·환류하는 체계로 설명되기도 한다. 이전에는 행정이 무엇을 할 것인지를 결정하고 민간의 참여를 요청했다면, 무엇을 할 것인지에 대한 결정부터 환류까지 전 과정을 민과 관이 함께 결정해야 한다는 것이다. 협치는 행정으로 하여금 '동원형 행정'에서 '참여형 행정'으로 전환할 것을 요구하는 일이기도 하다.

협치의 목적은 지역사회 문제 해결

민관 협치를 어떻게 활성화할 것인지를 논의하기 전에 먼저 살펴야 할 것이 있다. 왜 민관 협치를 해야 하는지에 대한 질문과 답을 얻는 것이다. 협치의 목적은 지역사회의 문제를 해결하는 데 있다. 사회가 발전하면서 다양한 사회 문제가 야기되고, 사회문제는 날이 갈수록 복잡하고 다양해지고 있기 때문에 관련된 제 주체들이 협력하여 공동 대응해야 한다. 지역사회의 문제 역시 마찬가지다. 과거에는 지역문제 해결이 행정의 몫이었다면, 현재 지역사회의 문제는 복잡계[39]로 지역의 다양한 구성원들이 공동으로 대응해야 풀릴 수 있다.

그런데, 지역 사회의 문제가 복잡한 것처럼 민과 관의 관계도 실타래처럼 얽혀 있는 경우가 많다. 나는 은평구 협치조정관으로 그 복잡계의 중심에서 2년 3개월여 동안 일했다. 말 그대로 힘들고 복잡한 일이었다. 민과 관의 협력적 관계 형성, 행정 부서 간 협업, 민간과 민간의 협력 등 어느 하나 간단하지 않았다. 협치조정관이 아니라 갈등조정관 같았다. 일이 잘 될 때는 연락이 없다가 무슨 일이 생기면 연락이 왔다. 함께 일하는 동료가 아닌 사람에게 전화를 받으면 십중팔구 갈등이 생겼으니 역할을 해달라는 요청이었다. 민간에서도 요청하고 행정에서도 찾아오고, 마음 편히 지내본 날이 별로 없었다.

---

39 자연계를 구성하고 있는 여러 구성 성분 간의 다양하고 유기적인 상호 작용에서 비롯되는 복잡한 현상들의 집합체. 다음 국어사전

협치를 진전시키기 위해 다양한 주체들을 대상으로 교육을 진행했다. 아직은 협치에 대한 실천적 이해나 서로에 대한 이해가 부족했기 때문이다. 출발부터 생각이 다른 경우도 빈번하게 있었다. 그래서 나는 협치 교육에서 '운전면허시험 감독관 이야기'를 자주 했다.

2003년 6월 27일 중앙일보에 투고된 경찰관의 이야기다. 운전면허시험장에서 감독관 역할을 하던 그는 어느 날 문맹자들에게 시험문제를 읽어주기 위해 조심스레 해당자가 있느냐고 물었다. 50대 남자 시각장애인이 나왔다. 면허시험을 보러 온 청력장애를 가진 친구를 돕기 위해 왔다는 것으로, 감독관의 구술을 듣고 친구에게 수화로 문제를 설명해 줬다. 그렇게 두 친구는 서로 소통하며 무사히 시험을 치렀고, 결과는 합격이었다. 두 사람은 신체적으로 각각 부족함을 갖고 있었지만, 서로에게 눈과 귀가 되어 훌륭한 결과를 만들어 냈다. 두 사람은 서로에게 눈이었고 귀였다.

민관 협치를 하는 이유는 복잡한 지역사회 문제를 해결하는데 어느 한쪽의 힘으로만은 할 수 없기에 힘을 모으는 것이다. 그 출발은 서로의 부족함을 이해하고 인정하는 것이다. 협력하지 않고 자체적으로 해결할 수 있다면 굳이 협력할 필요가 없다. 협력이 능사는 아니다. 때로는 민간에서 자율적으로 해야 하는 것이 있고, 때로는 행정이 독자적으로 해야 하는 일들도 있다. 그럴 수 없는 지역사회 문제는 서로 협력해야 한다. 민과 관이 서로 상대가 필요한 존재임을 인정하고, 자신의 부족함을 인정하고, 상호의존하려 할 때 민관 협치는 제대로 작동된다.

민간이 주도하는 것이 민관 협치?

민관 협치 현장에서 행정은 아직도 관치官治를 하려 한다는 이야기가 심심치 않게 나온다. 과거 행정을 하면서 주민들을 동원하던 습성을 버리지 못하고 있다는 것이다. 수십 년 동안 몸에 밴 관성을 바꾸기란 쉽지 않을 것이다. 그런 행정의 변화를 촉진하기 위해서라도 민간이 민관 협치를 주도해야 한다는 식의 이야기를 들을 수 있었다.

민간이 주도하면 협치가 활성화될까? 나는 그렇게 생각하지 않는다. 진정한 협력은 어느 한쪽의 주도로 형성되지 않는다. 사람은 이성보다 감정이 앞서는 경우가 많다. 이론적으로나 사회환경적으로나 민관 협치를 해야 한다는 당위성을 부정하는 공무원은 별로 없다. 그러나 마음으로 내켜하지는 않는 것 같다. 그렇다고 행정이 주도하는 것이 방법일까? 그거야말로 관치로의 회귀다. 물론 협치를 어느 쪽에서 먼저 말하고 상대방에게 참여를 요청할 수 있다. 그렇지만 주도는 다른 차원의 문제다. 촉진은 할 수 있지만 주도하면 안 되는 것이 민관 협치다.

민관 협치의 현장에서는 민과 관에서 나오는 볼멘소리를 종종 들을 수 있다. 민간은 민간대로 행정은 행정대로 피로감을 호소한다. 공무원들은 민관 협치를 힘들어 한다. 담당자와 팀장이 바뀌기 일쑤고, 특별한 보상도 없는데 난이도가 높은 업무를 선뜻 할 사람은 별로 없을 것이다. 민간에서는 우리가 힘을 쏟는 것만큼 행정이 변하지 않는다고 답답해하고, 여러 단계를 거쳐야 하는 행정 절차에 지친다. 그런 행정 절차를 줄이기 위해 최소한 팀장이 회의에 참석해야 한다고 요구하지만 팀장이 오지 않고 직원을 보내는 경우도 많다.

서울시에서 자치구의 민관 협치 활성화를 위해 정책드라이브를 걸기 때문인지 조급증 때문인지는 분명하지 않으나, 민관 협치가 너무 빠른 속도로 추진되는 경우가 많은 것 같다. 2장 '주민자치'에서 주민의 속도를 거북이, 행정의 속도를 KTX라고 비유했었는데, 민관 협치의 현장에서는 반대인 경우가 많다. 민간은 협치 행정의 전면화를 요구하고, 행정은 너무 빠르다고 항변한다.

서로를 이해하는 민관협치 - 6:4의 변화

협치의 걸림돌은 "행정과 시민의 협치 경험 부족"이다. 2016년 11월 서울시 엠보팅 모바일 투표를 통해 수렴된 의견을 토대로 협치서울시민대회 참석자 1200여 명이 함께 선정한 결과다. 경험 부족은 5개의 후보 중에서 37%로 1위였으며, 정책 집행권한과 책임의 불균형 23%, 시민을 들러리로 만드는 민관협력제도 23% 순이었다. 민관 협치의 경험은 부족한데 정책은 속도를 내고 있다. 협치는 사업이 아니라 과정이라고도 하는데, 과정 만들기는 더디고 답답한 경우가 많다. 그 더딤을 견디고 답답함을 인내해야 과정이 만들어진다.

민관 협치의 과정 만들기는 민과 관이 서로를 깊이 이해하고 신뢰가 형성되어야 가능하다. 처음부터 서로에 대한 이해가 깊을 수는 없다. 한두 번의 교육으로 얻어질 수 있는 것도 아니다. 상대를 조금 더 깊이 들여다보려는 노력, 상대방을 이해하려는 태도, 지속적인 소통 과정에 의해 '협치 감수성'이 성장한다.

주민들이 참여하는 위원회나 민관TF를 운영하는 직원들은 회의 하나를 두고서도 여러 과정을 거친다. 우선 위원장과 일정을 조율하고 위원들에게 연락을 하고, 회의에 대한 계획서를 만들어 여러 단계의 결재를 받고, 사전에 회의 자료를 만들어 공유하고, 위원장의 사회카드와 부서장의 보고자료를 만들고, 회의 당일에는 도착하지 않은 위원들에게 확인 전화를 하고, 회의가 진행되면 주요 사항을 기록하고, 회의 후에는 회의록과 결과보고서를 작성하고, 결과보고서에 대한 결재 단계를 거치고, 회의 결과를 위원들이 있는 단톡방에 올리고, 회의 참석수당 지급을 위해 지출 담당부서에 가서 관련 서류를 제출한다. 이렇게 회의 하나당 열 번 이상의 공정을 거친다.

협치 과정에 참여하는 활동가와 주민들은 월급을 받고 하는 일이 아니다. 주 활동과 생업이 따로 있고 저마다 일의 우선순위가 있다. 행정에서 지급하는 회의비로는 해결할 수 없다. 많은 경우 자원봉사 형태로 참여한다. 그래서 함께 결정한 계획을 집행하는 과정에 적극적인 역할을 수행하기 어렵다. 시민사회단체는 아이디어나 계획을 수립하는 데 큰 역할을 할 수 있지만, 실행 과정에는 많은 역량을 투입하기 어렵다. 풀뿌리 시민단체는 1~2명의 상근자를 두고 있거나 그마저 없이 활동하는 경우들도 많다. 재정 여건은 열악하고 시민들의 후원과 참여는 박하며, 새로운 활동가들이 등장하기가 어려운 구조를 많이 가지고 있다.

민관 협치는 지역사회문제 해결이라는 공동의 목표를 실행하기 위해 한 걸음 한 걸음 나아가야 한다. 무엇보다 서로에 대한 이해와 처지에 대한 배려가 필요하다. 서로 변해야 한다. 나는 오래전부터 민관 협치를 위해 6:4의 변화를 이야기했다. 행정은 6할 정도 변해야 하고, 민간은 4할 만큼 변해야 한다는 주장이다. 변화는 행정에만 요구되는 것이 아니다. 민도 많이 변해야 한다. 대등하게 변해야 한다. 다만 행정이 권한과 예산을 가지고 있고, 실제 집행 과정에서 실무역할을 많이 하기 때문에 행정의 변화를 조금 더 강조한 것이다. 어떤 과학적 근거에 기초한 것은 아니다. 내가 경험하고 현장에서 배운 것을 숫자로 표현해 본 것이다. 함께 변해야 한다는 말이 너무 막연하기 때문에 구체적으로 그리고 상징적으로 말한 것이다,

민관 협치의 주체는 누구인가?

민관 협치가 지역사회 문제 해결을 위한 것이라면 다양한 분야에서 다양한 사람들이 참여해야 한다. 그리고 최대한 많이 참여해야 한다. 민관 협치로 해결하려는 지역 문제는 대부분 복잡하고 어려운 과제이며, 주민들의 참여와 실천이 동반되어야 가능한 것들이다. 그런데, 일각에서는 민관 협치의 주체를 시민단체와 직능단체 등 조직화된 주민들로 한정하려는 경향이 있다. 몇 십만에

달하는 주민들이 모두 행정의 파트너로 참여할 수는 없으니 일정한 대표성을 갖는 분들이 민간의 주체로 참여해야 한다는 주장도 있다. 민관 협치 과정에서 이루어지는 각종 회의를 생각하면 일리가 있을 수 있겠으나 그것이 본질은 아니다. 회의가 민관 협치의 전부가 아니다.

민관 협치를 시작하는 단계에서는 우선 단체나 모임 등을 통해 조직화된 주민들이 참여할 수는 있다. 그렇지만 그 단체와 사람들로 한정되어서는 안 된다. 끊임없이 새로운 사람을 발굴하고, 다양한 주체들이 참여할 수 있는 방법을 만들어 가야 한다. 협치가 무엇인지를 아는 사람만 참여할 수 있는 것이 아니어야 한다. 지역의 다양한 문제에 관심을 갖고 있는 사람은 누구나 참여할 수 있는 열린 구조를 만들어 가야 한다. 협치가 무엇인지는 그런 과정을 통해서 몸으로 익혀나갈 수도 있는 것이다. 촛불혁명을 통해 우리나라는 직접민주주의 시대로 진입하고 있고, 다양한 사람들이 참여하는 주민자치회가 전국 읍·면·동에서 속속 만들어지고 있다. 이런 시대에서는 누가 누구를 대신할 수도 없고, 대표할 수도 없다. 그래서도 안 된다. 누가 그 대표성을 위임했는가?

쓰레기 문제를 해결하기 위해서 원천감량, 분리배출, 분리수거, 자원재활용 등을 해야 하는데, 모두 주민들의 실천이 따라주어야 하는 것이다. 물론, 기업에서 과대포장을 하지 않는 등 생산단계에서부터 자원순환에 대한 고민이 있어야 하고, 쓰레기를 처리하는 행정과 청소업체의 시스템도 정비되어야 한다. 그러나 아무리 좋은 자원순환 시스템을 도입했다고 하더라도 사람들이 적극적으로 이용하지 않으면 그마저 또 다른 쓰레기가 될 수 있다. 결국 쓰레기 문제 해결은 주민들의 삶의 방식을 바꾸는 문제다.

사람들의 삶의 방식의 변화는 계몽이나 캠페인을 통해서 이루기 어렵다. 그보다 주민들이 스스로 문제를 해결해야겠다는 인식을 갖고 실천할 때 실질화된다. 주민들은 쓰레기 문제가 심각하다는 걸 몰라서가 아니라 구체적인 실천

방법을 모르거나 그 행동이 가져올 효과를 믿기 어렵기 때문에 참여하지 않는 경우가 많다. 혼자가 아니라 여럿이 함께 해야 가능하다. 누군가가 만들어서 제공하는 매뉴얼이 아니라 동네 사람들이 함께 머리를 맞대고 현장에 맞는 다양하고 창의적인 실천 방법을 함께 만들어 나가야 한다. 주민들은 쓰레기 문제 해결의 '대상'이 아니라 '주체'이다.

민주주의는 협치의 작동원리

민관 협치가 지역사회 문제를 해결하기 위한 것이라는 측면에서 민주주의는 협치의 매우 중요한 원리가 된다. 협치는 어느 일방의 의견이 아니라 관련된 다양한 주체들의 민주적 논의 과정을 통해 작동한다. 민관이 함께 머리를 맞대고 지역 문제의 해결방안을 찾고 더 나은 공동행동을 만들어 나가는 것이기에 토론과 합의는 매우 중요한 역할을 한다.

그리고 출발선에서 지역의 의제를 누가 선정할 것인가에 관한 문제가 있다. 무엇이 지역문제인지부터 무엇을 우선순위로 할 것인지에 이르기까지 토론과 의사결정이 필요하다. 의제를 어떻게 실천할 것인가에 관한 논의 과정도 중요하다. 의제와 실천방법을 미리 정해놓고 사람들을 초대하는 방식이 아니라 지역의제에 대한 공론의 장이 먼저 형성되어야 한다. 사람들마다 중요하게 생각하는 의제가 다르고, 시민단체가 생각하는 것과 직능단체가 생각하는 것이 다르다. 또 행정의 생각도 있다. 무엇보다 지역의 주민들의 뜻이 중요하다. 주민들이 실천해야 할 의제는 자신들이 의견을 낼 수 있어야 하고 스스로 결정할 수 있어야 한다.

은평구 협치조정관으로 지역의제를 실천하기 위한 다양한 '민관공동실행단'에 참여했다. 실행단에 따라 모임을 이끄는 좌장 역할을 하기도 했지만, 대부분 민과 관의 중간자로서 회의에 참여했다. 민관공동실행단은 모임의 구성원과 특성에 따라 원만하게 운영되는 것도 있었고, 갈등과 불협화음이 발생하는 경우도 종종 있었다. 불협화음은 대개 회의에 참여하는 민간과 행정의 생각이 엇갈릴 때 발생했다. 한쪽이 강하게 주장하거나 한쪽이 한사코 반대하는 상황이 생기면 회의는 어려움에 빠졌다. 결과적으로는 민간의 의견이 많이 반영되었고, 행정의 의견대로 정리가 된 경우도 있었다. 그 과정에 참여하면서 민주주의는 정치체제로서만이 아니라 우리 삶에서 매우 중요한 원리가 되어야 함을 절감했다.

실천적 연구자, 전북연구원 황영모 박사

세상에는 많은 연구자와 전문가들이 있다. 그들은 다양한 사회 영역과 문제들을 연구하여 정책에 영향을 주며, 사람들의 시야를 넓고 깊게 해 주는 역할을 한다. 연구자들은 그들의 고된 지식 노동이 사회 문제를 해결하는 데 기여하고, 정책으로 추진되기를 기대하고, 많은 연구 결과가 정책에 반영되어 우리들의 삶에 큰 영향을 주게 된다. 그런 점에서 연구자들은 사회문제 해결의 동반자라 할 수 있다.

연구자들의 연구 결과는 때때로 사람들에게 비판을 받기도 한다. 주로 현실과 부합하지 않는 이론이라는 것이다. 심하게는 연애를 책으로 배운 사람이 연애를 말한다는 식의 힐난을 받을 때도 있다. 그런데 세상의 모든 연구자들이 그런 것은 아니다. 이론적인 도그마dogma[40]에 갇혀 있는 연구자들도 있지만, 끊임없이 사람들과 소통하며 현장에 발을 굳건하게 딛고자 하는 연구자들도 많다. 전북연구원의 황영모 박사는 그런 실천적 연구자 중 한 명이다.

나의 '후배 선생님'

황영모 박사는 나에게는 농업·농촌 분야의 선생님이다. 사회적 관계로는 내가 선배지만 농업·농촌에 관해서는 그가 대선배이며, 서울 촌놈인 나에게 농업·농촌의 현실과 과제를 사사師事해 주었다. 농업·농촌의 현장을 잘 모르는 내가 수많은 질문을 던질 때마다 정성을 다해 끈기 있게 답변을 해 주었다. 2006년 (재)지역재단에서

---

40 독단적인 신념이나 학설

전북연구원 황영모 박사

전국의 농업 활동가들과 전문가들을 초대하여 진행한 '지역리더 아카데미' 모임에서 처음 만났고, 그 이듬해인 2007년 그가 일하던 (사)지역농업연구원이 전라북도와 공동으로 진행하는 '전라북도 농업·농촌 핵심리더 교육과정'에 강사로 참여하면서 본격적인 인연을 맺었다. 그리고 거의 10년을 전라북도의 다양한 농업·농촌 현장에 동행했다.

그와 함께 일하면서 즐겁고 행복했다. 뜻이 통하고 합이 잘 맞는 사람과 일하는 과정 자체가 주는 기쁨이 있다. 처음 두 가족이 함께 휴가를 간 자연휴양림에서도 우리는 짐을 나르고 숯불을 피우는 와중에도 틈만 나면 일 이야기를 했고, 그걸 지켜보던 아내들에게 둘이 사귀냐는 핀잔을 듣기도 했다. 생각해 보면 처음 만날 때부터 그랬던 것 같다. 농림축산식품부의 의뢰에 의해 '지역특성화 교육'을 담당하던 각 지역기관들의 연찬회를 준비할 때도 그랬고, 3년간 진행됐던 전라북도 농업·농촌 핵심리더 교육과정을 함께 준비하고 진행할 때도 그랬다. 그 이후 수많은 교육과 컨설팅 현장에서도. 2008년 '지역리더십센터 함께이룸'을 함께 창립했던 이민식 박사와 함께했던 과정들처럼 즐겁고 행복했다.

황영모 박사는 진짜 일 중독자다. 나도 주위에서 일중독이라는 말을 참 많이 듣지만, 내가 혀를 내두를 정도로 연구와 일에 매달렸다. 원형 탈모로 고생하고, 몸과 마음이 피폐해져도 쉬는 법을 잘 몰랐다. 나는 수없이 그에게 때로는 쉬어가야 한다고 말했지만 쇠귀에 경 읽기였다. 나는 그의 그런 행동이 농업·농촌과 생산자 농민들을 향한 진정성에서 비롯되는 것이라고 생각한다. 그렇지 않고서는 잘 설명이 되지 않는 또 다른 의미의 "미친 놈"이다.

교사의 꿈을 접고 농민운동 현장으로

어릴 때부터 글쓰기에 재능이 있었던 문학청년이었던 그는 문학과 교사를 꿈꾸며 경희대 영어영문학과에 입학했다. 그러나 대학생으로 맞닥뜨린 사회현실은 그의 소망을 어그러뜨렸다. 군사정권의 위세가 사회를 지배하던 시절이었고, 광주민주화운동과 전태일 열사의 죽음은 소시민으로서의 삶을 허락하지 않았다. 사실 사회가 허락하지 않은 것이 아니라 그의 내면의 소리가 그런 삶을 살아갈 수 없게 했던 것이리라. 그 당시 많은 청년들과 대학생들이 경험했던 것처럼.

땀 흘려 일하는 노동자와 농민들 곁에서 도움이 되는 사람이 되고자 했다. 그 당시 많은 청년들이 노동운동에 투신을 했는데, 상대적으로 활동가를 더 필요로 했던 농민운동으로 눈길을 돌렸다. 당시 농업·농촌 현장은 수입농산물 개방의 파고 등으로 인해 매우 힘든 상황이었다. 제2차 세계대전 이후 미국이 주도하는 '관세 및 무역에 관한 일반협정'GATT, General Agreement on Tariffs and Trade의 세계무역체제는 농산물이 포함되지 않았었다. 그러나 1986년 9월 우루과이의 푼타 델 에스테Punta del Este에서 새로운 다자간 무역협상이 개시되면서 상황은 급변했다. 서비스와 농산물, 지적재산권 등이 주요 이슈로 떠올랐으며, 우루과이라운드Uruguay Round는 당초 시한인 1990

년 12월을 훨씬 넘기면서 협상에 많은 난항을 겪었다. 우루과이라운드는 각국 정부의 서명과 의회의 비준을 거쳐 1995년 1월부터 발효되었다.[41] 대한민국의 농업이 새로운 세계무역체제에 직격탄을 맞게 되었고, 이에 항의하는 농민들의 집회와 시위가 전국적으로 번져나가던 시기였다. 그런 시대적 상황은 그의 인생 향로를 바꾸어 농민들과 함께하는 새로운 삶을 모색하게 되었다. 그가 그런 선택을 한 데에는 스스로의 결심과 더불어 평생의 동지이자 동반자인 아내(이순미 박사)의 영향도 적지 않았다고 한다. 그만큼 아내를 사랑하는 사람이기도 하다.

전국농민회총연맹 정책담당

학생운동을 마치고 농민운동 조직인 전국농민회총연맹(이하 전농)의 정책담당을 맡아 상근활동가로 농민운동을 시작했다. 전농은 식량자급과 통일농업 실현을 목적으로 하는 농민을 대표하는 조직이다. 그가 활동을 시작한 1998년은 국민의 정부로 정권이 교체된 해로, 농업현장의 요구가 새 정부의 농정개혁 활동으로 분출되었다. 정부에 농가부채대책위원회, 협동조합개혁위원회 등이 구성되었고, 전농과 한국농업경영인중앙연합회 등 농민단체가 적극 참여해 농정개혁 활동을 전개해 나갔다. 그는 이 과정에서 정책 실무를 담당했고, 농민적 요구가 반영된 농업정책의 개혁에 대해 집중적으로 학습하고 내용을 마련하는 데 매진했다. 이러한 농민운동 조직의 농정개혁 활동은 농가부채문제 해결을 위한 추가 대책을 이끌어 내는 등 여러 측면에서 성과가 있었다. 그러나 협동조합과 유통개혁 등에 있어서는 많은 한계에 부딪혔는데, 농정개혁이라는 사회적 명분으로도 해당 분야 조직의 이해관계를 조정하기에는 어려움이 많았던 것이다.

이 과정을 통해 농업현장의 요구가 정책으로 어떻게 반영될 수 있는지를 배울 수

---

41 다음 백과사전 참조

있었다. 관료 중심의 농정에 맞서 농민운동 조직이 정책의 구체성을 갖춰야 함을 절감했다고 한다. 당시의 이러한 고민은 연구역량을 키우기 위해 전공을 농업경제학으로 바꾸어 학업을 이어나가게 한 중요한 배경이 되었다.

전농 전북도연맹 상근활동가

당시 전농은 독자적 정치 세력화의 요청에 조직적으로 많은 논의와 토론이 이어지던 기간이었다. 대중운동 조직으로 역할을 강조하는 입장과 진보정당 참여를 주장하는 입장으로 의견이 갈렸다. 치열한 논쟁을 통해 결국 전농은 진보정당의 조직적 참여를 통한 정치세력화를 결정하게 된다. 이 과정을 거치면서 그는 현장 농민운동을 준비하기 위해 전농 전북도연맹 상근활동가로 활동공간을 옮긴다.

전라북도에서의 상근활동은 전농 정책담당으로 가졌던 고민을 구체화할 수 있는 기간이었다. 상근활동의 실무능력과 농업정책의 전문성을 키우기 위해 대학원에서 본격적인 공부를 시작했다. 이러한 그의 고민은 지역농정에의 개입세력과 대안세력으로 나아가고자 하는 조직적 필요와도 부합했다. 조직과 많은 활동가들의 배려 속에 농민운동조직 상근활동과 학업을 병행할 수 있었다. 일과 학업의 병행은 여러 어려움이 있었지만, 특유의 소명의식으로 극복해 나갔다.

당시 전농 전북도연맹은 탄탄한 조직력과 정책개입을 통해 지자체 농정과 지역사회에서의 의미 있는 성과를 만들어냈다. 쌀값폭락에 대응한 전국 최초의 지자체 직불금 확보가 대표적이다. 전라북도의 정책적 변화는 시·군으로까지 확대되어, 지역 농협의 변화와 농촌교육 등 지역사회의 내용 있는 변화를 견인할 수 있었다. 농민운동 조직이 지역사회에서 기반하여 농업·농촌에 대한 우호적인 여건을 만든 결과다. 이 과정에서 많은 조직 활동가의 헌신적인 활동을 보며 지역사회를 책임지는 활동 방식을 배울 수 있었다고 한다.

지역농업연구원을 통한 지역농업의 활로 모색

2003년에 그는 새로운 도전을 시작했다. 농민운동 조직이 지역농업 활성화에 책임 있는 역할을 담당하고자 (사)지역농업연구원을 창립하는 실무책임을 맡았다. 이미 2000년 초부터 전농 전북도연맹의 활동가들은 지역농정 연구를 담당할 연구소의 필요성을 공유하고 있었다. 농민운동의 성과가 지역단위 농업정책에 반영되기 위해서는 연구와 정책역량을 갖추어야 한다는 판단이었다.

지역농업연구원은 농민회 활동가를 중심으로 도 농민단체가 참여하는 인적구조였다. 기대와 우려가 교차했다. 농민운동의 방향에 대한 고민, 현실적인 연구조직 운영 등 여러 문제에 직면해야 했다. 연구원 초기 활동의 활로는 '지역과 농업'에 대한 지속적 학습에서 찾았다. 격주로 늦은 밤까지 학습하고 활동방향을 잡아나갔다. 학습모임과 정책세미나는 지역의 현장 활동가, 공무원, 농협 관계자, 전문가 등의 교류와 네트워크의 장이 되었다. 이를 통해 '지역과 농업'의 고민을 공유하고 활동의 중심이 될 수 있었다.

농민적 역량강화와 농업정책의 변화

지역농업연구원의 핵심적인 역할과 기능은 농민적 역량 강화였다. 농업현장의 인적 역량이야말로 '지역과 농업'을 책임져 나갈 핵심역량이었기 때문이다. 이후 지역농업연구원은 전라북도의 '핵심리더 교육과정'을 설계하고, 교육과정을 맡아 운영했다. 지역재단의 리더양성 프로그램을 전라북도의 현실에 맞춰 적용하였다. 3년간의 핵심리더 교육과정을 통해 지역농업 조직화의 방향과 실행역량을 일정하게 구축하게 되었다. 생산자조직, 지역농협, 농촌마을, 행정조직을 망라하면서 '지역과 농업'에 비전을 갖춘 많은 리더를 양성할 수 있었다. 이 과정을 통해 지역농업연구원은 지역단위의 농업인 교육과정의 혁신은 물론 대표적인 인력양성 기관으로 자리매김할 수 있었다. 이 교육과정을 통해 양성된 많은 리더들이 본인이 속한 지역과 조직에서 의미 있는 변화와 혁신을 만들어내는 핵심리더로 역할을 다하고 있다.

지역농업연구원에게 요구된 다른 역할은 지자체의 농업·농촌·농민정책의 변화를 이끌어내는 것이었다. 지역농업의 활성화는 지역농정의 기능 확대에 있음에 주목했기 때문이다. 이를 위해 전라북도의 시·군 지역농정기획단 정책을 기획하였다. 그리고 실행을 지원하면서 지역농업 조직화를 위한 지역농정 기능의 강화를 도모했다. 또한 지역농업의 관점에서 농정의 핵심이슈를 어떻게 파악하고 대응해 나가야 하는지, 방향을 제시하고자 노력했다. '지역 활성화 계획, 농업생산자조직 컨설팅, 농촌개발 컨설팅' 등으로 사업과 활동을 확장해 나갔다. 지역과 농업의 관점에서 현장중심의 새로운 모델을 만들어 나가겠다는 절절한 마음으로 임했다고 한다.

지역농업연구원의 역량강화. 농정개발 등의 활동은 '지역과 농업'의 활로를 '우리'가 열어갈 수 있다는 자신감을 얻는 과정이었다고 한다. 낮과 밤을 가리지 않고 학습하면서 연구역량을 키우는 데 소홀하지 않았다. 지역농업연구원의 사업과 활동 하나하나가 지역과 농업의 혁신이 되고 새로운 전형이 되어야 한다는 절박함으로 임했다. 지역농업연구원은 지역사회에서 '농업·농촌·농민' 문제를 조직화의 관점에서 해결해 가려는 실험과 실천의 과정이었다. 그는 이 과정을 통해 현장 활동가의 소중한 인적기반과 지역농업 활동을 담당할 실무역량을 조직할 수 있었던 것을 가장 큰 성과로 꼽는다.

농업현장과 지방자치단체를 잇는 정책전문가

준비에서부터 안정화까지 혼신을 다한 7년간의 지역농업연구원 활동을 정리하고, 전라북도의 정책연구원(전북연구원)으로 자리를 옮겼다. 일본으로의 1년간 유학을 마치고, 학위를 마무리한 2011년이었다. 이직을 결심하면서 많은 고민이 있었다고 한다. 현장중심 연구활동가의 길과 정책연구자로서의 공간 확보의 필요성이 그것이었다. 결국 '지역과 농업'의 활성화를 정책화하는 역할 찾기가 필요하다는 판단으로 활동공간을 옮겼다.

전북연구원은 전라북도의 정책을 연구하고 실행을 지원하는 공공기관이다. 그는 전북연구원의 연구자원을 활용해 현장중심의 정책연구와 실행을 지원하는 것을 역할로 삼았다. '지역과 농업'이라는 관점의 조직화 전략이야말로 신자유주의 시대, 지역과 농업을 유지하는 방안으로 보았다. 전라북도가 중심이 되어 시군이 실행주체가 되는 정책을 재구조화하는 데 집중했다. 정부의 6차산업화 정책이 시행되기 이전, 도 자체의 '6차산업화 지구사업'을 기획하고 실행을 지원했다. 부가가치의 생산자 귀속을 목적으로 생산×가공×체험×판매가 결합된 사업모델이었다. 내발적內發的 지역발전전략에 기초한 '전북형 슬로공동체 사업'을 통해 읍·면 지역순환경제 구축을 위한 교두보를 만들고자 했다. 산지유통 2단계 활성화 전략을 통해 행정–지역농협–생산자 등의 조직화 전략을 강화했다. 지역이기 때문에 가능한 정책실험이다. 지역이기 때문에 창의적으로 현장 활동 주체의 역할을 강화할 수 있었다.

로컬푸드의 확장과 푸드플랜의 구상

로컬푸드의 확장과 푸드플랜의 구상은 지역순환경제를 위한 핵심과제였다. '전주푸드 기본구상'은 전국 최초의 지자체 단위 먹거리 전략이다. 로컬푸드를 넘어 지역단위 푸드시스템을 지향한 연구의 결과다. 전주시는 산지와 소비지가 공존하는 잠재력이 큰 지역이다. 푸드플랜은 생산자와 소비자를 핵심주체로 세우고, 지역의 거래관계를 구축하는 것이 기본체계다. 관계시장을 만들고, 기존 유통의 지역화를 핵심과제로 제시했다. 공공영역이 중심이 되어 실행조직을 갖춘 것도 특징이다.

현재는 생산자 조직화로 다품목 생산·가공기반도 내실을 갖춰가고 있다. 또 직매장 중심의 거점도 확대되고 있다. 공공급식지원센터를 통해 공공형 먹거리 체계도 만들었다. 먹거리 취약계층을 위한 '엄마의 밥상'은 먹거리 복지의 전형으로 평가되고 있다. 도시농업, 리사이클, 기존유통 연계 등은 앞으로 넓혀나가야 할 전주푸드플랜의 과제이다.

지난 2020년에는 대통령직속 농어업농어촌특별위원회 '국가 먹거리 종합전략' 연구의 책임을 맡아 국가 먹거리 전략의 틀을 만드는 데 집중했다. 먹거리 관련 활동가와 전문가 등의 다양한 의견을 반영하고자 노력했다. 먹거리는 농업·농촌의 문제를 국민적 시각으로 해결하는 돌파구이다. 종합전략이 되기 위한 제도개선, 정책체계, 핵심과제의 실행근거를 참여형 연구를 통해 만들었다는 데 의미가 있다고 평가하고 있다. 이해관계의 상충으로 일정한 수위 조절이 불가피했던 점을 아쉬움으로 꼽고 있다.

지역순환경제와 사회적경제

'지역과 농업'에 관한 모든 활동은 결국 지역순환경제를 사회적경제 관점에서 어떻게 구축할 것인가로 수렴된다는 것을 절감했다. '지역사회 관점의 사회적경제'야말로 실효적인 지역발전 전략이라는 결론에 도달했고, 협동조합기본법 제정을 계기로 협동조합을 통한 사회적경제 활성화 전략을 중심 연구과제로 삼고 매진했다.

먼저 협동조합 실태조사와 정책연구, 협동조합 국제포럼 등을 수행했다. 그 과정에서 지역단위 협동조합 활성화 전략을 제안하여 전라북도가 협동조합 활성화에 앞장서는 근거를 만들었다. 이와 함께 지역의 사회적경제 활동가들과 2년에 걸쳐 관련한 스터디와 세미나를 진행했다. 전북연구원은 이러한 공동학습과 참여형 연구의 장을 마련했다. 협동조합과 사회적경제에 관한 주요 이론과 실천 사례에 대해 주말을 이용해 학습해 나갔다. 공동학습은 각 분야에서 활동하던 활동가들이 공통의 관점과 방향을 맞추는데 유효했고, 자원이 절대적으로 부족한 지역사회에서 공동의 실천과제를 도출했다.

이러한 공공학습의 결과로 활동가들의 뜻을 모아 '지역개발협동조합'을 설립했다. 지역개발협동조합은 지역의 사회적경제 자원을 결합한 사업과 활동을 지원하는 역할을 맡았다. 교육과정의 심화와 개별 사회적기업, 협동조합 등에 대한 컨설팅도 수행했다. 이후 전라북도와 시군 조직 등이 참여하는 '전북사회적경제연대회의'로 확장했다. 그야말로 전라북도 사회적경제 진영을 아우르는 연대조직을 만든 것이다. 전북사회적경제연대회의는 사회적경제 부문 조직이 참여하는 '쨈매장터, 공동학습, 세미나' 등의 공동사업을 전개해 나가고 있다. 이를 통해 부문과 지역을 네트워킹하고 사회적경제 자원의 결합을 도모하고 있다. 사회적경제 연구는 사회적경제 자원이 집적한 '사회적경제 혁신타운 구축' 등 성과로 이어지고 있다. 직접 정책을 기획하고 국가사업화한 사례이다.

현장과 정책을 잇는 정책연구자

전북연구원에서 황영모 박사의 활동 지향점은 현장에 기반한 정책이 기획되고 실행될 수 있도록 하는 데 있다. 그래서 공적인 위치에서 필요한 역할과 기능을 담당하는 연구활동가가 중요하다고 생각한다. 연구자원을 현장의 필요에 활용되도록 하는 데서 시작하고자 한 것이다. 그래야만 지역연구, 정책연구가 유효한 결과를 만들어 낼 수 있기 때문이다. 그렇듯 그는 현장과 정책의 중간에 위치한 정책연구자다. 끊임없이 스스로를 성찰하며 현장에 기반한 치열함으로 '지역과 농업'의 활성화에 밀알이 되고자 노력하는 사람이다. 진정성으로 무장한 실천적 연구자다. 그는 다양한 정책실험을 할 수 있는 기회를 받고 이를 통해 현장 활동가의 든든한 '진지'를 만들어가는 것은 정책연구자의 보람이자 혜택이라며 '감사의 표현'을 잊지 않았다. 끝으로 그의 생각과 내면을 살필 수 있는 칼럼 하나를 소개한다.

우리 사회의 회복력과 농업·농촌의 가치

위기의 상황에 직면해서 '회복력'을 갖추지 못한 사회는 지속가능하지 못합니다. 우리는 특정한 충격으로 성장은커녕 유지도 어려워 파멸한 사례를 문명사에서 확인할 수 있습니다. 분명 코로나19 감염병의 대유행은 우리에게 크나큰 충격이며 위기입니다. 기후위기는 식량위기, 사회위기, 지역위기로 연쇄적으로 확산되고 있습니다. 많은 전문가는 '대전환과 실효적 혁신' 없이는 내일을 기약할 수 없다는 절망적 전망도 내놓고 있습니다. 그래서 전환과 혁신의 실체로 '회복력'에 주목합니다. 그리고 회복력의 실체가 바로 농업·농촌임을 강조합니다.

회복력, 위기와 불확실을 극복하는 대처와 역량

'회복력resilience'은 사회경제 시스템이 외부의 교란과 충격으로부터 잘 견디는 쇼크 내성을 통해 일상으로 회복할 수 있는 역량을 이릅니다. 2013년 다보스포럼World Economic Forum에서는 과거 지향점으로 성격을 갖는 '지속가능 발전'의 추상적 한계를 넘어 '경제적 회복력'을 새로운 정책적 개념으로 다루었습니다. 국제 사회가 회복력에 주목하는 배경은 재난과 위기에 대해 지금까지는 정부를 중심으로 한 '사후 대응'이었다는 반성에 기초합니다. 사전적·예방적 차원에서 지역공동체를 중심으로 사회적 자본의 중요성을 직시한 것입니다. 위기상황(쇠퇴기)에서 이를 극복하고 재구조화하거나 재창조할 역량을 상시적으로 제고해 나가야 함을 강조하였습니다.

그 힘이 바로 '회복력'인 것입니다. 회복력은 불확실하고 복잡계적 위험으로부터 우리 사회가 생명력 있게 대처와 적응할 수 있는 힘입니다. 위기로부터 학습하고 성장하며, 새로운 활로를 열어나갈 사회경제적 역량입니다. 구체적으로 '기술적, 조직적, 사회적, 경제적' 영역에서 충격과 위기에 대한 대응력으로서 회복력의 실체를 확인하는 것은 그리 어렵지 않은 일입니다. 회복력을 사람의 인체에 비유하면 '면역력'일 수 있겠습니다.

농업·농촌은 생태적, 경제적, 사회적, 조직적 회복력의 원천

회복력의 수준은 일상화된 코로나19의 충격에서 우리의 미래를 가르는 시금석입니다. 그래서 '우리 사회는 사회적 회복력, 생태적 회복력, 경제적 회복력을 얼마나 갖추고 있는가' 묻지 않을 수 없습니다.

첫째, 기후위기 상황에서 농업·농촌은 '생태적 회복력의 원천'입니다. 지구의 생태적 용량을 초과해서 발생하는 기상이변과 기후위기는 인류에게 대재앙의 전조입니다. 화석연료 채굴을 통한 에너지 이용을 당장 전환해야 합니다. 탄소 중립 사회로 전환을 당장 실행해야 하는 이유입니다. 농업·농촌은 탄소를 저장할 수 있는 유일한 분야입니다.

둘째, 식량위기 상황에서 농업·농촌은 '경제적 회복력의 기반'입니다. 기상이변과 코로나19로 국제교역이 멈추자 식량위기의 불안이 높아지고 있습니다. 가뭄과 홍수로 흉작이 빈번하고, 주요 국가는 식량수출을 제한하고 있습니다. 식량생산 기반과 자급역량을 비상히 높여가야 합니다. 농업·농촌은 먹거리를 해결하는 주체이자 경제의 기본입니다.

셋째, 사회위기 상황에서 농업·농촌은 '사회적 회복력의 토대'입니다. 양적 성장의 그늘에 놓인 빈부차이가 구조화되고 있습니다. 위기 상황에서 그 차이는 더욱 커졌습니다. 많은 국민들이 먹거리와 생활돌봄의 사각지대에 놓여 있습니다. 기본권으로서 먹거리와 생활돌봄이 보장되어야 합니다. 농업·농촌은 국민의 기본권을 보장할 수 있는 기반입니다.

넷째, 지역위기 상황에서 농업·농촌은 '조직적 회복력'의 근간입니다. 고령화 과소화된 지역의 내일이 어둡습니다. 농촌문제는 도시문제와 서로 연결되어 있습니다. 농촌의 필요와 도시의 수요에 대응하여 지역위기를 극복해야 합니다. 지역위기를 극복하고 도시문제를 해결하기 위해서는 도농융합이 관건입니다.

위기의 시대, 국가와 사회를 유지할 수 있는 회복력의 근간은 바로 농업·농촌

입니다. '농업·농촌·먹거리'가 우리 사회의 '회복력'을 갖춰가는 기반이자 핵심

영역입니다. 회복력을 갖춘 사회로 나아가기 위해서는 농업·농촌의 비중과 위

치를 높여야 합니다. 그 바탕은 누구도 거스를 수 없는 사회적 약속(협약)과 규

범일 것입니다.   _<한국농어민신문>, 2021.4.6

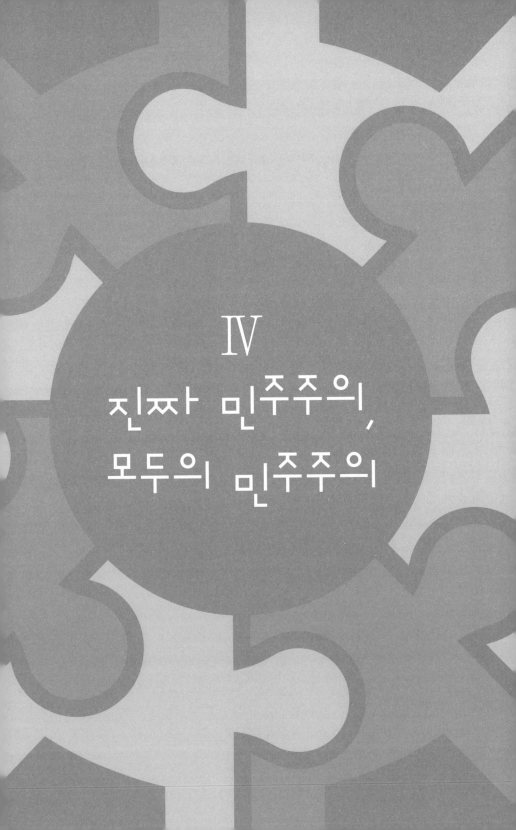

IV
진짜 민주주의,
모두의 민주주의

민주주의를 다시 생각한다

　민주주의는 우리 사회를 정의하는 핵심적인 개념이자 원리이다. 우리 헌법은 제1조에서 대한민국을 민주공화국이라 했고, 2조에서는 대한민국의 주권은 국민에게 있고 모든 권력은 국민으로부터 나온다는 주권재민을 천명했다.

　그런데 실제 우리들의 삶에서 민주주의라는 말은 매우 정치적인 맥락에서 많이 사용된다. 민주주의 사회에서 살고 있으면서도 사람들은 민주주의라는 말을 입에 쉽게 올리지 않는다. 사회문제에 대해 격론이 벌어질 때나, 함께하는 회의가 엉망으로 진행될 때 주로 사용된다. 다소 역설적이지만 "민주주의가 밥 먹여주느냐?"는 가시 돋친 말을 주고받기도 한다.

　왜 민주주의는 사람들에게 친숙한 말이 아닐까? 민주주의 사회에 살기 때문에 굳이 안 해도 될 말이어서 그럴 수도 있다. 민주주의라는 말을 정치인들이 주로 사용하면서도 정작 본인들은 그렇게 행동하지 않는 것을 하도 봐서 신물이 나서 그럴 수도 있다. 그렇지만 나는 민주주의가 사람들에게 친숙한 말이 되고, 사람들의 삶에 녹아들기를 바란다. 우리가 함께 살아가는 방식이 민주주의이기 때문이다.

민주주의는 잠들어 있는 자의 권리는 보호하지 않는다?

독일의 법학자 루돌프 폰 예링은 "권리 위에 잠자는 자는 보호받지 못한다"라고 말했다. 스스로 권리를 지키려고 노력하지 않으면 마땅히 누려야 할 권리도 침해당할 수 있다는 의미로, 민주주의의 특질을 설명하는 개념으로 많이 사용된다. 깨어 있는 자들의 조직된 힘이 민주주의를 지키는 최후의 보루라는 말과 일맥상통한다.

실제 우리 사회에서도 자신에게 주어진 권리를 제대로 행사하지 못해 피해를 보는 사람들이 많다. 1970년 11월 13일 전태일 열사는 "근로기준법을 지켜라"를 외치며 자신의 몸을 불살랐다. 일하는 사람들의 권리를 보장하는 법이 존재했지만, 그 법이 저절로 노동자들을 보호하지는 않았기 때문이다. 지금도 이런 현상이 적지 않다. 최저임금 기준은 있지만 그에 못 미치는 급여를 받는 사람들이 있고, 법으로 정한 근로환경에 못 미치는 열악한 조건에서 일하는 이들도 있고, 사회보장을 받을 수 있지만 자신이 해당되는지 모르고 사는 사람들도 있다. 그런 점에서 국민들은 권리를 보장받기 위해 알아야 하고 행동으로 옮기는 것이 중요하다. 민주시민으로서 권리를 자각하고 권리를 행사하는 것은 매우 중요한 일임에 틀림없다.

그런데, 나는 지극히 상식적인 것처럼 보이는 이 말에 이의를 제기하고 싶다. 그럼 권리 위에 잠들어 있는 사람들은 어찌할 것인가? 그들은 민주공화국에 속하지 않은 사람들인가? 그런 사람들은 어쩔 수 없는 사람들일까? 권리를 자각한 사람들도 국민이고 그렇지 못한 사람들도 국민이다. 권리를 모르거나 행사하지 못하는 사람들은 또 다른 의미의 소외계층이다. 민주주의는 말 그대로 '민'이 주인이 되는 것이다. 서구에서 근대민주주의 혁명을 이끌었던 중산계

급 부르주아bourgeois만이 아니라 평범한 사람들이 주인이 되는 정치제제를 말한다. 모든 사람들이 법 앞에 평등해야 하듯이 민주주의는 모든 사람에게 동등한 기회를 제공하기 위해 노력해야 한다. 무얼 아는 사람들만 권리를 찾아 먹을 수 있는 사회는 강자의 논리가 지배하게 된다.

모든 사람은 태어나면서부터 하늘이 준 자연의 권리, 곧 자유롭고 평등하며 행복을 추구할 수 있는 권리를 가진다는 천부인권설天賦人權說은 민주주의에도 적용되어야 한다. 뭘 좀 아는 사람들만이 민주적 권리를 행사하고 그렇지 못한 사람은 소외되는 그런 사회는 진정한 의미에서 민주주의사회라고 하기 어렵다. 울타리를 쳐놓고 밖에 있는 사람들에게 그 안으로 들어오라고 알리고, 진입 방법을 알려주는 것만으로는 부족하다. 그 울타리를 걷어내야 하고 그들과 섞여야 한다. 단기간에 이루어질 수 있는 것이 아니지만 필요하고 옳은 일이라면 그렇게 해야 한다.

민주주의는 다수결에 따르는 것이다?

민주주의하면 다수결을 떠올리는 사람들이 많다. 50대 이상은 말할 것도 없고 40대에도 그런 사람들이 꽤 있을 것 같다. 그들은 학교에서 민주주의를 배울 때 대개 그렇게 배웠기 때문이다. 그런 사람들은 흔히 의견이 모아지지 않으면 다수결을 이야기한다. 점심식사 메뉴를 정할 때, 단체 여행지를 정할 때, 회의 날짜를 정할 때, 모임의 대표를 뽑을 때…… 서로 간에 충분한 논의를 통해서 합의점을 찾기보다는 빠른 의사결정방법을 사용하는 경우가 많다. 우리 사회가 오랫동안 빨리빨리를 외치며 발전해 왔기 때문에 더 그런 것도 같다. 물론 모든 일을 충분하게 의논해서 정하자는 이야기는 아니다. 다수결로 빨리 정하는 게 서로를 위해서 좋은 경우가 얼마든지 있다.

그런데 중요한 문제를 다룰 때는 사정이 달라진다. 살기 좋은 우리 동네를 만들기 위해 어떤 일부터 시작할지를 정할 때, 수천만 원에 달하는 참여예산 주민제안사업을 선정할 때, 첨예한 이해관계가 맞부딪치는 지역개발 이슈를 다룰 때, 국회에서 국민들의 삶에 지대한 영향을 미치는 법을 제정할 때는 다수결이 능사가 아니다. 다수결의 원칙만을 앞세웠을 때 소수 의견은 설 자리가 없다. 다수의 의견이 항상 옳은 것도 아니다. 우리가 다수결을 통해 결과적으로 잘못된 결정을 내린 사례는 이루 헤아릴 수 없이 많다. 다수결을 잘못 사용하면 힘으로 밀어붙여 해결하려는 것으로 비춰지며, 다수 의견으로 포장된 다른 의미의 폭력인 경우도 종종 있다. 다수결은 사람들이 의견이 합의되지 않을 때 사용하는 최후수단이어야 맞다. 그 힘과 폭력 앞에서는 새로운 생각이 싹트기 어렵다.

진짜 민주주의는 소수 의견 존중이다

다수결의 원칙과 함께 소수 의견 존중의 원칙이 공존할 때 민주주의는 제대로 작동한다. 어떤 사안에 대해 다수 의견이 형성되면 무겁게 받아들여야 하고, 소수 의견도 존중되어야 하고 말할 수 있는 기회를 제공해야 한다. 그 사안에 있어 소수 의견이 있다고 하는 것은 여러 가지 의미일 수 있다. 새로운 관점으로 사안을 바라보는 것일 수도 있고, 다수가 가지지 못한 정보를 말할 수도 있고, 더 나은 방안을 이야기하는 것일 수도 있고, 아직 찬성과 반대 어느 쪽으로 결정을 내리지 못했다는 의미일 수도 있다. 세종대왕은 일종의 학습과정인 경연經筵을 통해 신하들과 함께 국가의 중요 문제를 논의했다. 항상 소수 의견을 중요하게 들었다고 한다. 어떤 의견도 완벽할 수는 없는 것이기에 반대 의견을 들어 다수 의견이 가지고 있는 문제를 보완하려 했다.

박명림 연세대 대학원 지역학협동과정 교수는 소수 의견 존중이 민주주의와 독재를 가르는 최후 준거라고 했다. 2020년 11월 29일 머니투데이 기사의 일부를 가져왔다.

11월 26일 서울시 영등포구 켄싱턴호텔 여의도에서 열린 '21대 국회, 새로운 대한민국은 가능한가' 토론회에서 '한국 민주주의 복합위기: 진보의 퇴영, 보수의 무능'이란 주제로 발제를 맡아 "민주주의는 주체의 문제가 아니라 철저하게 절차와 과정의 문제"라며 "일방주의로 나아간다면 그것은 전체주의와 다를 바 없다"라고 밝혔다. 이어 박 교수는 "스탈린이 항상 다수결을 강조했다"고 잘라 말했다. 소수 존중이 결여된 다수결은 독점과 독재와 다르지 않다는 의미에서다.

박 교수는 "다수결이 아니라 소수 존중이야말로, 민주주의와 독재를 가르는 최후 준거"라며 "다수결은 민주주의의 필요조건이고, 충분조건은 소수의 의견을 반영하고 끝까지 듣는 것"이라고 말했다. 이어 "영국, 미국, 독일, 그리고 북유럽은 말할 필요도 없이 합의제 민주주의를 하는 이유"라며 "민주주의의 꽃은 소수 존중"이라고 재차 강조했다.

선거는 민주주의의 꽃이다?

민주주의를 설명할 때 많이 인용되는 문구는 선거는 민주주의의 꽃이라는 것이다. 선출직 대표자를 뽑는 각종 선거 때마다 등장하여 주권자들의 투표 참여의 중요성을 강조한다. 정치인은 유권자를 두려워하는 것이 아니라, 투표하는 유권자를 두려워한다는 말이 있다. 시민들이 선거권을 가지고 있는 유권자여서 두려워하기보다는, 투표라는 행위를 통해 경쟁후보를 찍어 자신이 낙선하는 걸 두려워한다는 의미일 것이다. 모두 지극히 당연한 말로 사용된다.

나는 이런 말들에 이의를 제기한다. 선거는 민주주의의 진짜 꽃이 아니라고 주장한다. 대의제 민주주의에서는 선거가 민주주의의 꽃일 수 있다. 주권자들의 뜻을 잘 맡아줄 사람을 선출하는 것이 가장 중요한 민주적 행위이기 때문이다. 선출직 대표를 잘 뽑으면 시민들의 삶은 나아지고 그렇지 못하면 피폐해진다. 우리의 삶은 나아지고 있는가? 예전에 한 진보정당 후보가 "국민여러분, 살림살이 좀 나아지셨습니까?"라고 했던 말은 촌철살인의 명대사로 널리 회자되었다. 매번 좋은 후보를 고르기 위해 정보를 수집하고 친구들과 열띤 토론을 벌이고 새벽같이 투표장으로 향하지만 우리의 삶은 늘 고단했다. 그래서 사람들은 선거는 최고의 후보를 뽑는 것이 아니라 덜 나쁜 차악을 고르는 일이라고 말한다.

선거 시즌이 되면 선거에 나선 후보자들은 주민들을 극진히 모신다. 밝은 표정으로 먼저 다가와 인사를 나누고, 눈을 크게 뜨고 귀를 쫑긋 세우며 유권자들의 이야기를 듣는다. 너도나도 전통시장에 가서 떡볶이, 순대, 어묵을 사먹고, 그 장면은 어김없이 뉴스에 보도된다. 사람들이 조금이라도 모이는 곳이면 정치인들의 발길이 줄을 잇는다. 문제는 그때뿐이라는 것이다. 선거가 끝나면 상황은 역전된다. 적극적인 주민들은 정당 사무실을 찾아가고 구청을 찾아가지만 그들의 대표자를 만나기란 하늘의 별따기처럼 어렵다. 대의민주주의가 낳은 현상들이다. 우리나라만 그런 것은 아니다. 뉴스를 통해서 전해지는 외국의 사례에서도 종종 접할 수 있는 이야기들이다.

나는 민주주의의 꽃은 참여라고 말하고 싶다. 선출직 대표자를 뽑는 선거에도 참여하지만, 그들이 우리의 뜻을 잘 수렴하고 대변하고 있는지 살피고, 정치인들이 주로 누구를 만나는지 파악하고, 우리가 낸 세금을 어디에 사용하고 있는지 홈페이지 등을 뒤지고, 약속한 공약을 어떻게 이행하고 있는지 점검하고, 민의를 반영하지 못하는 지방 정치인을 소환하여 혼을 내고 주민소환제를 통해 그 자리에서 끌어내릴 수도 있다.

더 적극적인 참여 방법도 얼마든지 있다. 주민참여예산제도를 통해 우리의 예산(세금)이 제대로 쓰이도록 하는 활동에 참여할 수 있고, 지역 이슈를 다루는 공청회와 토론회에 참여할 수 있고, 후보 경선 때 쓰이는 일회성 당원이 아니라 자신이 지지하는 정당에 참여하여 정당 민주화를 위해 역할을 할 수도 있고, 지역사회 문제를 해결하는 다양한 활동에 참여할 수 있으며, 읍·면·동마다 설립되는 주민자치회에 참여할 수도 있다. 우리가 마음만 먹으면 참여할 수 있는 일이 얼마든지 있다.

우리는 참여민주주의 시대에 살고 있으며, 대의민주제의 한계를 보완하는 직접민주주의가 적극적으로 도입되는 그런 세상에 살고 있다. 21세기를 살아가는 우리들에게 민주주의의 꽃은 선거가 아니라 참여이다.

정당의 목적은 정치권력의 획득에 있다?

이 주제에 대한 이야기를 나누다 보면 때때로 부아가 치밀어 올라왔다. 나는 정당의 목적은 민생 등 공동체의 이익을 실현하는 것이라고 주장했고, 반대하는 이들은 정치학 개론에 나오는 이야기이고 정치의 기초 중의 기초라고 말했다. 가끔은 현실 정치를 모르는 서생 취급을 당하기도 했다. 정당은 정치권력을 얻는 것이 결정적으로 중요하다는 데는 나도 이견이 없다. 그런데 더 중요한 것은 집권 자체가 아니라 집권을 통해서 무엇을 하는가가 아닐까? 이 또한 지극히 상식적인 질문이다. 사람들은 그들이 바라는 세상을 만들고 혹은 정책을 실현하기 위해 힘을 모으고 정당을 조직해서 체계적인 활동을 한다. 정당은 집권을 해야 자신들의 뜻을 펼칠 수 있다. 그렇기에 선거에서 이기기 위해 수단과 방법을 가리지 않는다. 상대 후보를 깎아내리는 네거티브 캠페인은 주요 선거에 단골메뉴로 어김없이 등장한다. 그만큼 집권이 절실하기 때문이리라. 정치 현실이 아무리 냉혹하다고 할지라도 정치의 본질이 바뀔 수는 없다. 바뀌면 안 된다. 정치는 공공의 이익을 위해 존재하는 것이지 정당의 집권을 위해 존재하는 것이 아니다. 공동체와 구성원들이 추구하는 가치를 실현하는 것이 정당이고 정치이다.

데이비드 이스턴David Easton은 "정치란 사회적 가치의 권위적 분배다."라고 말했다. 일반적으로 쓰이는 정치의 정의이다. 여기서 "사회적 가치"란 공익과 사익, 경제적 이익, 자유, 생존권 등 다양한 형태의 "이익" 혹은 "권리"를 의미한다. 그리고 권위란, 권력에 다수의 지지가 더해져 정당화된 권력이다. 즉 정치란 정치인들이 다수의 지지(권위)를 얻어 최대한 많은 판돈(사회적 가치, 이익)을 얻는 전략 카드 게임이다.[42] 정당이 집권을 위해 존재한다는 것은 현행 법과도 배치된다. 우리나라 정당법은 정당을 "국민의 이익을 위하여 책임 있는 정치적 주장이나 정책을 추진하고 공직선거의 후보자를 추천 또는 지지함으로써 국민의 정치적 의사형성에 참여함을 목적으로 하는 국민의 자발적 조직을 말한다"고 정의하고 있다. 정당이 하는 여러 정치 행위의 기본 목적은 '국민의 이익'임을 명시하고 있다. 정당은 국민의 이익을 실현하기 위해 대표자를 배출하고, 여론을 형성하고 조직하며, 정부와 의회를 연결하는 매개적 역할을 하며, 권력에 대한 비판과 저항 등 다양한 정치 활동을 하는 것이다. 본말을 전도하지 말자.

민주주의가 밥 먹여주지 않는다?

민주주의의 중요성을 강조하는 사람들이 다른 사람들에게 종종 듣는 이야기가 민주주의가 밥 먹여 주느냐라는 말이다. 우리는 먹고 사는 것이 급하고 다른 중요한 일들이 많으니 민주주의 이야기는 그만 좀 하라는 뜻으로 볼 수 있다. 입을 닫을 수밖에 없다. 괜히 머쓱해지기까지 한다. 먹고 사는 문제는

---

42 나무위키 '정치'에서 인용(https://namu.wiki/w/정치)

인간의 생존과 관련된 가장 근원적인 욕구 중의 하나다. 먹고 사는 문제를 해결하지 못하면 사람들의 삶은 힘들고 고통스럽다.

그런데 민주주의는 밥 먹고 사는 것과 정말 관련이 없을까? 그렇지 않다. 먹고 사는 문제와 민주주의는 아주 밀접한 관계를 가지고 있다. 민주주의는 국민들의 더 나은 삶을 위해 고안되고 합의되어진 제도이다. 오늘날의 민주주의 체제가 갖추어지기까지 인류는 수많은 시행착오와 고통을 겪었다. 민주주의는 완벽한 제도는 아니지만 사람들이 함께 공존할 수 있는 최선의 사회 운영 방식이다. 적어도 현재까지는 말이다.

민주주의는 예산 흐름에 결정적 영향을 준다. 국가와 지방자치단체는 막대한 예산을 운용하여 각종 사회문제에 대처하고, 주권자들의 삶의 질을 향상시키기 위한 정책과 사업을 진행한다. 정부와 지방정부의 예산의 편성과 집행에 큰 영향을 미치는 것이 여론 동향이며 민심이다. 실제 정부의 재정 운용에 국민들의 뜻이 얼마나 반영되는지에 대해 많은 의문이 있는 것은 사실이지만, 그렇다고 하더라도 사회 구성원들의 목소리가 전혀 반영되지 않는다고 주장할 수는 없다. 여론 동향에 민감한 민주주의 정치체제에 의해 코로나19로 고통을 받는 사람들에게 긴급재난지원금이 지원되는 것이며, 청년들의 다양한 삶의 문제를 해결하기 위해 국가예산이 투입되는 것이며, 수입 개방으로 위기에 처한 농업인들에게 농업보조금을 지급하는 것이다. 우리가 충실한 위정자를 두지 못했다 하더라도 선거에서 표가 필요한 그들은 여론 동향에 민감하게 반응할 수밖에 없다.

다수의 경제학자들은 직접민주주의의 확대가 경제에 긍정적인 효과를 미친다고 주장한다. 국민들의 참여가능성이 확대되면 그렇지 않은 경우보다 경제적인 성과가 높아진다는 것이다. 이들은 이론적으로 '중위투표자 모델median voter model[43]에 기초를 두고 있다. 이 이론의 대의제도 하에서 정치인들은 정치적인 경쟁이 낮고 개인적인 이익을 추구할 수 있는 여지가 많다고 한다. 이에 대해 직접민주주의제도인 국민투표와 국민발안의 지속적인 압력하에서 정치인들은 중도적인 유권자들이 선호하는 것을 따를 수밖에 없게 된다는 것이다.[44]

민주주의가 고도화되고 시민들의 참여가 일상화 되면 이런 현상은 더욱 강화될 것이다. 재정 운용에 기득권을 가진 기획재정부 마피아라 할지라도 참여와 권한을 요구하는 납세자들의 목소리를 계속 외면할 수 없게 된다. 국가의 예산 편성-집행-결산 과정에 국민들이 참여하는 참여예산제도를 통해서 국가 재정에 대한 국민통제는 강화될 수 있다. 지방자치단체의 주민참여예산이 궤도에 오르면 지방정부 예산이 주민들의 뜻에 따라 사용될 것이다. 그리고 민주주의는 사람들이 먹고 사는 문제에 큰 영향을 미칠 것이다. 서민들의 먹고 사는 문제에 대한 해결책을 마련하는 것이 진짜 민주주의다.

---

43 중위투표자 모델은 좌우정당이 대립하는 경우에 선거 결과는 좌우의 고정지지층이 아니라 중도지지층에 의해 좌우된다는 것이다. 정당은 중도투표자들의 지지를 확보하기 위해 좌파정당은 우파정책에 접근하는 정책을 제시하게 되고, 우파정당은 반대로 좌파정책을 제시하게 된다는 것이다. 선거 결과는 중간지대에 있는 유권자가 결정하게 되고 선거운동도 이에 집중된다는 이론이다. (이에 대해서는 채진원/장대홍, 2015 참조)
44 이기우, 2016, 〈모든 권력은 국민에게 속한다, 이제는 직접민주주의다〉에서 인용

대의민주주의와 직접민주주의

　고대 아테네에서 민주주의가 출현한 이래 민주주의는 매 순간 변화하고 진화되었다. 고대 그리스의 아크로폴리스로 상징되는 직접민주주의로 태동한 민주주의는 로마 공화정을 거쳐, 부르주아가 중심이 된 시민혁명을 통해 근대 민주주의의 기틀을 다지게 되었다. 이후 보통선거제도가 확립되면서 오늘날과 같은 대중민주주의가 자리잡게 되었다. 우리나라의 민주주의 역시 숭고한 이들의 헌신과 국민들의 민주주의에 대한 열망으로 수많은 역사적 변천을 거치며 성장해 왔다.

대의제＝민주주의가 아니다

　많은 사람들은 민주주의하면 선거를 떠올린다. 그만큼 대의민주주의의 경험이 깊다. 우리 헌법은 모든 권력은 국민에게 속한다고 주권재민을 천명하면서도 정치제제는 대의민주주의를 채택했다. 우리들은 어린 시절 학교 교육에서부터 성인이 된 지금까지 줄곧 대의제 정치체제가 주류를 이루는 사회에서 살아 왔다. 그래서 대의민주주의가 곧 민주주의라는 사회적 통념을 가지고 있는 것 같다.

그러나 대의민주주의는 민주주의의 한 형태이다. 헌법과 법률에 의해 대의제를 위한 다양한 시스템이 도입되고, 현재 그것이 대세를 형성하고 있다고 하더라도 대의제가 전부는 아니다. 대의민주주의의 다른 편에는 직접민주주의가 자리하고 있다. 대의민주주의와 직접민주주의를 가르는 기준은 사안에 대한 결정권을 누가 행사하는가이다. 직접민주주의는 투표 등을 통해 국민들이 정치적인 사안을 직접 결정하는 것을 말하며, 대의민주주의에서는 주권자가 선거를 통해 그들의 뜻을 대리할 대표자를 선출하여, 선출된 대표자들이 결정권을 행사한다.

직접민주주의는 시민들이 그들 자신의 발의에 근거하여 또는 헌법에 규정된 강제 조항에 근거하여 정부나 의회의 뜻과는 관계없이 시민투표의 수단을 통해 광범위한 정치 이슈에 대해 결정권을 가진다는 것을 의미한다. 여기서 직접민주주의의 첫 번째 기준이 드러난다. 직접민주주의는 사람에 대해서가 아니라 이슈에 대해 결정권을 행사하는 것이다. 따라서 직선제나 주민소환은 직접민주주의에 속하지 않는다. 두 번째 기준은 다음과 같다. 직접민주주의는 시민들에게 결정권을 준다. 직접민주주의적 절차는 곧 권력 배분의 절차이다. 따라서 넓은 의미에서 직접민주주의는 시민의 권력을 강화하는 것이라고 정의할 수 있다.[45]

"호의가 계속되면 권리인 줄 안다"

이 말은 영화 [부당거래]에서 검사역을 맡은 배우 류승범의 인상적인 대사였

---

45 부르노 카우프만, 롤프 뷔치, 나드야 브라운, 2008, 〈직접민주주의로의 초대〉에서 인용

다. 범죄자에게 호의를 베풀어 친절하게 대하는 것이 반복되면 그들은 금방 익숙해져 호의를 권리로 인식한다는 것이다. 검사와 범죄자의 관계뿐만 아니라 우리의 일상에서도 가끔 경험할 수 있는 것이기에 많은 사람들의 공감을 샀다.

나는 이 말을 정치인들에게 돌려주고 싶다. 우리가 베풀어 준 호의를 자신들의 권리로 착각한다고. 일상에 바쁜 주권자들을 대신해 좋은 정치를 해달라고 권한을 그들의 임기 동안 잠시 맡겼을 뿐인데, 선출직 대표자들은 종종 그것을 잊는다. 마치 자신들이 원래부터 권한을 가지고 있었던 것처럼 착각하고, 주민들의 뜻보다는 그들의 의지에 따라 권한을 행사한다. 주권자들의 권한 위임이 계속되면 정치인들은 권한이 그들의 권리인 줄 안다.

특정집단의 힘과 로비는 정치인들을 움직여서 국가 공동체의 구성원들이 고루 누려야 할 이익이 일부에게로 쏠리는 일이 종종 벌어진다. 때로는 법률로 뒷받침되고 때로는 정치적 영향력으로 그들에게 힘이 실린다. 해마다 연말에 열리는 국회 예산결산특별위원회는 그러한 비극의 하이라이트다. 힘 있는 정치인들에 의해 엄청난 예산이 주고받는 거래의 대상이 되며, 쪽지로 들이민 메모는 특정 지역에 국책사업이라는 선물로 주어지곤 한다. 그리고 엄연히 국민들의 세금인데 자신들의 돈인 양 생색을 내는 일부 정치인들을 볼 때는 분노를 넘어 역겹다.

원래 그런 것이 아니다. 민주주의라는 체제가 그렇게 만든 것이 아니다. 그런 기현상은 영구불변한 것이 아니다. 바꿀 수 있다. 그것이 정당과 정치인들의 내부 혁신에 의한 것이든, 국민들의 질타와 행동하는 양심으로 강제한 것이든 변할 수 있다. 그렇지만 중이 제 머리 못 깎는 것처럼 정치인들 스스로 변하리라는 기대는 거두는 게 좋을 것 같다. 수많은 정치 신인들이 정치개혁을 외치며 국회로 갔지만 사람만 바뀌었을 뿐 나쁜 행태는 계속되고 있다. 국민들은 선거 때마다 변화에 대한 기대를 갖지만 시간이 지나면서 도로아미타

불이 된다. 1980년대 군사정권의 서슬이 시퍼렇게 살아 있을 때 젊은 학생들의 민주화운동은 계란으로 바위치기라고 비유되었다. 해 봐야 소용없다고 너희들만 희생된다고 어른들은 말렸다. 그렇지만 정의로운 계란들은 스스로 바위에 부딪쳐 갔고 그렇게 해서 거대한 바위에 균열이 갔다. 마찬가지로 지금의 개탄스러운 정치 현실도 새로운 도전에 나서는 사람들과 그들을 지지하고 함께 참여하는 시민들에 의해 바뀔 수 있다. 아니 바뀌어야 한다. 그래야 진짜 민주주의다.

민주주의의 위기와 직접민주주의

한마디로 민주주의의 위기다. 정확하게 말하자면 대의민주주의의 위기이며 대의제는 한계상황에 놓여 있다. 역사적인 위기가 있을 때마다 나라를 구하는 데 앞장선 것은 평범한 사람들이었다. 최근 수십 년만 살펴보아도 그렇다. IMF 구제금융으로 나락에 빠진 한국 경제를 살린 것도, 이게 나라냐를 외치며 추운 겨울 광장에 모여 촛불혁명을 일으킨 것도 보통 사람들의 힘이었고, 코로나19라는 세계적 대재앙에서 피해를 최소화했던 것도 성숙한 시민의식과 시민행동이었다. 모든 사람이 주인이 되며 민심이 준엄하게 반영되는 민주주의 방식과 정치체계를 새롭게 고민하고 만들어 가야 한다. 그 희망을 국민들이 권한을 직접 행사하는 직접민주주의에서 찾아보자. 더 이상 정치인들에게 우리의 삶의 문제를 의탁하지 말자. 많은 사람들의 지혜를 모아 새로운 민주주의 질서를 만들어 나가자. 위기에 빠진 민주주의를 구하기 위해서는 실사구시實事求是가 필요하다. 현재의 시대 상황에서 민의를 반영하는데 어떤 것이 더 효과적이냐는 관점에서 문제를 살피자.

대의민주주의 체계에서는 국민들의 주권 행사가 제한된다. 선거를 통해 선출직 대표를 뽑는 것에 집중된다. 선출직 대표를 뽑고 그들이 권한 행사를 한다는 점에서 간접민주주의라고 하기도 한다. 대의민주주의제도하에서는 국민들이 직접 정치에 나서기보다는 정치 엘리트들이 전문적으로 정치를 한다. 그런 점에서 엘리트 민주주의라고 할 수 있다. 정치인들은 서민들보다는 대체로 상류층이 하고 심지어 대를 이어 정치권력을 얻는 경우도 있기 때문에 귀족민주주의라고도 한다. 이런 대의민주주의 체계에서는 아무리 잘못된 법률이 제정된다 하더라도 국민들이 바로잡을 수 없다. 국민들이 거세게 항의해도 한번 만들어진 법은 좀처럼 다시 바뀌지 않는다. 국민들의 심판은 다음 선거 때까지 4년, 5년을 기다릴 수밖에 없다. 그 과정에서 국민들은 정치에 대한 불신과 패배감만 깊어진다.

직접민주주의 체계에서 국민들은 선거를 통해 그들의 대표자를 선출할 뿐만 아니라 주요 사안에 대한 결정도 투표를 통해 직접 하게 된다. 법률에 대한 입법권한은 의원들만이 아니라 국민들이 최종 결정을 한다. 국회에서 국민들의 의견에 반하는 법률이 제정되면 국민투표에 의해 거부될 수 있다. 그게 가능한 일이냐고? 스위스에서는 오래전부터 그렇게 해 왔다. 우리나라도 헌법의 개정은 국민들이 최종 결정한다. 국회의원 3분의 2이상이 헌법 개정에 찬성하더라도 국민투표에 의해서 부결될 수 있다. 헌법이 그러하듯 다른 법률도 국민들이 원하면 국민들이 직접 결정할 수 있게 된다. 그것이 진짜 민주주의다.

촛불 혁명과 직접민주주의

촛불혁명은 시대전환이다. 2016년 겨울부터 시작된 촛불혁명은 우리 사회가 어떻게 변화되었는지를 보여주는 상징적인 사건이다. 국민들은 더 이상 가만히 있지 않겠다며 남녀노소가 추운 광장에 모여 수개월 동안 한결같이 개혁에 대한 열망과 대한민국의 주권은 국민에게 있음을 행동으로 입증했다. 국민주권 시대의 시작을 알리는 역사적 선언이자 항쟁이었다. 촛불혁명은 세계적으로도 유래를 찾을 수 없는 평화혁명으로 세계 민주주의 역사에 기록되어 지구촌 사람들에게 오래오래 회자될 것이다.

촛불혁명은 참여민주주의, 직접민주주의다. 정확하게 말하면 직접민주주의 시대가 시작되었음을 알리는 전환점이다. 구름처럼 광장에 모인 사람들과 이를 지켜보며 지지를 보낸 절대 다수의 국민들에 의해 직접민주주의가 현실이 되었다. 그리고 촛불혁명을 통해 이룬 성과는 모든 국민들에게 기억되었고, 이는 직접민주주의를 발전시켜나가는 중요한 힘이 될 것이다.

촛불혁명은 집단지성의 산물이다. 촛불집회의 자리를 만든 것은 시민단체들이었지만, 촛불문화는 참여한 시민들이 직접 만들었다. 분노를 참지 못하고 경찰 차벽을 넘어 청와대로 가려는 사람들을 말린 것은 시민들이었고, 촛불집회 사회자의 목소리가 들리지 않는 이면도로와 골목 등에서는 시민들의 자율적인 시위가 벌어졌고, 현장에 함께하지 못한 사람들은 인터넷으로 생중계를 보면서 댓글로 지지하고 현장의 시위문화를 함께 만들어갔다. 잘 짜여진 시나리오로 만들어진 드라마가 아니라 대본도 감독도 없는 상황에서 집단지성으로 만든 불후의 명작이었다.

촛불혁명은 진행형이다. 촛불혁명으로 새로운 정부가 들어섰지만 국민들의 바람은 실현되지 않았다. 대통령은 "기회는 평등하고 과정은 공정하고 결과는 정의로울 것"이라 말했지만 현실은 그렇게 변화되지 않았다. 여전히 불평등과 불공정이 위세를 떨치고 있는 정의롭지 못한 세상에 살고 있다. 이 과정을 통해 우리는 또다시 확인했다. 대통령 한 명이 바뀐다고 세상이 바뀌는 것이 아니라는 것을. 그렇지만 촛불혁명으로 잉태된 새로운 세상에 대한 열망은 사그라들지 않았다. 누군가에게 의지하기보다는 스스로 행동하고 더 나은 삶을 만들어가려는 사람들이 늘고 있고, 더디지만 끈기 있는 변화가 전국 곳곳에서 만들어지고 있다.

스위스의 직접민주주의[46]

스위스는 세계에서 직접민주주의가 가장 발달된 곳으로 꼽힌다. 현대 스위스의 직접민주주의는 1848년에 제정된 첫 헌법에 제도를 둠으로써 시작되었다. 헌법 제정 당시 많은 스위스 정치인들은 직접민주주의를 헌법에 담는 것에 반대했다. 그렇지만 중세부터 이어져온 스위스의 직접민주주의의 전통을 거부할 수 없었다. 스위스 국민들은 해마다 몇 차례씩 치러지는 국민투표에 참여하며, 스위스의 많은 지방자치단체에서는 매년 주민총회가 열려서 주민들은 중요 현안에 대해 의사결정권을 행사하고 있다.

1848년부터 2007년까지 544번의 국민투표가 시행되었다. 국민들이 직접 발의한 것이 162번, 연방정부 차원의 의무 국민투표가 188번이나 진행되었고, 161번의 국민투표와 의회에서 제안한 33번의 투표가 있었다. 총 162건의 시민 발의 중에서 15건(9%)이 국민투표에서 통과되었다. 스위스 연방정부와 지방정부의 주요 사안은 시민들이 투표를 통해 최종적인 의사결정을 한다. 대체로 연방정부가 추진하는 사안보다는 주 단위 또는 시·군 단위의 지방정부가 추진하는 사안이 시민투표에서 부결되는 경우가 많았다. 예를 들면 그라우뷘덴 유권자들은 전체 투표 중 88%가 정부안을 따르고, 프라이부르그에서는 정부 의견 반영률이 60%에 그친다. 연방 단위에서는 시민발의의 9%만 성공을 거두는 데 반해 주 단위에서의 시민발의의 성공률은 23%에 달한다. 특히 서부 스위스와 이탈리아권인 티키노에서 시민 발의 성공률은 보통 40%에 달한다.

스위스에서 직접민주주의는 정치를 어렵게 만드는 요인으로 작용하지 않는다. 오히려 정치에 생기를 불어넣고 지속적으로 활성화되도록 만든다. 순수한 대의민주주의보다 사회 전반에서 더욱 높은 기대치들이 제기된다. 정부도 선

---

46 부르노 카우프만, 롤프 뷔치, 나드야 브라운, 2008, 《직접민주주의로의 초대》와 토마스 베네딕토, 2019, 《더 많은 권력을 시민에게》의 내용을 바탕으로 재구성하였음

거와 다음 선거까지의 기간 동안 막연한 지지율에 의존하기보다는 수많은 정책 사안에서 다수의 지지를 받아야만 한다. 이는 정부와 의회가 자신들의 정책을 시민들에게 설명하고 정보를 제공할 수밖에 없는 상황으로 연결된다. 구체적인 정책 사안에 대해서 국민투표를 함으로써 참여라는 정치문화가 고취되고 있는 것이다. 이러한 일들은 시민들의 정치적 흥미와 관심을 불러일으키고, 정치의식의 수준을 높이며, 결국 국민의 경쟁력을 높인다. 시민들은 법 제정과 헌법 개정 과정에 직접 참여함으로써 법에 대한 지식을 높일 뿐만 아니라 직접민주주의는 정치적 의사결정의 합법성을 높인다. 시민들이 발의안을 상정하고 국민투표를 할 수 있다는 가능성과 구체적인 사안에 대해 투표를 의무화하고 있는 점은 사회에 거울로 작용하여 아픈 곳과 가려운 곳을 잘 드러내준다.

직접민주주의와 집단지성

　직접민주주의에 반대하는 이들이 항상 이야기하는 것은 대중은 아둔하고 무능하다는 것이다. 그리고 직접민주주의를 포퓰리즘Populism[47]으로 매도한다. 기본적으로 대중들에 대한 불신, 다른 말로 하면 주권자들에 대한 불신이 바탕에 깔려 있다. 똑똑하고 뭘 좀 아는 자신들이 국가의 중대사나 지역의 현안들을 결정해야지, 국민들과 주민들에게 맡겨서는 안 된다는 것이다. 드러내놓고 말하지만 않을 뿐 많은 엘리트주의자들이 그런 생각을 가지고 있다.

대중은 아둔하고 무능하다?

　대중들보다 정치 엘리트나 학자들이 더 나은 정책을 개발하고 더 좋은 정치를 할 수 있다는 객관적 근거는 무엇인가? 오히려 특정한 개인보다 집단이 더 똑똑하다는 증거는 많이 있다. 제임스 서로위키James Surowiecki의 《대중의 지혜》

---

47 대중주의 혹은 인기영합주의라고도 한다.

라는 책에는 그런 사례가 차고 넘친다. 몇 가지 사례를 인용해 보자.

컬럼비아대학의 헤이즐 나잇Hazel Knight은 1920년대 초에 단순하지만 중요한 연구를 시작했다. 그는 수강생들에게 강의실 온도를 추정하게 해서 평균값을 구했다. 학생들의 예상치는 22.4도였다. 놀랍게도 실제 온도 역시 22.4도였다.

사회학 교수 케이트 고든Kate H. Gordon은 학생 200명에게 여러 물건의 무게 순위를 매기게 했다. 그 집단의 '추정치'의 정확도는 94%에 이르렀으며, 정확히 예상한 사람은 5명에 불과하다는 사실을 발견했다. 또 다른 실험에 참가한 학생들은 하얀 판지에 부착된 크기가 조금씩 다른 10개의 탄알을 크기에 따라 분류했다. 이번에는 94.5%의 정확도를 보였다.

집단의 지혜에 관한 유명한 실험은 통 안의 젤리과자 수를 맞추는 것이었다. 이 실험에서도 집단의 추정치가 대다수 개인의 추정치보다 정확했다. 경영학 교수 잭 트레너Jack Treynor는 수강생들에게 과자 850개의 개수를 맞추도록 했다. 학생들의 추정치 평균은 871개였고, 56명만 평균값보다 실제 수치에 더 근접한 답을 내놓았다.

이 사례들에서 구성원들은 문제를 풀면서 서로 토의하거나 협력하지 않았다. 단순히 대중들이 직관적으로 선택한 값의 평균치를 낸 것에 불과하다. 물론 특정한 사람이 집단의 평균치보다 더 정확한 답을 맞춘 경우도 있었다. 그렇지만 반복된 다른 종류의 실험에서 그 사람이 계속 정확한 답을 말한다는 보장은 없다. 이 실험의 결과가 말하는 것은 현실과 부합하는 답을 많이 얻는 방법은 특정 개인보다는 집단의 판단에 의존하는 것이 낫다는 것이다. 그러면 어떤 문제를 풀기 위해 사람들이 서로 토의하고 협력하면 어떤 결과가 초래될까?

《대중의 지혜》는 지혜로운 조직의 조건으로 3가지를 제시하고 있다. 첫째,

다양성이다. 다양한 개인의 집단이 비슷한 엘리트 집단보다 나은 해결책을 내놓는다. 둘째, 독립성이다. 상사나 영향력 있는 개인의 의견이 개입되면 조직의 지혜는 나타나지 않는다. 셋째, 분권화와 통합이다. 분권화만 있으면 정보가 사장되고 통합만 강조하면 다양성이 사장된다. 보다 나은 직접민주주의를 만들어 가기 위해 곰곰이 생각해 봐야 할 조건들이다.

집단지성과 리더십

따지고 보면 우리가 고통 받고 있는 많은 문제들은 소수 엘리트들의 잘못된 정책으로 인한 것들이 많다. 그들은 그런 문제들을 해결할 수 있는 능력이 없음을 작금의 현실은 입증하고 있다. 그들은 그 실패의 원인을 대중의 잘못된 인식과 사회 구조적인 문제로 돌리기도 한다. 자신들의 무능력을 고백하는 엘리트들을 별로 본 적이 없다. 농부가 밭을 탓하지 않듯이 복잡하고 어려운 사회문제를 해결하겠다고 정치를 하고 연구하는 것이 아닌가? 그러면 대중들의 인식과 잘못된 사회 구조를 몰랐단 말인가? 몰랐다면 무능력한 것이고, 그게 아니라면 무책임한 것이다. 제발 잘못한 것은 잘못했다고 고백하자. 용기 있게 고백하고 자신을 성찰하는 사람들은 오히려 대중들의 지지와 사랑을 받을 것이다. 그리고 우리가 선거를 하는 이유는 세상에서 가장 지혜로운 현자賢者를 뽑고자 하는 것이 아니라 주권자들의 뜻을 잘 받들 수 있는 대리인을 찾고자 하는 것임을 기억하자.

집단지성은 구성원들이 서로 협력하거나 경쟁하여 쌓은 지적 능력의 결과로 얻어진 지성, 또는 그러한 집단적 능력을 말한다. 숙련된 폐쇄적 정보 엘리트들에 의한 독점 대신, 수백 수천만에 이르는 일반 시민들의 참여에 의해 운용되고 발전되는 공개 소프트웨어는 디지털 시대에 걸맞은 민주적 집단 지성의 한 발현체다(디지털타임스 2005년 4월). 거짓 정보가 에스엔에스SNS에서 잠깐 사람들의

눈을 현혹시키더라도 집단지성에 의해 곧 교정된다(국민일보 2011년 12월).[48]

집단지성의 사례를 주민참여형 지리정보시스템PPGIS·Public Participatory GIS인 커뮤니티매핑(공동체 참여 지도 만들기)에서 찾아보자.

미국 뉴욕 화장실 커뮤니티매핑

임완수 박사는 이날 다양한 미국 현지 PPGIS 도입 관련 사례를 소개했다. "뉴욕에서 화장실을 찾아본 경험이 있는가"라는 말로 운을 뗀 임 박사는 "뉴욕의 가장 큰 문제점 중 하나가 바로 화장실을 찾는 것이다. 뉴욕 화장실을 PPGIS 형태로 만들었고, 참여율이 좋았다. 이것 때문에 당시 뉴요커 잡지에 인터뷰를 두 번 정도 하면서 뉴욕 주민들의 능동적인 참여를 이끌어냈다"고 밝혔다. PPGIS의 활용 사례는 더 찾을 수 있다. 필라델피아 시는 시의 자료와 연방정부의 센서스 자료를 결합해 청소년을 위한 위기관리프로그램을 마련해 운영하

---

48 Daum 국어사전에서 인용

면서 센서스트랙을 공간분석 단위로 해 16세 이하 아동살인범죄, 10~14세 미혼모, 5~17세의 자녀가 있는 편모여성의 공간적 위치를 파악해 지원금 지원대상의 공간적 위치를 명확히 인식할 수 있도록 했다. 또 에너지 지도, 태양열 지도 등 학생 교육 차원에서도 많이 시도되고 있다. 또한 레크리에이션 공원이나 환경오염 의심지역, 무책임한 명승지 등 모든 차원에서 시민이 24시간 감시하는 효과를 누릴 수 있다.[49]

집단지성은 단순히 개인과 개인들의 총합을 의미하는 것이 아니다. 다수의 개체가 서로 협력하거나 경쟁하여 얻게 되는 지적 능력의 결과로 얻어진 집단적 능력. 자발적으로 참여하고 다양한 의견을 가진 개인의 지식이 모이면 개체적으로는 미미하게 보이나 집단적으로는 능력 범위를 넘어선 힘을 발휘해 특정 전문가나 기업의 전문 지식보다 더 우수하게 된다는 대중의 지혜를 나타내는 개념[50]이다. 지금 우리들이 겪고 있는 복잡하고 다양한 사회문제들은 우수한 한 개인의 능력에 의해서가 아니라 독립된 다수의 사람들의 활발한 상호작용을 통해 만들어지는 새로운 결과로 해결할 수 있다고 생각한다. 개체에는 없지만 집단을 이루면 나타난다는 창발성創發性,Emergence을 발현시키는 것은 집단지성의 힘이다. 물론 리더나 엘리트의 역할이 필요 없다고 주장하는 것은 아니다. 리더의 역할은 언제나 중요하다. 그러나 시대가 변하면 리더십도 변한다. 과거에는 정답을 제시하고 사람들을 이끌어가는 것이 리더의 역할이었다면, 지금은 사람들이 집단지성을 발휘하여 사회 문제에 대한 효과적인 해결책을 찾아나가도록 돕는 촉진자 리더십이 필요하다. 적극적으로 권한을 공유하

---

49 'PPGIS야말로 집단지성의 좋은 예', 허니문차일드의 같이 만드는 가치(https://oowoo.tistory.com/52)에서 인용
50 Daum 백과에서 인용

는 분권형 리더십과 함께.

세계 주요 국가들의 직접민주주의

프리덤하우스에 따르면, 2018년 195개 독립 국가들 중 39%가 자유롭고, 24%가 부분적으로 자유로우며, 37%는 자유롭지 않다. 117개 민주국가 중 113개국이 헌법에 기반한 권리나 법률을 갖추어, 국민발안이나 레퍼런덤Refer-endum[51] 혹은 그 두 가지 모두 규정되어 있다. 스웨덴의 권위 있는 기관인 IDEA 에 따르면, 1980년부터 세계 10개국 중 8개국 이상이 적어도 국민발안이나 국가적 차원의 레퍼렌덤을 공고했다. 모든 국가들 중 절반 이상이 국가적 차원의 레퍼렌덤 권리를 규정하고 있다. 2018년 5월까지 세계에서 국가적 차원의 총 1,471건의 레퍼렌덤 투표가 기록되었는데, 그중 유럽이 1,059건, 아프리카 191건, 아시아 189건, 미국 181건 및 오세아니아 115건이다. 이 1,471건의 레퍼렌덤 중 절반 이상이 최근 30년 동안 시행되었다. 그리고 국가적으로 레퍼렌덤을 규정하고 있지는 않더라고 지역별 지초자치단체 차원, 다시 말해 국가 하부 차원에서 국민투표를 허락하고 있는 나라들이 점점 늘어나고 있다.[52]

99%가 하는 진짜 민주주의[53]

16살 이상의 스페인 마드리드 시민은 올해(2015년) 9월부터 마드리드 시의원이

---

51 국민투표는 직접민주제의 대표적인 방식으로, 크게 레퍼렌덤(Referendum)과 플레비지트(Plebiszit)두 가지로 구분된다. 레퍼렌덤은 헌법상 제도화된 국민투표로서 헌법 개정안이나 국가의 중요한 사항을 국민의 표결에 부쳐 결정하는 것을 의미한다. 플레비지트는 헌법상 제도화되어 있지는 않지만, 통치권의 정당성 내지는 통치자의 신임 여부를 국민 투표로 결정하는 것을 의미한다. 이상 Daum 백과

52 토마스 베네딕토, 2019, 《더 많은 권력을 시민에게》에서 인용

53 〈한겨레21〉 제1091호, 2015. 12. 16, '99%가 하는 진짜 민주주의: 시민 플랫폼 설계자 미겔 아라나 카타니아 인터뷰'에서 인용

나 시장에게 직접 질의하고, 정책에 대해 토론하고, 법안이나 정책 제안을 할 수 있는 권한을 갖게 됐다. 지금까지는 선거에 당선된 1%의 정치인들만 행했던 일이다. 그 권한이 99%의 시민들에게 나눠졌다. 마드리드 정부가 시민참여 웹사이트 '마드리드 디사이드decide.madrid.es'를 열었기 때문이다. 간단한 가입 절차를 거치고 나면 누구나 정책 및 입법 제안proposals 페이지에서 정책과 입법을 제안할 수 있다. 마드리드 유권자의 2%에 해당하는 5만 3726명의 동의를 얻은 제안은 시민투표에 부쳐지고, 과반의 동의를 얻으면 실제 정책이나 입법으로 이어진다.

마드리드 '99% 민주주의' 실험의 시작은 권력 교체였다. 지난 5월 24일 열린 스페인 지방선거에서 마드리드 시장에 당선된 마누엘라 카르메나는 신생 정당 아호라 마드리드Ahora Madrid·지금 마드리드가 내놓은 후보였다. '아호라 마드리드'는 2015년 3월 6일, 지방선거를 두 달 앞두고 꾸려진 시민-정당 연대체다. 퇴임 여성 판사인 마누엘라 카르메나는 인물 자체의 인지도가 높은 것도 아니었다. 그는 그저 '아호라 마드리드'의 온라인 예비선거에서 1등으로 뽑힌 후보라는 배경 하나만으로 전체 선거에서 20년간 마드리드 시장직을 맡아온 보수 국민당 후보를 제쳤다.

이 권력 교체는 어떻게 이뤄졌을까. '아호라 마드리드'라는 시민-정당 연대체의 실체는 무엇일까. 연원은 4년 전인 2011년 5월 15일에 열린 '15M 운동'으로 거슬러 올라간다. 당시 스페인은 유럽에서 가장 높은 실업률을 기록했다. 청년 실업률은 43.5%에 달했다. 1년 전 스페인 정부가 실업률을 낮추고 경제를 활성화하겠다고 실시한 고용정책은 오히려 쉬운 해고를 가능하게 했고 일자리의 질을 낮췄다. 5월 15일 지방선거를 일주일 앞두고 스페인 젊은이들이 '진짜 민주주의를 돌려달라'Real Democracy Now라는 구호를 들고 광장으로 몰려들었다. 이 날부터 확산된 운동을 사람들은 5월May 15일을 뜻하는 '15M 운동'이라 불렀다.

직접민주주의를 적용한 주요 국가들의 선례(1985~2005년, 토마스 베네딕토)

순위	국가	"진짜" 레퍼렌덤 도구		플레비사이트 (국가에서 실시한 레퍼렌덤)		레퍼렌덤 총 투표	
		투표 횟수	비중 %	투표 횟수	비중 %	투표 횟수	비중 %
1	스위스	133	50.6	67	14.7	200	27.8
2	이탈리아	49	18.6	5	1.1	54	7.4
3	리히텐슈타인	24	9.1	10	2.2	34	4.7
4	리투아니아	11	4.2	7	1.5	18	2.5
5	우루과이	11	4.2	4	0.9	15	2.1
6	헝가리	7	2.7	2	0.4	9	1.3
7	슬로바키아	5	1.9	4	0.9	9	1.3
8	미크로네시아	4	1.5	20	4.4	24	3.3
9	산마리노	4	1.5	2	0.4	6	0.8
10	뉴질랜드	3	1.1	5	1.1	8	1.1
11	콜롬비아	2	0.8	16	3.5	18	2.5
12	슬로베니아	2	0.8	7	1.5	9	1.3
13	라트비아	2	0.8	2	0.4	4	0.6
14	볼리비아	1	0.4	5	1.1	6	0.8
15	베네수엘라	1	0.4	4	0.9	5	0.7
16	에콰도르	–	–	33	7.2	33	4.6
17	아일랜드	–	–	18	3.9	18	2.5
18	벨로루시	–	–	12	2.6	12	1.7
19	아제르바이잔	–	–	11	2.4	11	1.5
20	폴란드	–	–	9	2.0	9	1.3
21	알제리, 오스트레일리아, 이집트	–	–	6	1.3	6	0.8
22	바하마 연방, 덴마크, 프랑스, 과테말라, 니제르 공화국, 러시아	–	–	5	1.1	5	0.7

운동 초창기부터 적극 참여한 미겔의 설명에 따르면, 15M 운동은 특별했다. 이들의 구호는 구체적이지 않았다. 추상적이기 그지없었다. '진짜 민주주의를 돌려달라'니. 급진적이기도 했다. "기성 정당 어느 곳도, 기성 정치인 누구도 우리를 대변할 수 없다"는 주장은 현재의 시스템을 완벽하게 거부하는 것이었다. 추상적이었지만 완벽하게 열려 있었다. 광장 여기저기서 '총회'assembly가 열렸다. '환경 총회', '국제 연대 총회' 등 주제도 다양했다. 누구나 광장으로 걸어 들어와 원하는 무리에 앉으면 참여할 수 있었다. 기자들은 물었다. "누가 리더야?" "누가 조직한 거야?" "원하는 게 뭐야?" 미겔은 말했다. "정말로, 진실로, 아무도 조직하지 않았어요. 우리가 원하는 것은 우리가 들고나온 진짜 민주주의를 돌려달라는 구호 그 이상도 이하도 아니었어요." 이 설명은 기존 프레임으로는 이해될 수 없는 것이었다. 5월 15일 하루에만 스페인 58개 도시에서 벌어진 젊은이들의 시위에 대해 스페인의 기성 언론은 거의 보도하지 않았다.

참가자들은 개의치 않았다. 15M 운동이 시작된 지 3일 만에 스스로 자신들의 목소리를 내는 채널인 웹사이트(http://tomalaplaza.net)를 만들었다. 이 웹사이트는 15M 운동이 벌어지는 동안 열린 총회에서 나눈 이야기를 그대로 올렸다. 15M 운동의 대변인이 따로 있기는 했지만 '순환보직'이었다. "한 명이 이야기할 경우 그 사람에게 '권력'이 집중될 수 있어요. 또 그 사람의 '의견'과 운동의 실체가 섞일 수밖에 없어요." 이 때문에 돌아가면서 대변인을 맡았고, 대변인은 '전체 의사를 전달하는 사람' 그 이상도 이하도 아니었다. 누구에게도 권력을 집중시키지 않고 '시민 모두가 참여하는 진짜 민주주의'라는 15M 운동의 구호는 그대로 '아호라 마드리드'라는 시민-정당 연대체로 계승됐다.

15M 운동은 하나의 디딤돌과 하나의 벽에 마주치며 '아호라 마드리드'라는 연대체로 이어진다. 디딤돌은 강제퇴거 저지 운동 등과 결합하며 얻은 크고 작

은 '승리의 경험'이다. 2011년 스페인 전역에서는 경기 악화, 잦은 실업 등으로 하루에 300가구가 살던 집에서 내몰리는 강제퇴거를 겪고 있었다. 15M 운동은 물밑에서 벌어졌던 이 '강제퇴거'를 수면 위로 끌어올렸다. 이미 있던 주거권 운동단체인 파PAH와 광장에 참여한 사람들이 '강제퇴거 저지 활동'에 함께 할 수 있게 했다. 이를 위해 '우사히디'USAHIDI라는 인터랙티브 지도를 제공하는 무료 애플리케이션(앱)을 활용했다. 앱을 설치하면 강제퇴거가 일어나는 지역을 알려준다. 앱을 통해 강제퇴거 지역을 확인한 사람들은 그곳으로 달려가 도울 수 있다.

강제퇴거 저지에 참여한 뒤 인증샷을 찍어 올릴 정도로 강제퇴거 저지 연대는 유행처럼 번졌다. 이는 "작지만 '우리가 바꿀 수 있다'라는 믿음을 일깨워준 승리하는 경험"이 됐다. 이후 3년여 동안 공교육 지출 삭감에 반대하는 '그린 웨이브', 간호사·의사 등이 의료 민영화에 반대하는 '화이트 웨이브' 등 구체적 운동으로 이어졌다. '그린 웨이브'는 공교육 지출 삭감을 막아내지 못했지만, '화이트 웨이브'는 의료 민영화를 막아냈다.

그러나 15M 운동에 참여했던 사람들의 크고 작은 활동에 정치권은 무관심했다. 15M 운동이 부딪힌 벽이다. "정말 존경심이 생길 정도로 아무 말도 듣지 않고 아무것도 바뀌지 않았어요." 이런 상황 속에서 2015년 지방선거가 가까워졌다. 광장을 겪은 사람들은 '정치운동'을 하자고 주장하기 시작했다. 3년 동안 여러 운동을 펼쳤지만 정치권은 변하지 않았다. '우리가 직접 정치를 해보자'라는 생각은 당연한 수순이었다. 다만 '정당'이나 '권력'이 목적이 아니었다. "시민이 직접 참여하는 '진짜 민주주의'를 위해 '권력'을 수단으로 활용하자는 생각이었다."

이런 생각에서 지역의 여러 풀뿌리 모임들과 온라인 기반 신생 좌파 정당인 '포데모스'가 느슨하게 결합한 '아호라 마드리드'가 만들어졌다. 지방선거를 두

달여 앞둔 2015년 3월 6일이었다. 그리고 '아호라 마드리드'가 내놓은 후보가 시장에 당선됐다. 시의회 선거에서도 '아호라 마드리드'가 31.85%를 얻어 의석 57석 가운데 20석을 차지했다.

'아호라 마드리드'를 이끈 3대 원칙은 다음과 같다.

1. 좌우 프레임에 갇히지 않는다. 우리는 좌파에서, 우파에서 온 것도 아니다. 우리는 아래_{bottom}에서 왔다. 맨 위에 있는 사람에게 대항하는 맨 아래의 사람들이 뭉쳤다.

2. 우리가 하는 게 진짜 정치다. 정치인, 의회가 그동안 해온 방식은 진짜 정치가 아니다. 모든 사람들이 모여 세상에 대해서 토론하고 자신이 원하는 것을 이야기하고 그것을 듣는 게 정치다. 우리가 생각하는 방식대로 정치를 하겠다.

3. 이해하기 쉬운 말을 쓴다. 언어가 참여하는 데 진입장벽이 되지 않도록 전문가들이 쓰는 어려운 단어는 최대한 배제한다.

'아호라 마드리드'는 이 3대 원칙에 따라 아래에 있는 99%의 의사를 충실히 반영하기 위한 온라인 투표 플랫폼을 만들었다. 이 투표 플랫폼에서 1만 5천 명이 참여해 시장 후보는 물론 시의원 후보자의 비례대표 번호도 결정했다. 선거 공약 역시 여기서 논의해 결정했다. '아호라 마드리드' 플랫폼에는 '더 나은 민주주의'를 구현하기 위한 알고리즘이 적용됐다. 예를 들어 공약을 결정할 때 단순히 투표 시스템만 적용하지 않았다. '좋은 의견을 고르는 일'과 '모든 사람의 의견을 듣는 일'을 결합하기 위해, 제안된 의견을 '합의 정도', '논쟁 정도' 등으로 나눠 순위를 매겼다. 그에 의거해 1~200번 공약을 순서대로 매긴 뒤 오프라인 '워킹그룹'을 만들어 해당 주제에 대한 세부 정책을 만들었다. 그 뒤 최종적으로 투표 시스템을 가동했다. 온라인과 오프라인이 결합해 '더 나은 민주주의'를 구현한 것이다.

우리의 삶을 바꾸는 참여예산

우리나라는 2011년 지방재정법 개정으로 주민참여예산제도가 모든 지방자치단체에서 의무적으로 실시되고, 2018년 세계에서 두 번째로 국민참여예산제도가 만들어졌다. 현재 우리나라의 참여예산제도의 현황과 문제점 등에 대해서는 이 책 1장에서 자세하게 다루었기에, 여기서는 참여예산 주민제안사업을 통해 만들어진 변화에 대해서만 언급하고자 한다.

주민들이 제안하고 주민들이 선정하는 참여예산 주민제안사업이 전국적으로 시행되면서 삶의 현장 곳곳이 변화되고 있다. 과거에는 주민들이 원하는 사업이나 해결을 원하는 문제들은 행정에 의해 '민원'으로 취급되었지만, 참여예산제도를 통해서 주민들이 직접 의사결정권을 행사하게 되었다. 물론 아직도 주민 모두에게 의사결정권을 부여한 경우는 많지 않고 대부분 참여예산위원회에서 사업 선정권을 행사하는 한계가 있지만, 이 과정을 통해 주민들의 영향력과 결정권이 확대되고 있다.

참여예산제도를 통해 '현장 전문가'인 주민들이 사업아이디어를 제안하고, 이웃들과 대화를 통해 동네 문제를 해결할 수 있는 방안을 찾고, 주민들이 함께 지역 현장을 발로 뛰며 지역 의제를 발굴하는 과정을 통해 행정에서는 생각하지 못한 새롭고 실용적인 사업들이 시행되었다. 겨울철 좁은 골목길의 눈을 치우기 위한 소형제설차량이 도입되고, 주민들이 많이 찾는 도시하천 주변에 공중화장실이 만들어지고, 왜곡된 농산물 유통구조를 바꾸기 위한 도농직거래가 모색되고, 장애인들을 배려하기 위한 장벽 없는 마을만들기와 무장애 놀이터 사업이 시행되고, 홀로 되신 어르신들의 자립을 돕는 프로그램이 시행되었다. 경력단절로 인해 어려움을 겪고 있는 여성들의 사회진출을 돕는 교육과 실습이 진행되었고, 청소년 봉사활동을 활성화하기 위해 청소년들이 스스로 지역의 봉사활동 지도를 만들고, 아이들을 위한 어린이공원에 놀이기구와 바닥이 정비되고, 주민들의 휴식과 건강을 위한 둘레길이 주민 친화적으로 변모하고, 어르신이 어르신을 돕는 노노케어老老Care 활동이 진행되었다.

은평구에는 참여예산으로 탄생한 '구산동 도서관마을'이 있다. 이 도서관은 지역에 아이들과 어른들을 위한 도서관이 있기를 바라던 주민들의 염원과 활동이 참여예산제도를 통해 현실로 만들어졌다. 은평구 구산동 주민들은 2012년 서울시 차원에서는 처음 도입되었던 참여예산 사업 공모에 '더불어 만들어가는 책마을 조성'을 제안하였고, 많은 서울시민들이 직접 투표에 참여한 엠보팅 투표에서 선정됨으로써 실현될 수 있었다. 이는 주민들이 참여예산사업 제안에 뜻을 모으고, 행정과 협의를 통해 사업계획을 구체화하고, 도서관 마을 조성의 필요성을 서울시민들에게 널리 알려나간 결과이다. 참여예산사업 선정 이후에도 다양한 주민들의 의견 수렴을 바탕으로 주민 주도적인 방식으로 도서관을 건립하였고, 주민들은 도서관 운영 과정에도 적극적으로 참여하고 있다. '구산동 도서관 마을'은 낡은 주택들이 모여 있던 곳에, 주택 8채를 리모델링과 증축을 하고, 원래 있던 골목을 그대로 복도로 활용하는 창의적인 방식으로 도서관 마을을 조성해 '대한민국 공공건축상 대상'과 '서울특별시 건축상 대상'을 수상하는 명소로 거듭났다. 코로나19 확산 이전에는 하루 1천 명 이상의 주민들이 도서관을 찾고, 다양한 연령층으로 구성된 30여 개의 동아리가 활발하게 활동하였다. 도서관 운영은 은평구 주민들로 구성된 '은평도서관마을 사회적협동조합'에서 맡아 주민들과 함께하는 공간으로 만들어가고 있다. 직접민주주의로 만들어 나간 소중한 결실이다.

직접민주주의는 더 나은 삶을 만든다

유럽의 직접민주주의 주창자인 안드레아스 그로스Andreas Gross는 직접민주주의의 성과로 나타나는 주요 이익들을 민주주의의 질적인 관점에서 다음과 같

이 요약했다.[54]

- 직접민주주의는 소수자들에게 경청을 받을 권리를 부여함으로써, 경시되거나 차별 받는 소수자 그룹들이 극단적 저항 방식이나 심지어 폭력에 호소할 위험을 줄여준다(2006년 프랑스 여러 도시의 변두리에서 발생한 폭력 사태를 기억할 것이다. 그곳은 그 어떤 형태의 직접 민주주의도 존재하지 않는 곳들이었다).
- 직접민주주의는 해결되지 않은 사회 문제와 암묵적이거나 거부당한 갈등을 탐지하는 장치 역할을 하며, 소수자들의 정치적 사회적 통합을 가져온다.
- 인권과 정치적 자유의 존중은 모든 민주주의의 근간을 이루는 전제 조건이다. 정치 참여권과 레퍼렌덤 도구들을 구체적으로 활용할 수 있는 가능성은 민주적 태도를 강화하고, 그 결과 인권과 시민권 또한 더욱 존중될 것이다. 민주적 절차에 익숙하고 직접적인 정치 참여 경험이 있는 사람들은 권위주의적 유혹에 넘어가기 쉽지 않다.
- 직접민주주의는 국가적으로든 지방 혹은 시·군 차원에서든 시민들이 더욱 효과적으로 정부와 의회를 통제할 수 있게 해 준다. 래퍼렌덤 도구들은 법이나 정치적 결정 과정에 관한 것이나 더 광범위한 정치적 논제와 현안에 관해서 개입할 수 있게 해 준다.
- 직접 민주주의는 소수 독재 정치를 막고, 정당들에 대한 지나친 권력 편향과 집권 정치 기구들의 폐쇄적인 입장이 확장되는 것을 막을 수 있는 역동적인 요인이다.
- 직접민주주의는 정치적 소통을 더욱 원활하게 하고, 좀 더 투명한 결정을 유도하며, 공개토론 기능을 강화한다. 국민발안제는 한 무리의 시민들 편에서

---

54 토마스 베네딕토, 2019, 《더 많은 권력을 시민에게》에서 재인용함

다른 모든 시민들에게 제시하는 법률 제안에 따라 정치인들과 의회를 포함한 시민들 사이에서 이루어지는 자유롭고 공개적인 대화라는 개념에서 출발한다.

– 잘 발달된 직접민주주의는 긴급 상황을 위해 마련된 단순한 "저항권"이나, 현재 이탈리아에 규정되어 있는 단순한 뭔가를 폐기하기 위한 개입에 그치지 않고, 시민들이 정책 운영에 건설적이고 혁신적인 방식으로 참여할 수 있도록 필요한 도구를 제공한다.

– 효율성을 속도와 맞바꾸어서는 안 될 것이다. 광범위한 여론 형성 과정은 정치인들의 실책을 막을 수 있는 최고의 예방책이다. 채택한 결정이 더욱 적법할수록 그 실행도 더욱 효과적이 될 수 있을 것이다.

가짜 민주주의

고대하던 우리 집을 장만했다. 몇 년마다 되풀이되는 지긋지긋한 전·월세 살이를 끝내는 날이 온 것이다. 가족들은 설레는 마음으로 새로 이사할 집을 돌아보며 방 배정과 가구 배치 계획을 세웠다. 부모는 안방을 어떻게 꾸밀 것인지에 대해서 상의했고, 아이들은 각자의 방을 멋지게 꾸미고자 했다. 인터넷 검색을 통해 집을 잘 꾸며놓고 사는 블로거들의 글을 열심히 찾아보았고, 가족들이 함께 가구점을 방문해서 마음에 드는 가구를 골랐다. 좋은 가구를 저렴한 가격에 구입하기 위해 스마트폰으로 폭풍검색을 하고, 이벤트와 할인쿠폰을 챙겼다. 그리고 그들이 이사할 집을 몇 번이고 방문해서 여기저기 줄자로 크기와 넓이를 재고 노트에 꼼꼼하게 그림과 숫자들을 적어 넣었다. 그리고 새 집으로 이사할 날을 손꼽아 기다렸다.

우리 집 가구 배치 어떻게 할 것인가?

그러던 어느 날 종친회에서 등기우편물이 아빠 앞으로 배달되었다. 펼쳐보니 가구 배치도였다. 거기에는 새 집의 안방과 작은 방들을 사용할 우리 가족의 이름이 적혀 있었고, 각 방별로 상세하게 어느 곳에 어떤 가구를 배치하라고 안내되어 있었다. 거실과 주방, 화장실도 예외가 아니었다. 심지어는 가구별 브랜드도 적혀 있었고, 벽지의 색깔까지 지정되어 있었다. 며칠 전 종친회에서 평수와 방 크기 등을 묻는 전화가 왔던 기억이 불현듯 떠올랐다.

여러분들에게 이런 상황이 벌어진다면 어떻게 할 것인가? 가족들이 의논하고 발품을 팔아 만든 계획대로 가구배치를 할 것인가, 아니면 종친회의 가구배치도를 따를 것인가? 물으나마나 당신 가족들의 뜻대로 할 것이다.

그런데, 왜 이런 이야기를 늘어놓을까? 우리나라 지방자치의 현실을 빗대어 말한 것이다. 지역을 구석구석 잘 아는 주민들과 행정이 협의해서 지역에 필요한 정책을 발굴하고 집행을 해야 마땅하거늘 한국의 지방자치는 중앙정부의 규제와 법적 가이드라인에 갇혀서 제대로 할 수 있는 것들이 별로 없다. 종친회에서 전화로 새집의 상황을 파악하듯, 중앙정부의 많은 정책들이 정확한 현장 실태에 기초해 만들어지지 않는다. 같은 지방자치단체라 하더라도 아니 서울시 25개 자치구만 하더라도 특성이 다르다. 그런데 정부 정책은 일률적인 것이 많고 그럴 수밖에 없기도 하다. 지방자치단체에 필요한 정책은 전국 평균치가 아니라 그 지역의 현실에 맞는 맞춤형 정책이다. '현장에 답이 있다'(우문현답)는 표어는 그저 표어가 되어버린다. 오죽하면 지방자치단체가 아니라 중앙정부의 사무를 대행하는 지방사무소라는 말이 나오는 현실이다.

무늬만 지방자치

우리나라는 여러모로 보아 이미 선진국이라 해야 마땅하다. 경제 발전 수준도 높지만, 사회문화 분야에서 세계적으로 발군의 성과를 많이 내고 있다. 세계에서 유래 없이 평화적으로 진행된 촛불혁명, 코로나19에 대응하는 사회적

거리두기를 실천하는 시민의식과 K방역, 방탄소년단으로 대표되는 한류문화, 택배를 문 앞에 두어도 거의 분실되지 않는 안전한 사회환경 등 이미 많은 사회문화 현상들이 입증하고 있다. 선진국은 단지 경제 지표만이 아니라 그 나라 사람들의 의식과 문화 수준이 중요한 기준이 된다.

그런데, 유독 후진적인 분야가 있으니, 바로 지방자치와 자치분권이다. 이는 정치의 문제이기도 하다. 우리나라의 지방자치를 일컬어 2할 자치라고 한다. 최근 들어 2.5할 자치라는 말이 등장하며 아주 조금 나아지긴 했지만 여전히 선진국이라 하기에는 창피한 수준이다. 우리가 열심히 일해서 낸 세금의 약 80%는 중앙정부에 귀속되고, 나머지 약 20%만 지방자치단체에 속하는 현실을 2할 자치라고 표현한 것이다.

지방자치가 실현되기 위해서는 지역 스스로 결정하고 집행할 수 있는 예산이 있어야 하는데, 우리나라 지방자치단체는 세수가 부족하기 때문에 중앙정부에 의존할 수밖에 없다. 광역자치단체보다 기초자치단체로 가면 상황은 더욱 심각하다. 그 20%의 상당 부분은 광역자치단체에 속하고 나머지를 가지고 지역 살림을 해나가야 한다. 주민들은 지역의 필요에 근거해서 지방자치단체에 수많은 의제의 실천을 요구하지만 지방자치단체는 이를 수행할 능력이 원천적으로 부족하다. 지역 스스로 자치를 하라면서 예산은 주지 않는 희한한 일이 일상적으로 벌어지는 현실에서 우리가 살고 있다.

지방자치단체의 권한 역시 마찬가지다. 지방자치단체가 주민들과 숙의해서 만든 정책과 사업들 중 상당 부분은 중앙정부의 승인을 받아야 한다. 법률에는 '협의'해야 한다고 되어 있지만, 이는 립 서비스에 그치고 실질적으로 중앙정부의 승인이 있어야 가능한 것들이 많다. 박근혜정부 시절 성남시에서 심각한 청년들의 문제를 해결하는 방안으로 '청년수당'을 지급하고자 시의회의 동의까지 얻었지만, 중앙정부의 반대로 난관에 빠졌던 일을 기억할 것이다. 매사 그런 식이다. 이사할 집의 가구배치를 가족들이 상의해서 자율적으로 하는 것이 아니라 사사건건 종친회의 승인을 얻어야 하는 상황이 벌어지는 게 21세기 대한민국의 지방자치 현실이다.

중앙집권사회의 그늘

이는 중앙집권적 사회 구조의 산물이다. 우리나라는 헌법 제정 당시부터 지방자치제도가 도입되었지만 군사정권은 지방자치를 무력화시키고 모든 권력을 중앙 정부에 집중시켰다. 독재 정권이었다. 국민들의 민주화에 대한 열망이 민주화운동으로 표출되고 대통령 직선제가 시행되고 사회전반에 민주화가 빠른 속도로 진전되었다. 그런데 유독 지방자치에서는 더뎠다. 1991년 지방자치제도가 부활했지만 지방자치단체장과 지방의원들을 선출하는 것 외에는 지역 스스로 할 수 있는 것이 많지 않다. 주민들이 행사할 수 있는 권한은 더욱 제한적이다. 민심을 거역하는 선출직 대표자를 임기 중이라도 끌어 내릴 수 있는 '주민소환제'가 도입되었지만 성립요건이 지나치게 엄격해서 제대로 이루어진 적이 별로 없다. 지방자치단체의 조례에 대한 개·폐·청구권을 행사하는 '주민발안제'는 더욱 실효성이 없는 전시성 제도에 그치고 있다.

이는 엘리트 의식의 산물이기도 하다. 중앙 무대에서 활동하는 정치인들과 정부의 고위 관료들은 엘리트 의식에 젖어 있다. 그들은 지방자치를 정치와 행정의 수사로 삼을지언정 실질적인 지방자치에는 별로 관심이 없고 소극적이다. 지방자치단체를 믿지 못한다. 지방자치단체를 예산 낭비를 일삼는 세금도둑 취급하고, 끊임없이 지방자치단체의 예산 운영에 개입하려 한다. 2011년 지방재정법을 개정하면서 주민참여예산제도를 의무화한 배경의 하나는 지방자치단체의 예산 낭비를 감시하는 제도적 장치를 마련하려는 것이었다. 그런데, 모두 알듯이 진짜 예산 낭비는 중앙정부와 국회의원들에 의해 이루어지고 있다.

똥 묻은 개가 겨 묻은 개를 나무라는 격이다. 그들은 또 주민들을 믿지 않는다. 선거 때만 주민들을 존중하는 태도를 보이지 일상에서는 무시하기까지 한다. 그들에게 주민들은 끊임없이 민원을 제기하고, 자신들의 이익만 추구하는 골치 아픈 존재로 간주된다. 도시와 농촌에서 주민들이 스스로 만들어 간 변화에 대해서는 눈을 감는다. 코로나19의 확산을 저지하기 위한 사회적 거리두기는 주민들이 실천했다. 지역에 재난이 발생하면 누구보다 주민들이 달려 나와 불을 끄고 이웃을 도왔다. 천문학적인 돈이 쪽지 하나로 결정되는 국회 예산 심사와 달리 주민들은 몇 천만 원의 참여예산사업을 발굴하고 선정하기 위해 동네를 탐사하고 주민총회를 열어 토론을 진행한다.

국민들은 국회나 중앙정부보다 지방자치단체를 더 신뢰한다. 한국행정연구원이 2016년에 실시한 사회통합실태조사의 결과를 보면 국회에 대한 신뢰도가 가장 낮고, 그 다음으로 중앙정부 부처가 낮으며, 상대적으로 지방자치단체에 대한 신뢰가 높다. 국민들에게 믿는 정도를 물었을 때 국회는 11.5%만, 중앙정부 부처는 22.4%만 그렇다고 답한 반면, 국민 38.1%는 지방자치단체를 매

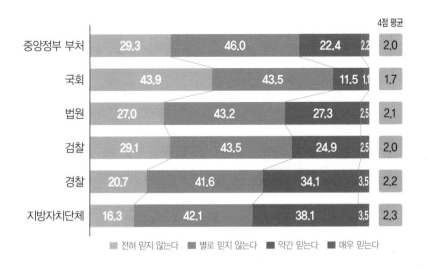

우 신뢰한다고 답을 했다. 국민들이 어리석어서 뭘 몰라서 그런 답을 했을까? 국민들은 수십 년 동안 삶의 경험을 통해서 무엇이 문제의 근원인지를 이미 알고 있다. 소위 중앙의 엘리트들만 그것을 모르는 것 같다.

멀고 험한 자치분권의 길

촛불혁명으로 집권한 문재인정부는 2017년 100대 국정과제의 핵심과제 중 하나로 자치분권을 제시했다. 2018년에는 자치분권을 핵심 요소로 한 헌법개정안을 대통령이 발의하였다. 「지방자치분권 및 지방행정체제에 관한 특별법」은 2018년 2월 국회를 통과하였고, 2018년 3월 20일 정부는 이를 공포하고 대통령 직속으로 '자치분권위원회'를 설치하였다. '자치분권위원회'는 전체 27명의 위원으로 구성되어 있고, 행정안전부장관, 기획재정부장관, 국무조정실장이 당연직 위원이며, 민간위원은 24명이다. '자치분권위원회'는 2018년 9월 '자치분권 종합계획(안)'을 만들어 대통령에게 보고했다.

'자치분권 종합계획안'은 저출생·고령사회, 4차 산업혁명시대 등 미래사회에는 다양성이 에너지의 원천이자 문제해결의 열쇠라고 보고 지역의 자율성·다양성·창의성이 발휘될 수 있는 포용의 공간을 마련하고, 새로운 국가운영체계로 전환할 필요성을 강조했다. 자치분권 종합계획안은 '우리 삶을 바꾸는 자치분권'을 비전으로 하고, 이를 실현할 6대 전략 33개 과제로 구성되어 있다. 6대 전략은 주민주권 구현, 중앙권한의 획기적 지방 이양, 재정분권의 강력한 추진, 중앙—지방 및 자치단체 간의 협력 강화, 자치단체의 자율성과 책임성 확대, 지방행정체제 개편과 지방선거제도 개선이며, 33개 과제는 다음의 표와 같다.

그러나 문재인 정부의 자치분권 실현은 더디고 험난하다. 자치분권 헌법 개정안은 국회에서 거부당했고, 자치분권 종합계획안은 힘있게 추진되지 못하고 있다. 국세 8:지방세 2 구조를 임기 중에 7:3으로 바꾸고 장기적으로 6:4 구

자치분권 종합계획 6대 전략 33개 과제

추진전략	과제명
1 주민주권 구현	❶ 주민 참여권 보장 ❷ 숙의 기반의 주민참여 방식 도입 ❸ 주민자치회 대표성 제고 및 활성화 ❹ 조례 제·개정의 주민직접발안제도 도입 ❺ 주민소환 및 주민감사청구 요건의 합리적 완화 ❻ 주민투표 청구대상 확대 ❼ 주민참여예산제도 확대
2 중앙권한의 획기적인 지방이양	❶ 중앙–자치단체 간 사무 재배분 ❷ 중앙권한의 기능 중심 포괄 이양 ❸ 자치분권 법령 사전협의제 도입 ❹ 특별지방행정기관 정비 ❺ 대도시 특례 확대 ❻ 광역단위 자치경찰제 도입 ❼ 교육자치 강화 및 지방자치와의 연계·협력 활성화
3 재정분권의 강력한 추진	❶ 국세·지방세 국조 개선 ❷ 지방세입 확충 기반 강화 ❸ 고향사랑 기부제 도입 ❹ 국고보조사업 개편 ❺ 지방교부세 형평 기능 강화 ❻ 지역상생발전기금 확대 및 합리적 개편
4 중앙–지방 및 자치단체 간의 협력 강화	❶ 중앙–지방 협력기구 설치·운영 ❷ 자치단체 간 협력 활성화 지원 ❸ 제주·세종형 자치분권 모델 구현
5 자치단체의 자율성과 책임성 강화	❶ 지방의회 인사권 독립 및 의정활동정보 공개 ❷ 자치조직권 강화 및 책임성 확보 ❸ 지방인사제도 자율성 및 투명성 확보 ❹ 지방공무원 전문성 강화 ❺ 지방재정 운영의 자율성 제고 ❻ 지방재정정보 공개 및 접근성 확대 ❼ 자치분권형 평가체계 구축 ❽ 자치단체 형태 다양화
6 지방행정체제 개편과 지방선거제도 개선	❶ 지방행정체제 개편방안 모색 ❷ 지방선거제도 개선방안 모색

조로 바꾸어 나가겠다고 했지만 기획재정부 관료 등이 막아서고 있다. 코로나 19로 피해를 보고 있는 국민들을 지원하기 위한 재난지원금 사례에서 보듯 기획재정부가 관리하는 예산은 그들의 것이 아니라 국민들이 힘들게 벌어서 낸 세금인데 마치 자신들의 돈인 양 재정건전성을 전가의 보도처럼 휘두르며 저항하고 있다. 대통령중심주의 국가에서 대통령의 영領마저 제대로 서지 않는 일이 벌어지고 있다. 기획재정부 고위 관료들을 정점으로 한 '기득권 동맹'에 의해 벌어지고 있는 일들이다.

나는 기획재정부가 주관하는 국민참여예산 활성화 토론회에 몇 차례 토론자로 참여했으며, 문재인정부의 중점 혁신과제의 이행을 위해 마련된 '정부혁신 과제점검 TF'의 위원으로 국민참여예산 점검 회의에 몇 차례 참여했다. 그 과정에서 내가 목격한 것은 기획재정부의 참여예산제도에 대한 이해 부족과 매우 형식적인 제도 운영 방식이었다. 국가 예산 수백조 원의 편성-집행-결산 과정에 국민들이 참여할 수 있는 다양한 방안을 제시하였지만 수용되지 않았다. 기획재정부는 정부 예산의 0.02% 정도에만 국민 참여를 허용했고, 애초부터 다른 의견은 들을 생각도 없었던 것 같다. 그들은 전체 예산에 국민 참여를 디자인하자는 내 의견에 좋은 의견이라고 추임새는 넣었지만 받아들일 뜻은 없었다. 2020년에는 국민들이 사업 제안을 통해 결정할 수 있는 사업의 실링(한도액)을 설정하자는 청와대의 제안도 TF 회의에서 거부 의사를 밝히기도 했다. 권력 누수현상이 시작된 것인지 원래부터 그랬던 것인지는 알 수 없지만 말이다. 이래서 '기재부 마피아'라는 말이 나오는구나 하는 생각이 들었다.

진짜 민주주의, 자치분권

"자유를 가진 국민의 권력이 존재하는 곳이 바로 기초자치정부commune이다. 마치 초등학교에서 학문을 할 수 있는 자유를 느끼는 것과 마찬가지로 기초자치정부야말로 국민의 자유를 느낄 수 있는 곳이며, 국민의 손에 자유가 맡겨져 있는 곳이기도 하며, 평화롭게 이러한 국민의 자유를 사용할 수 있도록 느끼게 해주는 곳이기도 하고, 국민들로 하여금 그러한 자유를 사용할 수 있도록 습관을 갖도록 하는 곳이기도 하다. 기초자치정부가 없이도 국민들은 자유를 보장해 주는 정부를 가질 수 있겠지만, 국민들에게는 자유의 정신이란 있을 수 없게 된다."

_미국의 민주주의, 알렉시스 토크빌Alexis de Tocqueville

관객과 주인

어느 집의 창문에 별안간 문제가 생겼다. 유리가 깨지고 창문틀이 찌그러졌다. 지나가던 동네 사람이 이를 보고 안타까워하면서 어서 고치라고 말한다. 그리고는 자기 갈 길을 간다. 주인은 다르게 행동한다. 유리와 창문을 수선하기 위해 여기저기 알아보고 이웃들에게 좋은 점포를 소개받기 위해 노력한다. 창문 수선공이 오자 마실 것을 내오고 옆에서 손을 거든다. 동네 사람에게는 남의 일이었고, 주인에게는 자신의 일이었기 때문에 문제 해결을 위해 애를 쓴 것이다.

민주주의 사회의 주인은 모든 사회 구성원이다. 선거 때만 주인이 되고 일상 생활에서는 관객이 되는 것은 진짜 민주주의가 아니다. 권투 선수들의 경기를 관람하듯 정치인들의 정쟁을 구경만 하는 것은 주인의 태도가 아니다. 국민들의 민주주의의 관객이 아니라 주인이다. 몇 년에 한 번씩 주인으로 대접받고 권리를 행사하는 것이 아니라 일상에서 주인으로 존중받고 권리를 행사하고, 권리 행사에 대한 책임을 지는 것이 민주주의다. 주권자인 국민들이 일상생활에서 주인이 되는 것, 그것이 자치분권이다.

민주주의와 지방자치, 자치분권

지방자치란 일정한 지역을 기초로 그에 정주하는 사람들, 즉 주민들이 그 지역의 사무를 자율적으로 그리고 자신의 책임으로 처리하는 것이다. 헌법재판소는 지방자치의 의미를 "국민주권의 기본원리에서 출발하여 주권의 지역적 주체로서의 주민에 의한 자기통치의 실현"(1998. 4. 30, 96헌바62)이라고 밝힌 바 있다. 그러나 우리나라는 여전히 지방자치권력을 중앙정부로 대표되는 국가의 한 부분 내지는 그로부터 파생되는 부차적인 권력 정도로 인식한다. 자치권은 국가의 통치권으로부터 전래된 것으로 국가에 의하여 위임된 통치권의 범위 내에서만 지방자치권이 존재할 수 있다(전래설).[55] 지방자치는 크게 '단체자치'와 '주민자치'로 구분한다. '단체자치'는 지방정부가 중앙정부로부터 종합지방

---

55 한상희, 2017, 〈한국현대사의 명암과 지방자치시대의 의미〉에서 인용

행정기관의 지위와 법인격, 그리고 일정한 사무에 대한 자치권을 부여받아 권한을 행사하는 것을 의미한다. '주민자치'는 지역주민들이 스스로 자치기구를 결성하여 자치를 행하는 방식이다.[56]

자치분권에서 '분권'이란 권력의 나눔, 권한의 공유를 뜻한다. 주권자들을 대리해 권한을 행사하는 선출직 대표자들이 그들의 권한을 과거에는 독점적으로 행사해 왔다. 독점의 결과는 민주주의의 정체였고, 민심과의 이반이었다. 대부분의 사회혁신은 독점이 아니라 공유와 경쟁에 의해 이루어진다. 지방자치단체가 중앙 정부에 비해 혁신적인 사례를 많이 만들어낸 요인은 지방자치단체들 간의 경쟁에서 비롯된 측면이 크다. 지방자치단체장들은 주민들의 선택을 받기 위해 부지런히 현장을 누비고 문제 해결방안을 찾는다. 벤자민 바버가 그의 저서 《뜨는 도시, 지는 국가》에서 일갈했던 "대통령은 원칙을 말하지만 시장은 쓰레기를 줍는다"의 현실판이다. 그렇지만 지역 안에서 독점적 지위를 누리는 지방자치단체장들은 그들의 왕국을 만드는 데 힘을 썼지, 모두의 공화국을 만드는 것에는 큰 관심이 없었다. 선거 구호로는 "주민이 주인인 도시를 만들겠다"고 했지만 실제 주인에게 권한을 되돌려 주는 데까지 이르지는 못했다.

대의민주주의의 한계는 지방자치 현장에서도 그대로 드러났다. 서울과 같은 대도시에 사는 주민들은 구청장의 이름도 모르는 경우가 많다. 구의원, 시의원들은 말할 것도 없다. 그만큼 주민들의 삶과 지방 정치는 괴리되어 있다. 그 괴리로 인한 간극을 메우는 가장 효과적인 방법은 권한을 공유하고 공동의 문제를 해결하는 자치를 강화하는 것이다. 정치인들의 이야기에서 빠지지 않고 등장하는 단어가 '소통'이다. 소통은 홍보가 아니다. 소통은 서로 뜻이 통하여

---

56 정희윤·하민지, 2017, 〈시민의 삶과 지방자치〉

오해가 없는 것을 말한다. 대인 관계에서는 쌍방향 커뮤니케이션이고, 지역사회 안에서는 다자간 혹은 집단적 커뮤니케이션 과정이다. 지방자치단체장들과 주민들 간의 대화는 종종 "문제가 무엇인지를 이야기해 보세요. 결정은 내가 할 테니!"로 흐른다. 진정한 소통은 권한을 공유하고 함께 결정하는 데서 비롯된다.

자치분권에 대한 동상이몽

최근 몇 년 사이에 자치분권을 요구하는 사회적 목소리가 높아지고 있다. 헌법 개정을 통해 자치분권을 전면 시행하자, 재정분권을 통한 지방재정을 확충하자, 중앙정부의 권한을 지방정부로 이양하자, 지방의회의 권한을 확대하자 등 다양한 의견이 분출되고 있다. 이런 과정에서 2020년 12월 9일 '지방자치법 전부개정안'이 국회에서 의결되었다. '지방자치법 전부개정안'은 100만 대도시를 특례시로 규정하고 행정수요, 국가균형발전, 지방소멸위기 등을 고려해 시·군·구에 행정, 재정운영 및 국가의 지도·감독 등에 대한 특례 등의 내용을 담고 있다. 그리고 지방의회 소속 직원의 임명·징계 등 인사권을 지방의회 의장에게 부여하고, 지방의회 의원 정수 1/2 범위에서 정책지원전문인력을 운영할 수 있게 하는 등 지방의회의 권한을 강화했다.

'지방자치법 전부개정안'이 국회를 통과한 것은 1988년 지방자치법 개정 이후 32년 만의 일로 자치분권의 확대라는 측면에서 환영할 만한 일이다. 그런데, 자세히 내용을 들여다보면 반쪽 개정안이라 할 수 있다. 지방자치단체와 지방의회의 권한은 확대된 반면, 주민들의 권한 확대는 매우 미흡하게 반영되었다. 개정안은 지방의 정책결정 및 집행과정에 대한 주민 참여권 신설(제1조), 주민이 단체장이 아닌 의회에 직접 조례안의 개폐청구권 행사를 가능하게(제19조) 하는 내용은 국회에서 반영되었다. 하지만 주민자치의 실질화를 위해 전국 읍·면·동에 확산되고 있는 주민자치회의 설치 관련 조항은 국회 심의 과정에서 모두 삭제되었다. 지방자치의 두 축인 '단체자치'와 '주민자치'에서 단체자치만 강화된 것이다. 그렇지 않아도 우리나라의 지방자치는 단체자치에 비해 주민자치가 지나치게 왜소한 현실을 생각하면 더욱 개탄스럽다. '지방자치법 전부개정안' 국회 심의과정에서 지방자치단체장과 지방의원들의 목소리가 주로 반영되고, 주민자치를 강화하자는 주민들의 의견은 외면한 것이라 할 수 있다. 가재는 게 편이라는 말처럼 중앙정치인들은 지방정치인들의 요구만 들어준 것이다.

어쩌면 이는 예견된 결과다. 예전부터 자치분권의 확대를 강하게 요구하는 목소리는 있었지만, 그들의 목소리는 동상이몽이었다. 지방자치단체장들이 말하는 자치분권은 중앙정부의 권한과 예산을 지방정부로 이양하라는 것, 즉 자신의 권한을 확대하자는 것이었다. 지방의원들이 주장하는 자치분권도 그들의 권한 확대에 초점이 있었다. 정치인들은 정작 주권자인 주민들의 권한 확대에는 관심이 없거나 립 서비스로 하는 정도였다. 자치분권은 중앙의 권한을 지방으로 이양하는 수직적 분권과 지방정부의 권한을 주민들에게 이양하는 수평적 분권이 동시에 진행되는 것을 의미한다. 지금의 자치분권은 반쪽짜리 자치분권이며, 주민들을 소외시키는 그들만의 분권이다.

21세기 한국의 시대전환은 자치분권

우리는 지금 격변의 시대를 맞이하고 있다. 많은 사람들이 이야기한다. 코로나19 대유행으로 인한 인류 문명에 대한 성찰, 4차 산업혁명으로 인한 일자리와 경제 구조의 급변, 세계 최강국 미국의 추락으로 인해 급변하는 국제정세, 지구 온난화로 상징되는 세계적 차원의 기후위기 등등 세상은 엄청난 속도로 변화하고 있고 새로운 전환을 요구하고 있다. 인류가 직면하고 있는 이러한 문제들에 대해 해법은 다양하지만 문제 진단 자체에 대해서는 큰 이견이 없는 것 같다. 어떤 의미에서는 문명사적 전환을 해야 하는 시기이다. 그래서인가 '전환'에 대한 이야기가 여기저기서 나오고 있다.

나는 이런 문제인식에 동의하고 지지한다. 새로운 시대를 맞아 생각을 바꾸고 사람들의 삶의 방식을 바꾸어 나가야 한다. 그리고 나는 자치분권이라는 시대적 전환을 강조하고 싶다. 자치분권으로의 시대전환을 말하는 것은 두 가지 측면이 있다. 하나는 과도하게 중앙에 집중된 권한을 지방으로 분산하는 말 그대로 자치분권시대를 열어가자는 것이고, 다른 하나는 우리가 직면하고 있는 사회문제 해결의 방식을 전환하자는 문제해결 방법론으로서 자치분권 방식을 채택하자는 것이다.

현재를 살아가는 우리들이 겪고 있는 중대하고 위험한 문제들은 몇몇 엘리트나 지도자의 지혜로 해결할 수 있는 성격의 문제가 아니다. 그 다양하고 복잡하고 심오한 문제를 해결할 수 있는 방법은 집단지성이고 대중적인 실천 과정에서 찾아진다고 보기 때문이다. 더 이상 전문가들에게 의존하는 방식으로는 해결할 수 없는 문제들이다. 소수의 사회적 실천만으로는 해결이 불가능하다. 선민先民들이 아니라 대중의 지혜를 통해서 해결해 가야 한다. 다양하고 창의적인 모색과 실천이 이루어져야 한다. 중앙정부의 획일적인 정책실험이 아니라 각 지역의 다양한 정책 실험이 활발해져야 한다. 중앙정부의 실험은 파급력이 크지만 위험 또한 크다. 잘못 도입된 정책의 피해는 전 국민이 떠안게 된다. 이에 반해 지방정부의 정책실험은 획일적이지 않을뿐더러 위험은 상대적으로 적고 또 분산된다. 지방정치인들에게 맡기자는 말이 아니다. 주민들이 문제 해결의 주체로 나서야 한다. 주민들이 권한과 예산을 공유하여 주민 스스로 선택하는 상향식 정책을 적극적으로 도입하여, 실험하고, 실천하고, 확산해 나가야 한다.

카이스트의 원광연 석좌교수는 새로운 산업혁명의 테스트베드Test-Bed를 설명하며, 1차 산업혁명의 테스트베드는 공장과 회사였고, 2차 산업혁명은 세계대전과 베트남전쟁이었고, 3차 산업혁명은 미국의 실리콘밸리였고, 4차 산업혁명은 민주주의가 테스트베드가 될 것이라고 말했다. "4차 산업혁명시대의 산업주의나 자본주의는 인간을 주제로 한 인본주의와 민주주의라는 시스템으로 그 기술이 평가되고 활용돼야 합니다."[57] 민주주의의 핵심요소인 다양성이야말로 새로운 산업혁명을 이끄는 원천이라는 것이다.

직접민주주의의 메카 스위스는 4차 산업혁명의 적응순위 1순위 국가고, 한국은 25위[58]다. 스위스는 권력을 가진 소수가 이끄는 나라가 아니라 다수의 리더와 국민들이 함께 만들어가는 국민주권과 자치분권이 가장 높은 수준에서 실현되는 나라다.

현재 우리 사회의 뜨거운 이슈가 되고 있는 '기본소득'이라는 화두를 던진 것도 스위스였다. 2013년 12만 명이 넘는 스위스 국민들의 서명을 받아 국민발의를 했고, 2016년 6월 실시된 국민투표에 상정된 기본소득안은 성인에게는 매월 300만 원, 청소년 이하에는 매월 67만 원을 지급하자는 것이었다. 비록 국민투표 결과 스위스 국민들의 23% 찬성을 얻는 데 그쳐 부결되었지만, 전세계에 미친 파급효과는 매우 컸다.

---

57 원광연, 2017. 7. 23, '4차 산업시대, 인본주의 민주주의 중요', 불교신문
58 매일경제, 2016. 1. 20, '4차 산업혁명 최적 국가는 스위스·싱가포르… 한국은 25위' −"UBS(스위스연방은행)는 이날 공개한 '4차 산업혁명이 미치는 영향'을 분석한 백서를 통해 현재 상태를 기준으로 4차 산업혁명에 가장 잘 적응할 수 있는 국가 순위를 발표했다. 4차 산업혁명으로 가장 큰 혜택을 입을 나라로는 스위스, 싱가포르, 네덜란드, 핀란드, 미국 등이 상위권에 올랐다. 다음으로 영국, 홍콩, 노르웨이, 덴마크, 일본 등이 뒤를 이었다. 한국은 25위를 기록했다. 중국(28위), 러시아(31위), 인도(41위), 멕시코(42위) 등은 한국에 못 미쳤다. 순위는 노동시장 유연성, 기술수준, 교육시스템, 사회간접자본, 법적·제도적 문제 등 5개 요소를 가중 평균해 작성했다."

자치분권은 새로운 사회 운영 원리다

자치분권은 새로운 사회 운영체계이자, 우리 사회의 기본 원리로 자리 잡아야 한다. 여러 번 강조해서 말했듯이 지금 우리가 마주하고 있는 문제들은 뛰어난 누군가가 대신 해결해 줄 수 있는 것들이 아니다. 사람들은 혹시나 하는 마음으로 새로운 지도자의 출현을 고대하고 그에게 큰 지지를 보냈지만 결과는 기대와 달랐다. 격변의 시대를 살아가는 사람들의 삶은 고되고 힘들다. 그래서 변화를 갈망한다. 어느 정치인이 말했던 저녁이 있는 삶을 바라고, 팍팍한 노동 현실에서 좋은 일자리와 안전한 노동환경을 바라고, 공부를 잘하지 않아도 누구나 자신이 좋아하는 일을 하길 바라고, 아이들이 무거운 가방을 덜어내 주길 바라고, 홀로 외로이 살아가는 어르신들이 없기를 바라고, 적어도 기회만큼은 공정한 세상을 바란다. 물론 사람들이 바라는 완벽한 세상이란 없다. 늘 거기에 가까이 가기를 갈망할 뿐 다다르지는 못한다. 그러나 적어도 당대의 사람들이 바라는 '상식이 실현되는 세상'은 가능할 것이라 생각한다. 아이들이 초등학교 교과서에서 배운 기본적인 윤리와 민주적 규범은 실천하며 살 수 있을 것이다. 그러기 위해서 누군가에게 기대는 것을 멈추자.

모든 사람이 주인인 민주주의를 실현하자. 자치분권으로 사회를 운영해 나가자. 각각의 삶의 현장에서 사람들과 함께 겪고 있는 문제에 대해 깊이 있는 대화를 나누자. 문제 해결을 위해 무엇을 어떻게 할지 함께 결정하자. 누군가 독점하고 있는 권한을 사람들과 공유하자. 공동의 결정을 통해 스스로 문제를 해결하는 함께하는 자치를 실천하자. 그리고 그 결과에 대한 책임도 함께 나누자. 사람들이 함께 내린 결정이 항상 올바르지는 않을 수 있다. 잘못된 결정을 내릴 수도 있다. 그러나 사람들 간의 대화와 토론, 권한 공유, 공동 실천 등의 과정을 통해 사람들의 '자치 역량'은 강화될 것이다. 그것이 실패를 딛고 새로운 진전을 가져올 것이다.

지역에서는 주민자치를 활성화하고 자치를 실현할 수 있는 권한과 예산을 주민들과 공유하자. 직장에서는 회사 앞에서 멈춘 민주주의를 회사 안으로 들여가자. 성인 대부분이 가장 많은 시간을 보내는 일터가 민주적인 공간이 아니면 사람들은 행복해지기 어렵다. 학교에서 학생들은 가르침의 대상으로서만이 아니라 교복 입은 시민으로 존중받아아 하며, 교직원과 학생, 학부모와 지역 주민들이 함께 하는 마을학교를 만들어가자. 그런데, 그 길은 꽃길이 아닐 것이다. 수많은 암초가 도사리고 있고, 기득권을 가진 이들의 강력한 저항이 따를 것이다. 그래도 우리는 자치분권의 길을 함께 가야 한다. 걷고 또 걸으면 언젠가는 길이 되리란 믿음을 가지고.

"오늘날 결정적인 투쟁은 산업사회를 옹호하고 유지해 가려는 자(중앙집권주의자)와 그것을 뛰어넘어 전진해 가려는 자(분권주의자) 간의 싸움이다. 이것은 또한 내일을 위한 거대한 투쟁super-struggle이다."

_앨빈 토플러,《제3 물결의 정치》중에서

언제나, 어디서나, 누구나, 쉽게
— 직접민주주의 플랫폼

2015년 은평구 참여예산위원장으로 활동을 시작하면서부터 줄곧 고민해 왔던 것은 어떻게 하면 더 많은 주민들이 일상적으로 참여할 수 있을 것인가의 문제였다. 이미 참여하고 있는 주민들의 역할도 소중하지만 아직 참여하지 못한 더 많은 주민들의 참여 방안을 고민했다. 참여예산제도가 더 나은 직접민주주의의 모델이 되기 위해서는 누구든지 참여할 수 있고 누구든지 의사결정권을 행사하는 대안을 만들어가야 했기 때문이다. 그런 과정에서 한겨레신문에 연재되었던 스토리펀딩 '듣도 보도 못한 정치'를 보면서 여러 나라에서 그 실험과 실천이 이루어지고 있음을 확인했다. 그리고 2015년 12월 7일 와글(대표 이진순)이 개최한 '시빅테크_{Civic-tech}로 혁신하다: 99% 민주주의 포럼'에 참여했다. 그 포럼에서 여러 나라에서 진행된 새로운 시민참여 플랫폼에 기반한 직접민주주의 사례를 보다 자세히 접할 수 있었다. 그리고, 포럼에서 가장 인상적인 사례 발표를 했던 스페인 마드리드 시의 시민참여 디렉터인 미겔 아라나 카타니아를 은평구에 초대하기 위해 와글의 이진순 대표에게 도움을 청했고, 12월 18일 은평구청에서 그와 은평구 주민참여위원들의 간담회를 가졌다.

그렇지만 새로운 시민(주민)참여 플랫폼을 도입하기 위해서는 산적한 난제들을 풀어야 했다. 청원처럼 주민들은 요구하고 행정이 결정하는 것이 아니라 주민들이 제안하고 주민들이 직접 의사결정권을 행사하는 직접민주주의 플랫폼이 되기 위해서는, 무엇보다 정책결정권자인 구청장이 주민들에게 과감하게 권한을 부여해야 했고, 플랫폼을 실질적으로 운영할 인력과 재원이 마련되어야 했으며, 주민참여위원들의 적극적인 지지와 주민들의 참여가 수반되어야 했다. 어느 것 하나 쉽지 않았다. 그 사이 한국의 여러 지역에서 실험이 진행되었지만 이렇다 할 성과를 거두지는 못했다. 문재인 정부도 국민참여 활성화를 위해 다양한 프로그램을 도입했지만 본격적인 직접민주주의 플랫폼으로 나아가는 데는 한계를 보였다.

수년간의 묵은 고민과 '은평구정책연구단(단장: 김미윤)'과 함께 공동연구를 통해, 은평구에 적용하기 위한 주민참여 플랫폼에 대한 기본구상안을 만들었다. 은평구의 경험과 현장을 중심에 두고 방안을 만들었으나, 기본 방향과 원칙, 성공전략은 다른 지역에서도 준용해 볼 수 있으리라 생각한다. 다음에서 그 주요 내용을 살펴보자

주민참여 플랫폼의 기본 방향

언제나!

참여를 원하는 주민 누구나 참여할 수 있어야 하며, 참여의 정보와 경로를 모르는 주민들에게까지 다가갈 수 있게 접근성을 높여야 한다.

어디서나!

은평구 주민참여위원회, 16개 동 주민자치회, 마을단위 공동체모임 등 일상적 참여가 가능한 마을-동-구 단위의 각종 오프라인 중심의 주민참여기구를 기본으로 하여, 공간의 한계를 넘어설 수 있는 온라인 참여 시스템을 구축하는 등 온·오프라인 통합플랫폼이어야 한다.

누구나!

성·연령·인종·학력·장애여부·언어 등에 상관없이 누구나 참여할 수 있는 형태의 개방적인 것이어야 하며, 초대된 온·오프라인 공간만이 아니라 찾아갈 수 있는 소외와 배제가 없는 포용적인 플랫폼이어야 한다.

쉽게!

정보의 격차나 지역 활동 경험의 유무와 상관없이 자신의 의견을 스스럼없이 이야기할 수 있는 안전한 환경이 보장되어야 하고, 최대한 단순한 프로세스(과정)로 구축하여 쉽고 재미있게 참여할 수 있어야 한다.

주민참여 플랫폼의 원칙

주민들이 의사결정권을 갖는 직접민주주의 실현

주민들이 제안하고 주민투표와 주민총회로 결정된 사안은 차기년도 예산에 반영하는 등 주민들에게 의사결정은 행정의 별도 검토 절차 없이 효력을 가질 수 있어야 한다. 다만 플랫폼을 통해 제안되고 의결된 제도 개선안은 주민제안 숙의위원회에서 민관 거버넌스를 통해 실현 방안을 찾아야 한다.

온·오프라인이 상호 연계하는 통합 플랫폼 구축

주민자치회, 주민참여위원회 등 오프라인의 주민참여 활동에서 제안된 의제는 온라인 플랫폼을 통해 모든 주민들에게 공유하고, 온라인 플랫폼을 통해 제안된 의제는 해당 주민참여 기구에 전달하는 상호연계 체계를 구축한다. 이 과정에서 생성된 모든 정보는 온라인 주민참여 플랫폼에 탑재한다.

동단위 주민참여에 기반한 상향식 플랫폼 구축

주민참여 플랫폼의 기본바탕은 마을과 동 단위의 주민참여 활동에 두며 각종 주민참여기구를 통해 형성된 의견을 온라인 플랫폼에 신속하게 탑재하는 상향식 운영 모델을 구축해야 한다.

숙의와 공론을 강화하는 성숙한 민주주의 실현

주민 누구나 자유롭게 제안할 수 있되 제안된 의제는 온·오프라인에서 다양한 방식으로 숙의공론장 운영을 통해 다수 주민들이 함께 검토하고 제안된 의제를 민·관이 공동으로 숙성하는 방식으로 운영되어야 한다.

미디어기술의 발전을 반영한 디지털민주주의 실현

주민참여 플랫폼은 최신 미디어기술을 도입하여 주민들의 신뢰성을 높이고, 높은 수준의 정보 관리를 실현하며, 쉽고 재미있는 방식의 플랫폼 운영으로 디지털민주주의를 실현해야 한다.

주민참여 통합플랫폼의 13가지 성공전략

1. 지방자치단체장의 권한 위임

- 예산·정책·사업·제도 등 지방자치단체장의 권한을 주민들에게 위임하는 수평적 자치분권을 실현함(자치분권형 리더십)
- 주민들의 제안·숙의공론·의사결정 등 과정을 관리하는 '주민제안숙의위원회'의 공동위원장을 구청장, 구의회의장, 민간위원장 3주체로 구성하여 실질적인 거버넌스 실현

2. 의사결정권을 주민에게!

- 주민참여 통합플랫폼은 주민들이 의사결정권을 행사하는 직접민주주의 체계로 운영함
- 주민제안 중 예산이 수반되는 정책·사업은 주민들이 직접 의사결정권을 행사하는 참여예산[59] 방식으로 운영하며, 비예산 정책이나 조례 등 제도 개선이 필요한 사항은 주민들이 의사결정권을 존중하며 '주민제안숙의위원회'에서 시행 방안을 협의·결정함

3. 주민참여를 촉진하는 지원체계

- 주민참여 통합플랫폼이 정상적으로 작동하기 위해서는 일차적으로 행정의 지원체계가 정비되어야 하며, 이를 전담할 수 있는 전담팀이 구성되어야 함
- 행정 전담팀과 더불어 주민들의 숙의공론과 의사결정 과정을 주민들의 눈높이에 맞는 방식으로 기획·운영할 수 있는 중간 지원조직의 역할 또한 중요함. 은평에는 참여예산 주민제안사업 등을 통해 양성된 지역 퍼실

---

59 주민참여예산제도는 일정한 예산한도내에서 주민들이 제안하고 주민들이 선정하는 이르바 '실링제 참여예산' 외에도 지방자치단체 전체 예산에 대한 주민심의 등 지방자치단체의 예산 전체에 주민들이 참여하는 것이다. 또, 예산의 편성 과정뿐만 아니라 집행과 평가·결산 과정에도 주민들이 참여하는 제도로, 2018. 3. 27. 지방재정법이 개정되어 제39조 (예산 편성 등 예산 과정의 주민참여)로 법적 근거가 정비되었음

리테이터 그룹이 존재하며, 참여예산위원 등으로 구성된 주민참여지원단 등과 협업하여 중간 지원체계를 구축할 수 있음

4. 충분한 운영 예산
- 참여의 기회가 주민 누구나에게 제공되기 위해서는 다양한 홍보 전략과 방법이 마련되어야 하며, 이를 뒷받침하는 홍보 예산이 마련되어야 함
- 온라인 플랫폼에서의 숙의공론의 한계를 보완하기 위해 직접 주민들이 만나는 오프라인 공론장이 적극적으로 기획·운영되어야 함

5. 주민들의 삶과 연계된 접근성과 포용성 강화
- 참여의 의지가 있는 주민들 위주의 '그들만의 리그'가 되지 않기 위해서는 주민들이 일상 생활에서 사용하는 다양한 온·오프라인 플랫폼과 연계 체계를 구축해야 함. 예를 들어 물품 거래·나눔 등의 동네 플랫폼인 '당근마켓', 아파트 입주자들의 커뮤니티인 'e-마을' 등과의 연계 방안을 마련함
- 성·연령·인종·학력·장애여부·언어 등에 상관없이 누구나 참여할 수 있는 형태의 개방적인 플랫폼이어야 하며, 사회적 약자 등도 참여할 수 있는 포용적인 플랫폼으로 운영되어야 함

6. 의견 개진에 안전한 환경과 쉬운 참여 방법
- 자신의 의견을 스스럼없이 자유롭게 말할 수 있는 '안전한 환경'을 조성하기 위하여 숙의공론에 관한 규약이 필요함. 규약 역시 위원회나 행정에 의해 제시되는 것이 아니라 참여하는 주민들의 숙의공론을 통해 공동규약으로 제정하는 것이 효과적임
- 숙의공론에 익숙한 주민들만이 아니라 평범하고 다양한 주민들도 쉽게

참여할 수 있는 눈높이에 맞는 방식이 개발되어야 함. 참여의 수준 또한 의견 제시, 공감 클릭, 숙의공론, 투표, 모니터링 등 다양하게 설계·운영 하여야 하며, 참여 방법은 온라인게임 등을 참고하여 게임의 요소를 도 입하는 방안도 검토할 필요가 있음

7. 사고의 전환이 가능한 숙의 방법

- 자신의 견해와 생각을 전환할 수 있는가가 숙의의 핵심임. 따라서 어떤 제안에 대해 다양한 견해를 비교·분석할 수 있는 찬성·반대·중립 등으 로 구성된 토론 방식 적용 등 창의적 토론 기법을 개발해야 함
- 참여하는 주민들이 제안과 토론 내용과 관련된 각종 정보를 쉽게 검색하 고 접할 수 있는 정책 아카이빙을 구현함

8. 오프라인 공론장에 기반한 온라인 공론장

- 시·공간의 한계 극복과 코로나19 유행으로 온라인 공론장의 필요성이 중요하게 제기되고 있으며 새로운 주민참여의 경로임은 분명함. 그럼에 도 불구하고 서로의 감정까지 교감하고 공감할 수 있는 방식은 오프라인 공론장이며, 은평의 지난 10년의 주민참여 역시 오프라인 기반이었음을 주목해야 함
- 오프라인에서 진행된 다양한 숙의공론의 결과가 온라인 플랫폼에 탑재 되고, 온라인 숙의공론의 내용이 오프라인 공론장에서도 공유할 수 있 도록 운영하여 상호 시너지를 높일 수 있는 방안을 마련해야 함

9. 주민참여에 대한 인정·보상 체계

- 주민참여에 대한 주민들의 핵심적인 효능감은 각종 제안이 실행으로 결

과지어지는 것이지만, 보다 더 많은 주민들이 참여하여 의사결정 기반을 넓힐 수 있도록 주민참여에 대한 인정과 보상체계를 마련할 필요가 있음

• 포르투갈 카스카이스시의 City Point 등 주민참여 마일리지 도입, 기본소득과 연동한 주민참여 기본수당, 우수 제안자와 적극 참여자에 대한 인정 체계 등이 주요한 방법일 수 있음. 그리고 개인에 대한 포상과 더불어 공동의 성과로 수렴될 수 있는 방안도 함께 고려해야 함

10. 동단위 플랫폼에 기반한 구단위 플랫폼

• 주민들의 밀접한 생활현장인 동단위에서부터 통합적인 플랫폼이 개발되고 운영되어야 함. 국가나 광역자치단체가 가지지 못하는 주민자치회 등 동단위 주민참여 활동 기반이 있다는 것이 기초자치단체의 주요한 차별성인 바, 16개 동의 통합플랫폼 활성화를 통해 구단위 플랫폼의 활성화를 꾀하는 방향으로 운영되어야 함

• 동단위 주민참여 활동에서 제안되는 의제는 동단위에서 해결할 수 없는 구단위 의제, 서울시나 정부 차원의 의제까지 다양함. 주민들이 다양한 의견을 제시하면 이를 분류하고 구단위나 시·국가 단위로 수렴하고 발전시켜 나가는 체계가 마련될 필요가 있음

11. 의회와의 협력구조

• 지방의회의 핵심 기능의 하나는 주민들의 의견을 수렴하여 행정에 반영하기 위해 노력하며, 조례 제·개정 등을 통해 법적 근거를 마련하는 것임. 주민참여 통합플랫폼에서 제안되고 결정되는 다양한 주민들의 목소리를 구의회 차원에서 적극적으로 수렴할 수 있게 하는 제도적 장치가 필요함

- 이를 위해 구의회 의장이 '주민제안숙의위원회'의 공동위원장을 맡고, 주민들의 의견이 모아진 조례 제·개정 사안을 신속히 처리할 수 있는 '패스트트랙' 등을 마련할 필요가 있음

12. 실행 과정 공유 및 열린 모니터링

- 주민참여 플랫폼을 통해 결정된 사업과 제도의 실행 과정은 온라인 플랫폼 등을 통해 모두 공개하여 주민들에게 공유하여야 하며, 공개와 공유의 시점은 사업 진행 과정에 맞게 신속하게 진행되어야 함
- 열린 모니터링 시스템을 구축하여 원하는 주민들은 누구나 모니터링 과정에 온·오프라인의 다양한 방식으로 참여할 수 있는 방안을 마련하여야 함. 아울러 행정은 주민 모니터링을 통해 제출된 개선안을 적극 수용하고, 처리 결과를 신속하게 피드백할 필요가 있음

13. 평가 환류 체계

- 담당 부서는 실행된 사업과 제도개선이 완료되면 신속하게 주민들의 의견을 수렴하여 민관이 공동으로 평가하는 체계를 구축하며 그 결과를 온라인 플랫폼 등에 공개하여야 함
- 온라인 플랫폼을 통해 원하는 사업결과보고서를 주민 누구나 열람할 수 있어야 하며, 온라인 플랫폼 내에 공개적인 평가 시스템을 운영하여야 함

생활 정치의 표본, 과천시의회 제갈임주 의장

경기도 과천시의회 제갈임주 의장이 2014년 정치에 입문하기 전까지의 이력을 먼저 살펴보자.

1995 중앙대학교 간호학과 졸업

1995~2005.2 성남시 안말·상원초등학교 교사

2004 대안학교 '더불어가는 배움터길(의왕)' 설립 참여, 교사준비팀

2005~2009 과천 맑은내방과후학교 교사·센터장

2007~2010 과천마을신문·오마이뉴스 시민기자

2007 과천 청소년인권조례모임, 과천 청소년인권센터 <나사>운영위원

2010 지방선거 <과천유권자모임>

2010 과천동 비닐하우스 마을 <붕붕도서관> 설립, 운영위원

2011~2014 과천시민모임 좋은예산팀장, 공동대표

2011.11~2014. 2 <풀뿌리자치연구소 이음> 연구위원

시냇물과 독사

제갈 의장은 10년간 초등학교 보건교사로 일하다, 방과후학교 교사, 청소년 인권센터, 시민기자, 풀뿌리 단체 등에서 10년간 활동했다. 선망의 대상인 교사라는 안정적인 직업을 버리고 험한 길을 선택했다. 성남시 소재 공부방에서 자원봉사를 하면서 도움이 필요한 아이들에게 공부방의 역할이 크다는 것을 알게 되었고, 과천에 새

과천시의회 제갈임주 의장

로 공부방을 만드는 과정에 참여했고, 공부방을 시작하면서 할 일이 많고 보람을 느껴 학교를 그만두고 맑은내방과후학교의 교사로 일했다.

이후 다양한 풀뿌리단체에서 활동하며 활동영역을 넓혀갔다. 그런 과정에서 얻은 별명이 시냇물과 독사다. 한 사람이 아주 상반된 두 개의 별칭을 지니게 된 것이다. 그의 얼굴에서 풍기는 이미지는 시냇물처럼 맑고 잔잔하다. 아이들에게도 그렇게 비쳤을 것이다. 대화를 나누어보면 더욱 그런 느낌이 든다.

그런 그녀에게 독사라는 강한 별명을 붙여준 것은 이웃들이었다. 2011년 과천시가 경기도 최대 규모로 과천문화원을 건립하자, 그녀가 좋은예산팀장으로 일하던 과천시민모임에서는 현수막을 게시하였다. 예산알기운동의 일환으로 "경기도 최대 규모 과천문화원! 건립비 150억 원, 1년 예산 14억 원입니다"를 시민들에게 알린 것이다. 문화원 건립에 대해 찬성이나 반대의 의견은 제시하지 않았다. 그저 시민들의 소중한 예산이 어떻게 사용될 것인지를 알렸고, 시민들이 그 일에 관심을 갖기를 바랐다.

그런데, 과천시청은 예민하게 반응하며 현수막을 철거했다. 합법적인 방법 또는 법이 허용하는 테두리 내에서 게시한 현수막이었다. 제갈임주 팀장(당시 직책)은 시청에 행정 행위의 부당함을 항의했지만, 담당부서인 시 건축과는 타당한 이유를 밝히지 않았고, 정 그러면 법대로 하라고 했다. 그녀는 현수막을 철거한 과천시 건축과장을 직권남용 혐의로 고발했다. 과천시청이 곤경에 처하자 과천시 부시장은 건축과장을 대동하고 제갈 팀장을 만나, 건축과장에게 사과할 것을 지시했고, 건축과장은 그녀에게 사과했다. 그리고 제갈 팀장은 독사라는 별명을 얻었다.

"너 하는 거 보고, 우리도 뒤따라서 할게"

그녀는 정치인이 되리란 생각은 없었다. 다양한 지역 활동을 하면서 과천이 안고 있는 문제들을 인식했고, 그것을 해결하는 활동을 했다. "지역의 문제는 우리의 문제예요. 우리가 필요한 건 우리들이 잘 아는데, 정치인과 행정이 예산을 결정하는 현실을 보고 우리가 적극적으로 참여해야 한다는 생각을 했습니다." 지역 사람들과 네트워크를 형성하며 활동했고, 2014년 지방선거네트워크 차원에서 참여하기로 했다. 지역에서 활동하던 여성들의 역량을 모아 조직을 만들고, 적극적인 시민정치 활동을 하기로 의기투합했다.

그런데, 정작 선거에 출마할 '선수'가 없었다. 정치에 대한 뿌리 깊은 혐오로 인해 나서는 이가 없었고, 함께 정치에 직접 참여하기로 했던 약속을 실행할 방법을 찾지 못했다. 그녀 역시 선수보다는 지원 역할을 할 생각이었다. 누군가 출마하면 시의원으로 당선을 시키는 데 힘을 모으고, 정치 활동을 지원하는 풀뿌리네트워크의 사무국장을 꿈꿨다. 아무도 나서는 이가 없게 되자 고심 끝에 출마를 결심했다. 함께했던 약속을 누군가는 지켜야 한다고 생각했다. 다른 사람들이 했던 "네가 먼저 해라. 너하는 거 보고 우리도 뒤따라서 할게"라는 말이 결정적이었다. 그 말을 믿고 2014년 지방선거에 무소속으로 나섰고, 제7대 과천시의회 의원으로 당선되었다. 2018년 지방선거에서는 민주당 비례대표로 재선되었으며, 2020년 하반기부터 과천시의회 의장으로 활동하고 있다.

제갈임주 의장은 교사, 풀뿌리 활동가로 일한 경험을 바탕으로 교육, 청소년, 환경, 복지 등에서 자신의 역량을 십분 발휘해 왔다. 분양가 심사위원회 구성 및 운영 조례 제정, 과천시 석면안전관리 지원조례 제정, 과천시 발달장애인 지원조례 제정, 과천시 학교밖청소년 지원조례 개정 등을 이끌어냈다.

대표 공약 '주민참여예산제도 활성화'

초선의원 시절부터 주된 관심을 주민참여에 두었으며, 2014년 지방선거에서 자신의 대표공약으로 주민참여예산제도의 활성화를 제시했다. 2011년 지방재정법 개정으로 주민참여예산이 의무화되자, 과천시도 조례를 제정해 참여예산을 도입하였으나 실제 운영은 매우 형식적이었다. 과천 시민들이 참여할 수 있는 방법도 별로 없었고, 다른 지역에서 많이 운영하는 참여예산위원회도 없었다(또는 구성하지 않았다).

그는 당선 직후부터 참여예산 연구모임을 제안하여 7명의 과천시의회 의원 중 3명이 참여했고, 민간위원 9명이 힘을 보태 총 12명으로 연구모임을 구성했다. 연구모임에는 여야 의원이 함께 참여했으며, 민간에서도 다양한 영역에서 활동하는 시민들을 초대하여 지역사회의 합의를 토대로 조례안을 준비하려 노력했다. 이후 1년여 동안 연구회, 교육, 토론회 등을 통해 조례 개정안을 함께 준비해 나갔다. 문원동에서 참여예산 시범사업을 진행하였으며, 시 단위 교육정책 시범분과를 운영하며 현장의 의견을 수렴하여 내용을 보완하였다. 이런 과정을 통해 마련된 과천시 주민참여예산제 운영조례 전부 개정안이 2015년 12월 과천시의회에서 의결되었다. 아쉽게도 전부 개정안에는 연구모임의 연구와 활동 성과를 100% 담아 내지 못했다. 당시 과천의 지역개발 이슈로 시청과 시의회 간에 긴장 관계가 형성되어, 행정안전부의 참여예산 표준 조례안 수준으로 협의 개정되었다. 그러나 이후 과천시 참여예산 활성화에 중요한 토대를 함께 만들어 갔다는 점에서 큰 의미가 있다. 연구모임과 조례 개정 과정에 함께 했던 시민들이 과천시 참여예산위원으로 적극적으로 참여하였으며, 일련의 활동을 통해 과천시 참여예산은 점차 발전해 나갔다.

과천시의회 예산결산특별위원회 계수조정회의 공개

과천시의회는 2019년 5월 이후 과천시의 추가경정예산안 심사와 본 예산안 심사를 모두 시민들에게 공개하고 생방송으로 중계하고 있다. 2019년 4월 11일 「과천시의회 회의 규칙」을 개정하여 제69조(예산안의 심의) "②예산결산특별위원회의 계수조정 회의는 공개한다"는 문구를 신설했다. "위원회 소속 위원이 요청하고 출석위원 3분의 2 이상이 찬성하는 경우에는 공개하지 아니할 수 있다."라고 단서 조항을 만들었지만, 그 이후 과천시의회 계수조정회의는 공개적으로 운영되고 있다.

이 과정에도 제갈임주 의원의 숨은 역할이 컸다. 그와 과천시민모임 등은 2010~2014년 제6대 과천시의회에 계수조정회의 공개를 요구하였고, 의원들을 개별적으로 만나 서명을 받으며 회의 공개에 대한 입장을 확인하였다. 대부분의 의원들이 동의한다고 답을 하였지만 실제로 실현되지는 못했다. 제갈 의원은 초선의원 때인 제7대 과천시의회에서 의원들에게 계수조정회의를 공개하자고 제안하였으나, 의원들의 호응을 얻는 데는 실패했다. 다행히 제8대 과천시의회에서 국민의힘의 다른 의원이 먼저 제안하고, 제갈 의원 등이 호응하여 만장일치로 통과되었다.

2020년도만 6번의 추경예산안 심사 과정이 투명하게 공개되었고, 시민들의 방청과 생방송 중계, 회의록 작성과 공개가 예외 없이 진행되고 있다. 이는 여느 지방자치단체에서는 좀처럼 찾아보기 힘든 장면이다. 아직도 대부분의 지방의회의 계수조정회의는 비공개로 열리며, 무슨 이유로 삭감했는지 또 누가 삭감했는지 등이 전혀 공개되지 않은 밀실에서 그들만의 예산심사를 하고 있다. 광명시의회 등도 회의규칙을 개정하여 계수조정회의를 공개하도록 하였으나 실제 실행되지는 않고 있다.

과천시의회 예산결산특별위원회의 계수조정회의 공개는 큰 변화를 가져왔다. 무엇보다 의원들이 변했다. 생방송으로 중계되고 기록으로 남는 예산심사가 되자 의원들은 더 준비하고 공부하는 등 노력을 배가하였고, 서로의 입장을 설명하고 토론하는 성숙한 회의문화가 조성되었다. 공무원들은 과거 깜깜이 예산심사 때문에 애간장을 태웠으나, 회의가 공개되면서 직접 방청하고 대응방안을 준비할 수 있었다. 과천시민 모두에게 공개되었기에 시민들에게도 매우 좋은 평가를 받았으며, 공개 과정을 통해 과천시의회의 결정에 이의가 있는 시민들은 질의서를 보내고 의회의 설명을 듣는 기회를 얻게 되었다. 의회와 행정, 시민 간의 소통이 활발해지고 있다. 과천시의회의 이 모범사례는 속히 다른 지방의회로 전파되어야 하고, 국회 예산심사도 이와 같은 변화가 시급하다!

과천시의회 의장으로

제갈임주 의원은 2020년 7월부터 시작하는 제8대 의회의 의장으로 선출되었고, 보다 민주적이고 소통하는 의회 만들기를 중점적으로 추진하고 있다.

"각 부서에서 추진하는 정책에 대해서 더 열심히 의회와 소통해 줬으면 하는 바람이 있습니다. 그 일을 하는 게 집행부의 몫입니다. 매주 1회 시의원 간담회를 통해서 시 집행부의 보고를 받고 있습니다. 현안별로 해당 부서가 찾아와서 보고하는 식인데 단순히 추진하는 것에 대한 설명을 듣는 것보다 나아가서 쟁점이 되는 사업에 대해서는 토론도 하고 소통하는 과정이 필요하다고 봅니다. 이 부분에 대해서 더 노력이 필요합니다."

"의장 출마 시 '의정협의회'를 도입할 것을 요구하고 안착시키겠다고 했습니다. 다른 시·군을 보면 시장, 임원들, 간부들과 시의원들이 함께 숙의하고 토론하는 의정협의회를 가지는 경우가 있습니다. 또 하나는 의원들 간 연찬회입니다. 이제까지 연찬회다운 연찬회를 한 적이 없습니다. 연수는 하지만 주로 강사 강의를 듣는 배움의 시간이었습니다. 예산 심의나 행정감사를 앞두고 의원들끼리 연수를 가서 어떤 부분을 집중 감사를 해야 할지, 어떤 예산에 대해 심도 있는 점검을 해야 할지 등에 대해 조율하는 시간이 필요합니다. 연찬회에 대해서는 고금란 부의장이 제안했습니다."[60]

제갈임주 의장은 여소야대의 과천시의회를 별 탈 없이 잘 이끌고 있다. 민주적이고 성숙한 토론문화를 만들어가는 그의 리더십이 큰 역할을 한 것으로 보인다. 그는 경인일보와의 인터뷰에서 "다수결은 때로 폭력적이기도 해 민주주의가 한 단계 성숙하기 위해 우리나라도 합의제 민주주의로 진행돼야 한다고 본다"며 "최근에는 의원들과 '의사결정을 위한 원칙'도 논의하는 등 과천시의회는 제대로 된 민주주의를 하기 위해 끊임없이 노력하고 있다"고 피력했다.

의장이 된 후로 의회 소식지도 발행하고 있는데 예전 풀뿌리 단체에서 마을소식지를 만들어 공유한 것과 같은 맥락이다. 그러나 공직선거법의 제한과 선거관리위원회의 유권해석으로 인해 시민들이 의원들의 활동에 대한 알권리를 충족시키려는 그의 노력은 어려움을 겪고 있다. 단체 사무실 등에 배포는 가능하지만 시민들에게 직접 배포하는 것은 선거법 위반이라는 게 중앙선거관리위원회의 해석이다. 초선의원 시절부터 계속 선관위에 질의하고 협의하고 문제를 풀어가려고 노력 중이다. 그런 점에서 그는 '독사'가 맞는 것 같다.

생활정치, 생활정치인

지방의회 의원이자 생활정치인인 그에게 의정 활동의 보람이 있는가를 묻자, 간결한 어조로 다음과 같이 이야기한다. "일하는 것을 좋아합니다. 의정활동이 즐겁습니다. 의미 있는 길이라고 생각합니다." 10여 년간 과천에서 풀뿌리 시민운동을 통해

---

60 2020. 7. 23 이슈게이트 인터뷰 기사에서 인용함

서 변화를 만들어 왔지만, 의원이 돼서 실제 권한을 가지고 역할을 하게 되자 보다 많은 것을 할 수 있게 된 점에 의미를 부여했다.

제갈 의장이 생각하는 생활정치는 시민과 함께할 때 더욱 풍성해진다. 생활의 문제를 자각하고 요구하는 시민과 함께 만든 정책은 실제 삶의 개선으로 이어진다. 지켜보고 참여하는 시민은 정치를 건강하게 만드는 중요한 요소다.

원래 정치는 시민들의 삶과 생활에 맞닿아 있다. 그것이 지방정치이든 중앙정치이든 행정이든 상관없이 원래부터 그렇다. 그는 거시적 사회 문제에도 많은 관심을 기울이고 공부하고 있지만, 그의 주된 관심은 지역에서 살아가는 시민들의 삶이다. 시민들의 생활과 밀접한 정책을 개발하고 다루는 것이 지방정치의 본령이라고 생각하며 활동하고 있다.

제갈임주 의장은 정치가 재미있다고 말한다. 일차적으로 자기 성장의 계기가 되며, 행정과 토론을 통해 영향력을 행사하여 실제 시민들의 삶에 긍정적인 영향을 만드는 것이 재미있다고 한다. 풀뿌리 단체 활동을 할 때는 주로 칭찬을 들었는데, 시의원이 되고 나서는 여기저기서 하도 욕을 얻어먹어서 욕에 대한 맷집도 커졌다고 한다.

지방의원으로서의 한계도 경험하고 있다. 아직 중앙집권적인 우리 사회에서는 대부분의 권한과 예산이 중앙정부에 집중되어 있어서, 지방자치단체장과 지방의원들이 서로 토론하고 의견을 모으는 과정이 쉽지 않다고 한다. 사안에 따라 다르지만 정당 간에 정치적 유불리를 중심으로 정책과 사업을 판단하는 경우가 많다. 시민들의 삶을 중심에 두는 정치를 하기가 쉽지 않다는 것이다.

그는 시민들이 판단할 수 있는 환경을 만드는 것이 정치와 정당의 역할이라고 말한다. 먹고사는 것만으로도 힘든 시민들이 정치에 관심을 가지는 것 자체가 쉽지 않다. 알고자 하는 시민들에게는 그럴 수 있는 제도가 만들어져야 한다. 계수조정회의 공개 역시 그런 문제의식에서 만들어진 결과물이다. 그는 "정치인들이 권력을 잘 써서 베푸는 것도 중요하지만, 시민들과 그 권력 나눔을 어떻게 잘 할 수 있을까"를 고민한다. 그리고 새로운 생활정치인의 등장을 고대하고 지원하려 노력한다. 그의 재선 선거공약은 "(시의원 선거를 두고 경쟁할) 제 라이벌을 만들겠다"는 것이었다.

그는 현재 우리나라 정당이 지방의원을 공천하는 시스템에 대한 문제의식을 깊이 가지고 있었다. 정당이 정책의 방향을 분명히 제시하고 시민들이 선택하는 것이 나쁜 것이 아니기 때문에 현재와 같은 정당공천제가 의미가 있다고 생각한다. 그런데, 많은 경우 정당의 정책이나 방향을 실현할 사람을 후보로 세우는 과정이 부실하다. 그런 점에서 현재 공천 시스템의 개혁을 바랐다. 그러면서도 지방선거에 대한 정당공천제를 폐지하자는 주장에 대해서도 열린 생각을 하고 있었다. 정치 시스템의 개혁이 중요하지만 실제 현장에서 어떻게 작동될 것인지에 대한 실천적 고민 역시 중요하기 때문이다.

용기 있는 정치인이 "혐오를 상대하는 방법"

제갈임주 의장은 용기 있는 정치인이다. 다양한 의견을 존중하고 정치 현실을 고려하면서도 할 말은 하는 정치인이다. 그가 〈중부일보〉 2020년 12월 8일자에 기고한 글을 소개한다.

혐오를 상대하는 법

언제부터였을까? 과천 시민이 가장 많이 찾는 대표적인 인터넷 커뮤니티 공간이 다양한 시민 여론의 표출 기능을 잃고 특정 대상에 대한 혐오감정을 가감 없이 드러내는 놀이판이 되어버린 때가 말이다. 평소 글을 올리거나 댓글을 달지 않고 지켜보기만 하는 지역의 많은 네티즌들은 아마 필자와 같은 생각에 눈살을 찌푸린 적이 한두 번은 있을 것이다. 특정 인물이나 사상, 집단 등에 대해 비판을 할 때 논리적 근거 없이 그저 '그것'이기 때문에, '그들'이기 때문이라 칭하며 퍼붓는 공격은 혐오감을 드러내는 대표적인 양상이다. 그리고 이러한 양상은 앞서 언급한 곳뿐만 아니라 과천 내 다른 SNS 공간과 심지어 공적 의사결정 기관에서도 심심치 않게 볼 수 있는 현상이 됐다.

'혐오'를 어학사전에서 찾으면 '싫어하고 미워함'이라 나온다. 타자화 된 타인에 대해 싫어하고 멀리하는 이 감정의 기능을 긍정적인 측면에서 본다면 인류의 생존 과정에서 발달한 방어기제로 이해할 수 있다. 낯선 것에 대한 불편함, 가까이 하면 해를 입을 것 같아 생기는 거부감은 실제 외부로부터 전파되는 전염병을 막는 데 상당히 기여했을 것이기 때문이다. 그러나 한편, 혐오는 목표 대상에 대한 고정관념과 편견을 불러일으켜 차별과 낙인, 배제로 이어지는 순환고리를 만든다. 중세시대 마녀사냥과 독일의 홀로코스트, 우리나라의 특정 지역 폄하와 이념몰이까지 동서고금을 망라해 수많은 이들이 혐오에 의한 희생양이 됐다.

다시 지역으로 돌아와 보자. 혐오가 횡행하는 SNS 공간에서 이성은 작동하지 않는다. 합리적인 의견교환이나 생산적인 토론도 기대할 수 없다. 마이동풍식 반복되는 주장에 보는 이들의 피로감만 더해질 뿐이다. 자기 생각과 다른 의견을 가진 이들에 대한 무차별적 매도와 거짓 정보의 생산도 심각한 수준이다. 민주주의의 기본은 다양한 의견을 가진 동등한 인간에 대한 존중인데 과천의 민주주의 시계는 어째 거꾸로 가는 느낌이다.

혐오의 감정을 자신 안에 머물러 있게만 두지 않고 대중에게 호소하며 적의와 차별을 부추기는 이들이 결국 얻게 되는 것은 무엇일까? 대상과 상황에 따라 구체적인 목표가 다를 수 있겠지만, 심리적인 측면에서 볼 때 이들은 목표한 상대를 고립시킴으로써 자신의 우월적 입지와 안정감을 획득하게 된다. 결국 혐오는 존재의 불안감이 키워낸 산물이며, 이에 더해 자신만이 옳다는 폐쇄적 사고방식과 대상에 대한 무지가 만든 종합선물세트인 것을, 이를 알고서도 그저 바라보아야 하는 다수 대중은 무력하고 답답하다.

눈앞에서 벌어지는 혐오의 행위를 우리는 어떻게 다루어야 할까? 첫째는 인지다. 누군가가 다른 누군가를 향해 비판을 넘어선 증오를 표시할 때, 그 적대적 인식의 근거가 취약하고 불합리할 때 우리는 그것이 귀담아 들을 만한 정당한 비판이 아니라 나약한 인간의 주관적 감정의 배설임을 인식해야 한다. 그러나 이를 단순히 개인의 문제로, 사소한 일로 치부해 버리기엔 그 부작용이 크다. 개인에게서 시작된 혐오의 행위는 대중의 침묵과 방관을 먹고 몸집을 불려 나가기 때문이다. 그러니 침묵하지 않는 것, 방관하지 않는 것은 지역 구성원의 갈등과 분열을 바라지 않는 이들이 해야 할 몫이다.

때는 바야흐로 2020년, 앞으로 다가올 미래를 대비하기 위한 사회혁신의 실험들이 곳곳에서 펼쳐지고 있다. 자치와 분권, 환경과 에너지, 문화와 예술, 사회·경제 영역에서 새로운 정책이 입안되고 시행착오를 거치며 앞으로 나아가고 있는 때, 우리는 언제까지 갈등과 분열을 조장하는 20세기 냉전시대의 드라마를 지역에서 보고 있을 것인가? 혐오를 허용치 않는 한마디의 말, 한 줄의 댓글부터 시작해보자. 침묵을 깨는 작은 실천으로 혐오가 발붙이지 못하도록. 서로를 북돋아 주기에도 아까운 시간이다.

뒤 따라올 우리를 기다리는 그

그렇게 용기 있는 정치인이지만, 그는 외로워했고 그 사정을 묻는 질문을 하자 눈가에 눈물이 맺혔다. 2014년 과천시의원으로 출마를 권유하고 뒤따라 가겠다던 이들을 그는 끝내 떠났다. 선거에 후보를 내고 당선은 시켰지만 그 이후 펼쳐야 할 정치에 대해 각자의 생각을 충분히 나누지 못했다는 자각이 뒤늦게야 찾아왔다. 의원 중심으로 단체의 모든 활동의 초점이 맞춰지는 것을 그는 경계하였다. 주민자치위원회 등 시민단체 범위를 벗어난 조직으로 들어가 활동의 외연을 확장하기 바랐으나 이 또한 동료들의 공감대를 얻지 못했다. 보수 정당의 시장이 내건 정책이어도 내용이 타당하면 동의 의사를 밝혔는데, 그러한 때면 논란의 중심이 되었다. 반복되는 갈등을 견디지 못하고 3년 만에 몸담았던 단체를 떠났다.

그 후로 3년이 더 흘렀다. 이제 더 이상 단체–과천풀뿌리–의 회원은 아니지만 아직도 그는 기다린다. 뒤따라올 우리를.

그가 2017년 10월 23일 그의 블로그(https://forest114.tistory.com)에 올린 글을 소개한다.

"너는 우리가 밀어 준 의원이잖아. 그러면 우리를 위해 일해야 하는 거 아니야?"

의원이 되고 몇 달 지나지 않아 한 동료가 내게 던진 이 말은 한참 동안 내 마음속 화두가 되었다. 풀뿌리는 어디까지이고, 나는 누구를 위해 일해야 하는 걸까…. 그러고 보니 무엇을 위해 일한다는 마음은 가졌어도 특정한 누구를 위해 일한다는 생각은 하지 않았다는 사실을 새삼 깨닫게 되었다.

2015년 어느 여름, 한 사회복지사를 만났다.

과천의 복지기관에서 일해 온 그는 하던 일을 정리하고 해외의료 사회사업의 길을 개척하기 위해 떠날 준비를 하고 있던 때, 나의 요청으로 이뤄진 만남이었다. 그가 얼마나 열심히 주민을 만나며 성심껏 일했는지 아는 나로서는 그의 평가와 소회를 들어야 한다고 생각했다. 그가 경험한 과천의 사회복지 과제와 일하면서 느낀 애로점 등을 말이다. 떠나는 이에게 받을 생각만 했던 나에게 그는 낡은 책 한 권을 내밀었다. 사회사업 원론서 《복지요결》이었다. 복지를 시혜가 아닌, '사람을 사람답게 돕는 일'로 보고 활동의 원칙과 내용을 정리한 지침서였다. 빨간 줄과 형광펜 자국으로 빼곡히 채워진 책을 보자니 일과 사람을 대하는 그의 신실함이 책 속에 그대로 묻어나왔다.

당사자를 복지의 주체로 보고 '묻고, 의논하고, 부탁하는' 복지요결의 핵심은 풀뿌리 운동, 풀뿌리 정치에도 그대로 적용되는 말이다. 자신이 배운 대로 일해 온 그의 활동은 언제나 초심을 일깨우는 자극이었고, 또한 그는 내게 '풀뿌리'의 기준이 되었다. 진보나 보수로 나눌 수 없는 수많은 시민들, 자기 자리에서 주어진 역할을 다하며 살아가는 사람 모두가 우리가 함께 가야 할 풀뿌리가 아닐까? 내 안에도 선과 악이 공존하고, 인간의 약함과 악함이 동전 앞뒷면과 같듯이, 내 편과 네 편으로 나누어 사람을 규정하는 일이 무모한 것임을 뒤늦게야 깨닫는다.

이십대 초반 한겨레신문을 보던 나는 조선일보를 보시는 아버지에게 "그것도 신문이냐?"며 바꿀 것을 권하곤 했다. 그런 나를 향해 아버지는 "네가 언제쯤이면 세상을 흑백으로 나눠 보는 일에서 벗어나겠니?"하고 묻곤 하셨다. 그것이 사십대 중반의 일이 될 줄은, 더구나 정치가 안겨준 선물이 될 줄은 당시엔 생각지 못했다.

정치의 변화를 원하는 사람들이 해야 할 것

제갈임주 의장의 아픈 경험은 그만의 것이거나, 과천만의 현상은 아닐 것이다. 과거부터 현재까지 새로운 세상을 꿈꾸며 정치 현장에서 일했던 수많은 사람들이 겪었던 일이다. 시민단체에서 활동하다 어공(어쩌다공무원)이 되어 일하는 그리고 중간 지원조직에서 일하는 사람들도 종종 겪는 일인 것 같다. "(우리 덕분에 그 자리에 가게 되었는데) 왜 우리 편이 되어 주지 않는 것이냐?"

공정한 세상에 대한 열망은 중앙만이 아니라 지역에서도 강렬하게 존재한다. 그것이 보수든 진보든, 혹은 시민단체든 직능단체든 각자의 자리에서 지역사회를 위해 공헌하고 주민들을 위해 활동을 한다. 서로 인정하고 존중하며 공존해야 하는데 그

길은 어렵다. '우리'와 '그들'을 나누고 편 가르는 것은 쉽다. (지방) 정치와 행정은 그 균형을 잡는 일을 한다. 그렇기 때문에 어느 편만 들어줄 수가 없고, 편을 들어서도 안 된다. 공공의 이익은 공정하게 다루어져야 한다.

이제 제발 편 가르기와 '우리'를 말하는 진영논리에서 벗어나자. 그리고 평범한 사람이 존중받고 주인이 되는 세상을 꿈꾸며 정치에 도전하고 현장에서 활동하는 이들에 대한 비난을 멈추자. 그 말은 비수가 되어 새로운 정치의 싹을 자른다.

제갈임주 의장에 대한 이야기를 써나가면서, 나는 이 책을 읽는 독자에게 꼭 하고 싶은 질문이 생겼다. 혹시 당신은 여전히 정치를 혐오하고 비난하며, 그로 인해 정치의 새로운 변화를 꿈꾸는 사람들의 발목을 잡고 있지는 않은가?

맺는 글

모두의 민주주의를 위하여

나는 최근 몇 년 사이 '모두의 민주주의'를 주장하고 다닌다. 내 의견에 고개를 끄덕이는 사람들도 있지만, 많은 이들의 반응은 그것이 가능하겠느냐는 반문과 너무 낭만적이라는 지적이다. 아마도 우리가 경험한 민주주의와의 괴리 때문일 것이다. 그래서 모두의 민주주의란 이상적이지만 현실에서 실현되기 어렵다는 생각을 하는 것 같다. 그런데, 민주주의民主主義는 본래 모든 사람이 주인이 되는 사회 운영체제를 뜻하는 것이다. 미국 링컨의 유명한 게티스버그 연설문인 "국민의, 국민에 의한, 국민을 위한 정치"는 민주주의의 핵심을 명확하게 표현한 것이다. 민주주의가 모두가 주인이 되는 체제가 아니라면 그럼 무엇이란 말인가?

'모두의 민주주의'라는 표현은 생소한 것일 수 있지만, 내용은 새로운 것이 아닐 수 있다. 역사적으로 부르주아민주주의나 프롤레타리아민주주의(독재)를 지나왔고, 많은 국가에서 사실상 엘리트민주주의라 할 수 있는 대의민주주의를 도입해서 운영해 왔다. 대의민주주의 체계가 한계에 이르자 주권자들이 직접 참여해서 권한을 행사하는 직접민주주의가 전 세계적으로 확산되고 있다. 민주주의는 처음부터 모두의 민주주의를 지향했던 것이기에 대중들의 지지를 받았다. 사람들의 경험과 역량의 한계와 사회적 제약 조건 등으로 인해 민주주의 체계는 많은 변천과정을 거쳤지만, 인류가 지향했던 민주주의는 모두의 민주주의였다. 어린 장금이가 말했던 "홍시 맛이 나서 홍시 맛이 난다고 했을 뿐"이라는 현답賢答처럼 말이다.

나에게는 꿈이 있습니다

"나에게는 꿈이 있습니다. 언젠가 이 나라가 모든 인간은 평등하게 태어났다는 것을 분명한 진실로 받아들이고, 그 진정한 의미를 신조로 살아가게 되는 날이 오리라는 꿈입니다. 언젠가는 조지아의 붉은 언덕 위에, 예전에 노예였던 부모의 자식과 그 노예의 주인이었던 부모의 자식들이 형제처럼 식탁에 함께 둘러앉는 날이 오리라는 꿈입니다. 언젠가는 불의와 억압의 열기에 신음하던 저 황폐한 미시시피주가 자유와 평등의 오아시스가 될 것이라는 꿈입니다. 나의 자녀들이 피부색이 아니라 인격에 따라 평가받는 그런 나라에 살게 되는 날이 오리라는 꿈입니다."

유명한 인권운동가였던 마틴 루터 킹의 '나에게는 꿈이 있습니다 I Have a Dream' 라는 연설의 일부이다.

백범 김구는 '나의 소원'에서 그가 원하는 우리나라를 이렇게 표현했다. "나는 우리나라가 세계에서 가장 아름다운 나라가 되기를 원한다. 가장 부강한 나라가 되기를 원하는 것은 아니다. 내가 남의 침략에 가슴이 아팠으니 내 나라가 남을 침략하는 것을 원치 아니한다. 우리의 부력富力은 우리의 생활을 풍족히 할 만하고 우리의 강력强力은 남의 침략을 막을 만하면 족하다. 오직 한없이 가지고 싶은 것은 높은 문화의 힘이다. 문화의 힘은 우리 자신을 행복하게 하고 나아가서 남에게 행복을 주겠기 때문이다. 지금 인류에게 부족한 것은 무력도 아니요 경제력도 아니다. 자연과학의 힘은 아무리 많아도 좋으나 인류 전체로 보면 현재의 자연과학만 가지고도 편안히 살아가기에 넉넉하다. 인류가 현재에 불행한 근본 이유는 인의가 부족하고 자비가 부족하고 사랑이 부족한 때문이다. 이 마음만 발달이 되면 현재의 물질력으로 20억이 다 편안히 살아갈 수 있을 것이다. 인류의 이 정신을 배양하는 것은 오직 문화이다."

나는 2015년 은평구 참여예산위원장으로 출마하면서 이런 꿈을 이야기했다. "저에게는 꿈이 있습니다. 저를 설레게 하고 제 가슴을 두근거리게 하는 때로 밤잠을 설치게 하는 그런 꿈이 있습니다. 서로를 살리는 상생의 자치에 관한 꿈입니다. 약육강식과 승자독식이 아닌 상생과 순환의 지역 경제, 차이를 인정하고 서로 다름을 존중하여 다양성이 공존하는 지역 문화, 대립과 갈등을 넘어 사회 통합을 이루는 지역 사회, 상생의 자치를 통해 변화될 은평의 모습입니다. 주민들이 저마다 가지각색의 다양한 꿈을 꾸고 꿈을 이루기 위해 노력하고, 그리고 자기만이 아니라 모두를 위한 훌륭한 꿈을 꾸고 그것을 실현하기 위해 힘을 모아나가는 상생의 자치! 그런 은평을 생각하면 때로 심장이 터질 듯이 뜁니다. 고등학교 2학년, 초등학교 6학년인 제 두 아들에게, 또 우리 지역의 많은 아이들에게, 꿈을 꾸고 그것을 위해 살아가는 것이 얼마나 멋진 삶인지를 말로서가 아니라 우리 어른들의 삶으로 전해주고 싶습니다. 어른들이 아이들에게 남겨줄 가장 소중한 유산은 꿈을 위해 살아가는 삶의 태도라고 믿습니다."

모두의 민주주의란?

위에서 말한 '상생의 자치'는 '모두의 민주주의'의 다른 표현이다. 그런 세상을 꿈꾸는 것은 나 혼자만이 아닐 것이다. 사람들의 마음속에 저마다 자리하고 있는 것이라고 생각한다. 그것이 크든 작든 상관없이.

모두의 민주주의란 모든 사람들의 참여를 지향하는 것이다. 이미 참여하고 있는 사람들을 소중히 여김과 동시에 아직 참여하지 못한 사람들을 적극적으로 초대하는 것이다. 힘들고 바쁜 일상에서 다양한 이유로 참여하지 못한 사람들이 참여할 수 있는 구조를 만들자. 사회적 약자들에게 적합한 참여방법을 개발하고, 다양한 참여 수준과 참여 경로를 디자인하여 사람들이 처지에 맞는 방식으로 함께할 수 있게 하자. 누군가에게 의존하기보다는 스스로 주권을 행사할 수 있는 프로그램을 만들어 나가자.

모두의 민주주의란 다양한 서로를 이해하는 것이다. 모두가 함께하기 위해서는 서로를 이해하려는 노력이 뒤따라야 한다. 모처럼 용기를 내서 참여한 곳에서 서로의 생각을 경청하여 공감대를 형성하는 것이 중요하다. 옳고 그름이 아니라 차이로 인식하고, 내 생각이 틀릴 수 있음을 자각하는 지혜를 함께 키워 나가야 한다. 깊이 있는 대화가 필요하다. 어색할 수 있는 사람들을 연결해 줄 수 있는 마음의 길을 닦아 나가자. 스스럼없이 자신의 생각을 말할 수 있는 안전한 환경을 만들어 나가자.

모두의 민주주의란 광장의 촛불을 일상의 촛불로 전환하는 것이다. 국가의 중대사가 있을 때 광장에 펼쳐지는 촛불의 향연을 우리의 일상으로 가져오자. 세상은 한순간에 변하지 않는다. 위로부터의 변화는 사람들의 일상을 바꾸는 데까지 나아가기는 어렵다. 이웃과 더불어 살아가는 지역에서, 함께 일하는 일터에서, 서로 배우는 학교에서 변화의 현장을 만들어 나가자. 세상의 진정한 변화는 아래에서부터 온다. 삶의 현장과 풀뿌리에서부터 민주주주의가 작동해야 한다. 생활민주주주의를 실천하자.

모두의 민주주의란 내 안의 민주주의다. 민주주의는 사회 운영 체계이자 우리들의 삶의 원리로 작용해야 한다. 그러기 위해서는 나는 얼마나 민주적으로 살고 있는가에 대한 질문과 성찰이 필요하다. 비민주적인 집단과 행태에 분개하는 것과 함께 우리는 얼마나 민주적인 관계를 형성하고 있는가를 되짚어보는 '우리 안의 민주주의'를 실천해 나가야 한다. 민주적인 의식으로 삶을 살아가는 사람들이 늘어나고 그것이 사회의 주류가 되어야 하고 대세가 되어야 한다. 내 안의 민주주의를 실천하자.

모두의 민주주의와 이상사회

나는 모두의 민주주의라는 이상理想을 꿈꾼다. 모두의 민주주의를 통해 사람들이 너와 내가 따로 없이 사람간의 사랑과 배려의 정신이 사회운영에서 자발적으로 실현되는 사회를 꿈꾼다. 또한 나는 그것이 나만의 꿈이 아니라고 생각한다. 드라마와 영화, 소설 속에도 있고, 혼자의 생각 속에도 있고, 가까운 이들과의 대화 속에도 있다. 이런 이야기를 하면 어떤 이들은 도대체 '이상사회'라는 게 가능하고 존재할 수 있는 것인가, 이기적인 인간들이 어떻게 그런 사회를 만들 수 있을까 하는 의문을 품는다.

이상사회는 '사람들의 상상력이 미치는 범위 내에서 그려지는 높은 수준의 사회'이지 완벽한 사회가 아니다. 완벽한 사회는 있을 수도 없고 가능하지도 않다. 이상사회는 사람들이 바라고 그것을 향해 나아가기 때문에 가능하다. 가깝게는 1950~60년대의 한국의 현실에서 지금과 같은 사회발전이 가능하다고 생각했을까? 그런데 우리나라는 비교적 짧은 시간에 압축적인 발전을 했다. 노예제사회에서 노예의 신분을 벗어나는 것, 봉건사회에서 소작인과 농노가 자유롭게 사는 것, 인간이 달나라에 가는 것, 이런 것들은 당시에는 불가능하게 여겨졌지만 그것을 꿈꾸고 노력하는 사람들에 의해 이루어졌다. 사람들은 늘 새로운 사회를 꿈꾸며, 인류는 오랜 기간에 걸쳐 이상사회를 향해 전진해 왔다.

나는 한때 이상사회가 제도와 권력의 변화를 통해서 가능할 것이라고 생각하고 실천한 적이 있었다. 오래지 않아 이는 매우 잘못된 생각이었음을 깨달았다. 사회의 발전에는 제도나 권력의 영향력이 매우 크지만, 사람들의 의식과 행동이 그에 못지않게 중요하다. 제도는 빨리 바꿀 수도 있지만 사람들은 그렇게 쉽고 빠르게 변화하지 않는다. 그렇기 때문에 긴 호흡으로 우리의 일상 하나하나에서부터 변화를 만들어가는 노력이 필요하다. 그리고 그런 경향을 촉진하고 강화할 정치가 바로 서야 한다.

모두의 민주주의를 위한 제언

직접민주주의를 확대하자

대의민주주의의 한계를 보완할 수 있는 다양한 직접민주주의 제도를 도입하자. 대의민주주의를 폐지하자는 것이 아니다. 생활에 바쁜 주권자들을 대리할 사람들이 필요하고 그들의 역할 또한 중요하다. 그렇지만 민심이 제대로 반영되기 위해서는 시민참여가 활성화되고 시민들이 직접 의사결정권을 행사하는 범위가 훨씬 넓어져야 한다. 촛불혁명을 경험한 우리 국민들은 내 뜻은 내가 스스로 대변하기를 원하고 의사결정의 주체가 되기를 바란다.

국민들이 입법의 주체가 될 수 있도록 국민발안제를 본 궤도에 올리고, 국민의 삶에 밀접한 영향을 미치는 주요 사안에 대해서는 국민투표를 실시하자. 숙의熟議는 일부 엘리트들의 전유물이 아니다. 다양한 사람들이 자율적으로 판단하고 토론을 통해 집단지성을 발휘할 수 있게 하자. 지방자치단체와 읍·면·동의 주민총회를 정례화하고, 주민들의 정치축제로 만들고, 입법권을 부여하자. 주민들이 지역의 주요 현안을 논의할 수 있는 장을 넓고 깊게 만들고, 주민 생활에 밀접한 의제는 주민들이 결정하도록 하자. 국가와 지방자치단체의 예산 전체에 대해 납세자들의 목소리를 담을 수 있도록 참여예산제도를 혁신하자. 예산의 편성부터 집행과 평가에 이르는 전 과정에 주민들의 참여를 보장하자.

자치분권 헌법을 만들고 연방제 국가로 전환하자

자치분권은 우리 사회 구성원 모두가 주인이 될 수 있는 가장 효과적인 민주주의제도다. 자치분권은 사람들의 생활 세계에서 민주주의를 활성화시킨다. 다양한 이웃들이 견해를 나누고 서로의 공감대를 형성하는 과정을 통해서 민주주의는 어렵게 느껴지는 체제가 아니라 사람들의 삶과 함께하는 소중한 문화로 꽃피워질 수 있다. 중앙에 집중된 권한과 예산을 지역으로 분산하여 지역사회 구성원들이 스스로 결정할 수 있도록 하자. 그리고 직접민주주의는 국가적 단위보다는 작은 지역 단위에서 더욱 효과적으로 작동된다. 우리나라 민주주의 발전의 핵심적인 과제는 풀뿌리 민주주의 활성화다. 아래로부터 민주적 제도와 문화가 정착될 때 우리 사회의 민주주의는 더욱 튼튼해질 것이다.

자치분권이 전면적으로 시행될 수 있도록 대한민국 헌법을 개정하자. 지역의 일은 지역사회 구성원들의 자치에 맡기고, 중앙정부는 국방, 외교, 통상 등 지역 차원으로는 대응하기 어려운 국가적 과제에 집중하자. 이른바 보충성의 원리[61]가 우리나라 헌법의 골간을 이루도록 하자. 미국, 영국, 스위스 등 주요 선진국이 채택하고 있는 연방제聯邦制 방식으로 대한민국을 재편하자. 연

---

61 영문 principle of subsidiarity 또는 보충의 원칙이라고도 한다. 보충성의 원리에 따르면 행동의 우선권은 언제나 '소단위'에게 있는 것이고, '소단위'의 힘만으로 처리될 수 없는 사항에 한해서 '차상급단위'가 보충적으로 개입할 수 있다는 것이다. 보충성의 원리는 지방분권에서도 보여지는 유용하고 긍정적인 메커니즘이다. 주민자치를 통한 중앙정부의 지방정부에 이양된 권한(분권)은 주민들이 이를 잘 행사하도록 하여 소단위의 권리, 의무에 대한 적극적 행사를 전제로 하고 있다. 이에 대해 중앙정부, 지방정부는 차상위단위로서 소단위가 스스로 균형 있고 유연한 문제해결능력을 갖고 이의 해결 방법을 결정하는 과정의 기회를 1차적으로 보장하는 셈이다. (위키백과에서 인용함)

방제 국가란 자치권을 가지는 둘 이상의 지역이 민주주의라는 공통의 이념으로 결합하여 하나의 국가를 구성하는 것이다. 연방제 국가로 전환해야 재정 분권도 실질화될 수 있다. 경제협력개발기구OECD 회원국 중 비연방제 국가의 지방세 평균은 18.6%이며, 연방제 국가의 지방세 비중은 38.4%로 거의 두 배에 달한다.

정부에 민주주의부를 설치하자

대한민국 정부에 민주주의부를 설치하여, 우리 사회 전반에 민주주의를 촉진하고 장려해 나가자. 복지국가로 이름난 스웨덴은 오래전부터 민주주의부를 두어 사회 전반의 민주주의를 증진시켰으며, 협의를 중시하는 정치를 통해 복지국가의 이상을 실현했다. 캐나다에는 민주제도부[62](민주개혁담당장관)가 있으며, 이탈리아에는 직접민주주의부가 존재하며, 대만에는 디지털 사회혁신과 민주주의를 총괄하는 1981년생 탕 펑 디지털장관이 활약하고 있다.

민주주의부의 기능과 역할은 매우 다양하게 구성될 수 있다. 어릴 때부터 민주주의를 재미있게 배울 수 있도록 어린이·청소년 민주시민교육을 시행하고, 다양성의 시대에 적합한 방식으로 성인 대상의 민주시민교육을 개발하여 보급하고, 교육 전문가와 퍼실리테이터를 양성하자. 각 지역과 중앙 차원의 다양한 공론을 형성할 수 있는 온·오프라인 참여 플랫폼을 개발하고 보급하자. 국민투표와 주민투표 활성화를 위한 제도적 지원 장치를 만들고, (지역)사회문제 해결에 참여하는 시민들에게 참여 마일리지를 제공하는 등의 사회적 인정 시스템을 만들자. 직장 민주주의를 장려하고 지원할 수 있는 다양한 정책과 프로그램을 마련하자. 정당 민주화를 위한 지원 정책을 도입하자. 직접 민주주

---

62 2015년 캐나다의 쥐스탱 트뤼도 총리는 아프카니스탄 난민 출신 여성정치인 메리엄 몬세프(30)를 민주제도부 장관으로 기용하였고, 이는 캐나다 내각 역사상 최연소 장관의 기록을 남겼음.

의를 활성화하고 우리나라의 민주주의 비전을 국민들과 함께 만들어 나가자.

지방자치단체를 지역정부로 바꾸자

중앙은 정부라고 하고 지방은 자치단체라고 명명하는 것은 중앙집권적 사고방식의 산물이다. 중앙정부가 주권자인 국민들에 의해 권한을 위임받았듯이 지방정부도 주민들에 의해 선출된 권력기관이다. 중앙정부는 국가 차원의 일반 행정을 담당하는 것이고, 지방정부는 지방 차원의 행정을 담당한다. 행정의 규모를 가지고 정부와 자치단체로 구분하는 것은 이치에 맞지 않다.

지방이라는 말도 지역으로 바꾸어야 한다. 사전을 찾아보면 지방地方은 한 나라의 수도 이외의 지역이다. 즉 서울을 제외한 나머지 모두가 지방이라는 것인데, 서울 중심의 구태의연한 사고방식의 표현이라 할 수 있다. 그럼 서울지방경찰청이란 명칭은 무엇인가? 지역地域은 자연적 또는 사회적, 문화적 특성에 따라 일정하게 나눈 지리적 공간을 뜻한다. 서울도 지역이고, 부산도 지역이고, 광주도 지역이며, 은평구도 지역이다. 앞으로는 자치분권 시대에 걸맞게 지역정부로 부르자. 범위에 따라 광역지역정부, 기초지역정부로 나눌 수 있을 것이다.

서울특별시 중구는 민선 7기(구청장 서양호)가 출범하여 동洞정부 정책을 추진하고 있다. 동 주민센터가 아니라 동을 하나의 정부로 규정하고, 구청이 독점하고 있던 예산과 권한을 동으로 분권하는 정책을 적극적으로 펼치고 있다. 이는 우리나라에서는 최초로 시도되는 것으로, 이제 3년 정도 된 실험적인 정책이기 때문에 객관적 평가를 하기에는 이르지만 매우 혁신적인 정책으로 생각된다. 사실 서울과 같은 대도시에서 동의 인구는 적게는 2만 명에서 많게는 10만 명에 육박한다. 어지간한 시·군보다 인구가 많은 곳들도 많다. 전국 읍·면·동에 이러한 정책이 확대되어 주민자치가 만개하기를 기대한다.

정치와 정당을 개혁하자

정치가 혐오의 대상으로 전락한 지 오래되었지만 여전히 정치의 역할은 중요하다. 다양한 이해관계를 조정하고 사회통합을 이루는 것이 정치 본연의 기능이다. 정치를 바로 세우지 않고서는 우리사회가 더 나은 방향으로 진전하는 데 한계를 가질 수밖에 없다. 정치의 정상화는 정당정치의 개혁에 성패가 달려 있다고 해도 과언이 아니다. 정당은 "정치에 대한 이념이나 정책이 일치하는 사람들이 정치적 이상을 실현하기 위하여 조직하는 단체"[63]다. 정치적 이해관계에 따라 모인 집단을 제대로 된 정당이라 할 수 없다. 정당은 자신의 정치적 이상과 이념을 제시하고 이에 동의하는 사람들이 구성원을 이루어야 한다.

정당 민주화 없이 정치 개혁은 요원하다. 한두 사람의 정치실세가 움직이는 조직이 아니라 당원들이 민주적 토론을 통해 정당이 나아갈 바를 합의하고, 당원들이 함께 조직적인 실천을 벌여나가는 형태로 정당 정치가 개혁되어야 한다. 정치인은 지금처럼 정권 실세와 얼마나 가까운 사이인가에 의해서 정치력을 평가받는 것이 아니라, 정당의 이념을 제대로 실천해 갈 수 있는 역량을 갖추었는가에 따라 평가되어야 한다. 스스로 민주화되지 못한 정당이 사회의 민주주의를 선도해 나갈 수는 없다. 정당 정치가 개혁되고 민주화될 때 시민들은 정치에 대한 혐오를 거둘 것이다.

정당 개혁의 핵심 전략으로 직접민주주의를 대거 도입하자. 당원들이 실제 정당의 주인으로서 권한을 행사하고 책임을 공유하도록 하자. 정당의 의사결정 과정에 직접민주주의를 도입해 실질적으로 당원들과 국민들의 총의를 모아나갈 수도 있고, 직접민주주의에 기반한 개혁정당이 출현할 수도 있을 것이다. 정당의 기능과 막중한 역할을 생각할 때 한 달에 몇 천 원 정도 당비를 내는 것

---

63 Daum 국어사전

만으로 진성당원 혹은 권리당원이라 하기에는 부족하다. 정당의 정강정책과 주요 이슈는 당원들의 숙의과정을 통해 총의를 모아 결정하자.

어느 날 혜성처럼 등장해서 구세주가 되어줄 정치인을 기대하는 오류를 더 이상 범하지 말자. 어린 시절부터 클럽 활동을 통해 유망주를 발굴하는 프로 축구 구단처럼, 청소년과 청년 시절부터 생활 속에서 정당에 가입하고 정치를 익히는 예측가능한 정치인을 키워내자. 다양한 자원봉사와 지역 활동을 통해 성장한 마을 활동가들이 지역 정치의 근간을 이루게 하자. 공천권을 가진 당협 위원장의 낙점에 의해서가 아니라 지역 주민들과 당원들의 평가 시스템을 통해 지방정치인을 배출하자. 그리고 그들이 중앙정치로 나아가게 하자.

사람들은 특권 없는 정치를 갈망한다. 정치가 특권이 아니라 봉사가 되도록 바꾸어 나가자. 사람들은 북유럽 국회의원들의 검소하고 헌신적인 정치 활동을 보며 박수와 환호를 보낸다. 그리고 우리의 정치인들과 종종 비교한다. 스웨덴의 총리 타게 엘란데르는 23년간 총리를 지내면서도 이십 년이 넘은 외투를 입고 신발도 구두밑창을 갈아가며 오래도록 신었고, 집권 23년 동안 국회 개원식에 참석하기 위해 입던 옷은 단 한 벌이었다고 한다. 그는 관저 대신 임대주택에서 월세를 내고 살았고, 1968년 총리를 그만 둔 후 거처할 집조차 없었다. 지금도 스웨덴 국민들은 타게 엘란데르를 가장 존경하는 정치인으로 꼽는 데 주저함이 없다고 한다. 우리도 그런 정치인을 배출해 보자.

좋은 선수들, 좋은 정치인들이 많이 나와야 한다. 선한 의지로 정치에 입문하지만 블랙홀 같은 정치 현실에 빨려 들어가는 것이 아직까지 우리 정치의 현실인 것 같다. 한두 명의 좋은 정치인을 배출하는 것에 그쳐서는 안 된다. 정치 개혁을 위해서 뜻을 같이 하는 여럿이 있어야 하고, 이들이 서로 힘을 모아 세력을 형성하고 큰 흐름으로 자리잡아야 한다. 그리고 우리들은 그들이 척박한 정치현실에서 고립되거나 외롭지 않도록 전폭적인 지지를 보내야 한다. 진정 정치의 개혁을 원한다면 혐오를 거두고 참여를 해야 한다. 이 글을 읽는 당신부터.

대중의 바다와 정치인이 상호작용하게 하자

권력은 뇌를 변화시킨다. 과학자들은 여러 실험을 통해 높은 자리에 오를수록 타인에 대한 공감능력이 떨어지고, 권력이 뇌를 변화시킨다는 사실을 입증했다.

미국 노스웨스턴대 켈로그 경영대학원 애덤 갈린스키 교수는 2006년 '심리과학학술'Psychological science지에 사람은 권력을 가질수록 공감능력이 떨어진다는 연구결과를 발표했다. 갈린스키 교수는 실험 참가자들을 두 그룹으로 나눠 한 그룹에는 명령했던 경험을 떠올리게 하고, 다른 그룹에는 명령을 받았던 기억을 떠올리게 했다. 이후 갑자기 자신의 이마에 알파벳 대문자 E를 그려보라고 지시했다. 그 결과 명령을 했던 기억을 떠올린 일명 '고권력자' 실험그룹은 33%가 자신이 쓰기 편한 방향으로 알파벳 E를 그렸다. 반면 저권력자 실험그룹은 전 그룹의 3분의 1인 12%만이 자신이 편한 방향으로 알파벳 E를 그렸다. 자신이 쓰기 편한 방향으로 이마에 알파벳 E를 그리면 상대방은 알파벳 E의 좌우가 거꾸로 보인다. 즉 고권력자 그룹보다는 저권력자 그룹에서 상대방이 보기 편하도록 알파벳 E를 그리는 사람이 더 많았다는 말이다. 연구진은 오른손과 왼손잡이의 차이는 실험 과정에서 그 영향을 통제했다.

권력이 체내 호르몬을 변화시킨다는 연구도 있다. 아일랜드 트리니티칼리지 심리학과 이안 로버트슨 교수는 2013년 발간한 책 《승자의 뇌》에서 권력이 주어지면 남녀 모두 남성 호르몬인 테스토스테론이 증가한다고 밝혔다. 테스토스테론은 남성 호르몬이지만 여성의 몸에도 소량이 있다. 테스토스테론은 도파

민 분비를 촉진하는데, 그 양이 비정상적으로 늘어나면 타인에 대한 공감능력이 떨어질 뿐 아니라 두려움을 잘 느끼지 못하게 된다. 테스토스테론이 권력욕과 관계있다는 사실이 처음 알려진 것은 붉은원숭이의 무리를 관찰한 동물행동학자 캐론 쉬블리 덕분이다. 쉬블리 박사는 붉은원숭이 무리를 관찰하다가 서식지 다툼에서 패배한 원숭이는 유순해진 반면 승리한 원숭이는 더 포악해진다는 점에 착안했다. 양측 원숭이의 호르몬 변화를 측정했더니 승리한 원숭이의 테스토스테론 수치는 높아졌지만 패배한 원숭이는 그 수치가 낮아져 있었다.[64]

정치개혁을 외치며 선출직 대표로 진출한 정치인들이 약속을 저버리거나, 국민들의 삶과 유리遊離되어 기득권자로 변하는 경우를 너무나 많이 보아왔다. 개인의 특성에 따라 약간의 차이가 있을 뿐 거의 예외 없는 현상이다. 권력은 뇌를 변화시킨다는 진실 앞에서 더 이상 정치인들의 개인기에 의존하거나 맡기는 방식으로는 문제를 해결할 수 없다. 정당과 선출직 대표들이 끊임없이 '대중의 바다'와 소통하는 시스템을 구축해야 한다. 주권자들의 뜻을 제대로 대의代議할 수 있게 아래로부터 의견을 수렴하고 주권자들이 직접 의사결정권을 행사한 공약共約, 공공의 약속을 만들고, 그것을 받드는 정치를 하게 하자. 2022년 3월에 치러지는 대통령선거 과정에서부터 새로운 정치시스템을 도입하자. 대통령선거운동 과정에서 '국민참여플랫폼'을 만들어 국민 누구나 제안하거나 하소연할 수 있고, 그것을 집단지성으로 숙성시키고, 어떤 제안을 채택할지 함께 숙의하고, 국민들의 투표를 통해 결정하고, 후보자가 이를 공약으로 채택하게 하자. 그렇게 민의를 대변하여 당선된 후에는 '국민참여플랫폼'을 통해 공공의 약

---

64 목정민 기자, 경향비즈, 2016.8.27.

속의 이행 과정을 투명하게 공개하여, 국민들이 검증하여 부족한 점을 공론화하고, 대통령이 책임 있는 대책을 내놓고, 국민들과 공개적인 토론을 통해 더 나은 방안을 찾아가도록 하자. 구중궁궐에 고립된 권력자가 아니라 끊임없이 주권자들과 소통하는 대리인이 되게 하자. 선출직 대표자들이 대중의 바다와 상호작용하게 하자. 그것이 더 이상 불행한 권력자를 만들지 않는 방법이기도 하다.

내 안의 민주주의를 실천하자

모두의 민주주의는 제도 개혁과 더불어서 그 제도를 운영해 나갈 사회 구성원들의 인식과 생활이 바뀌어야 실현 가능하다. 모든 사람들이 민주적으로 변해야 사회변화가 가능하다고 주장하는 것이 아니다. 제도와 사람은 밀접한 상관관계를 가지고 영향을 주고받는 복잡계다. 나는 변하지 않으면서 다른 사람들이 변화하기를 바라지 말자. 우리가 의식을 하든 못하든 사람들은 끊임없이 서로 영향을 주고받으며 서로 연결된 채 살아가고 있다. 내게 한 사람이 온다는 것은 그 사람의 일생이 오는 어마어마한 것이다. 사람들에게 선한 영향력을 미치는 것은 그 사람의 말보다는 그의 삶과 행동이다. 사람들은 진짜와 가짜를 구별하는 능력을 가지고 있다. 때때로 현혹되기도 하지만 종국에는 그것을 구별하게 된다.

나는 얼마나 민주적인 삶을 살고 있는지 끊임없이 성찰하고 이웃들과 대화를 나누자. 내 안의 민주주의가 제대로 작동하고 있는지 스스로 살피자. 그런 것들이 시민운동으로 풀뿌리운동으로 일어나야 한다. 혼자서는 외롭고 어렵지만 여럿이 함께하면 같이 갈 수 있다. 자신의 일상 속 작은 것에서부터 다양한 실천 활동이 진행되어야 한다. 플라스틱 소비를 줄이고, 다름과 차이를 인정하고, 가정의 크고 작은 일들을 가족들이 함께 의논하고, 사람들이 요청하지 않는 충고나 조언은 하지 않고, 작은 동네모임과 주민자치회에 참여하고, 폐지 줍는 할머니의 뒷모습에서 그녀의 아름답던 젊은 시절을 떠올리고, 가르치려 하기보다는 배우려 하는 사람들이 늘어날 때 우리 안의 민주주의, 내 안의 민주주의가 살아 숨쉴 수 있다. 그리고 그런 흐름들이 사회의 주요한 현상으로, 문화로 자리 잡아갈 때 모두의 민주주의는 현실로 다가올 것이다.

모두의 민주주의

참여예산과 주민자치, 그리고 자치분권 이야기

제1판 1쇄 인쇄 2021년 4월 15일
제1판 1쇄 발행 2021년 4월 19일

지 은 이 조재학
펴 낸 이 김덕문

책임편집 손미정
디 자 인 Annd
마 케 팅 이종률
제   작 백상종

펴 낸 곳 더봄
등 록 일 2015년 4월 20일
주   소 서울시 노원구 화랑로51길 78, 507동 1208호
대표전화 02-975-8007   팩스 02-975-8006
전자우편 thebom21@naver.com
블 로 그 blog.naver.com/thebom21

ISBN 979-11-88522-86-6 03300

ⓒ 조재학, 2021